Rettet die Frösche

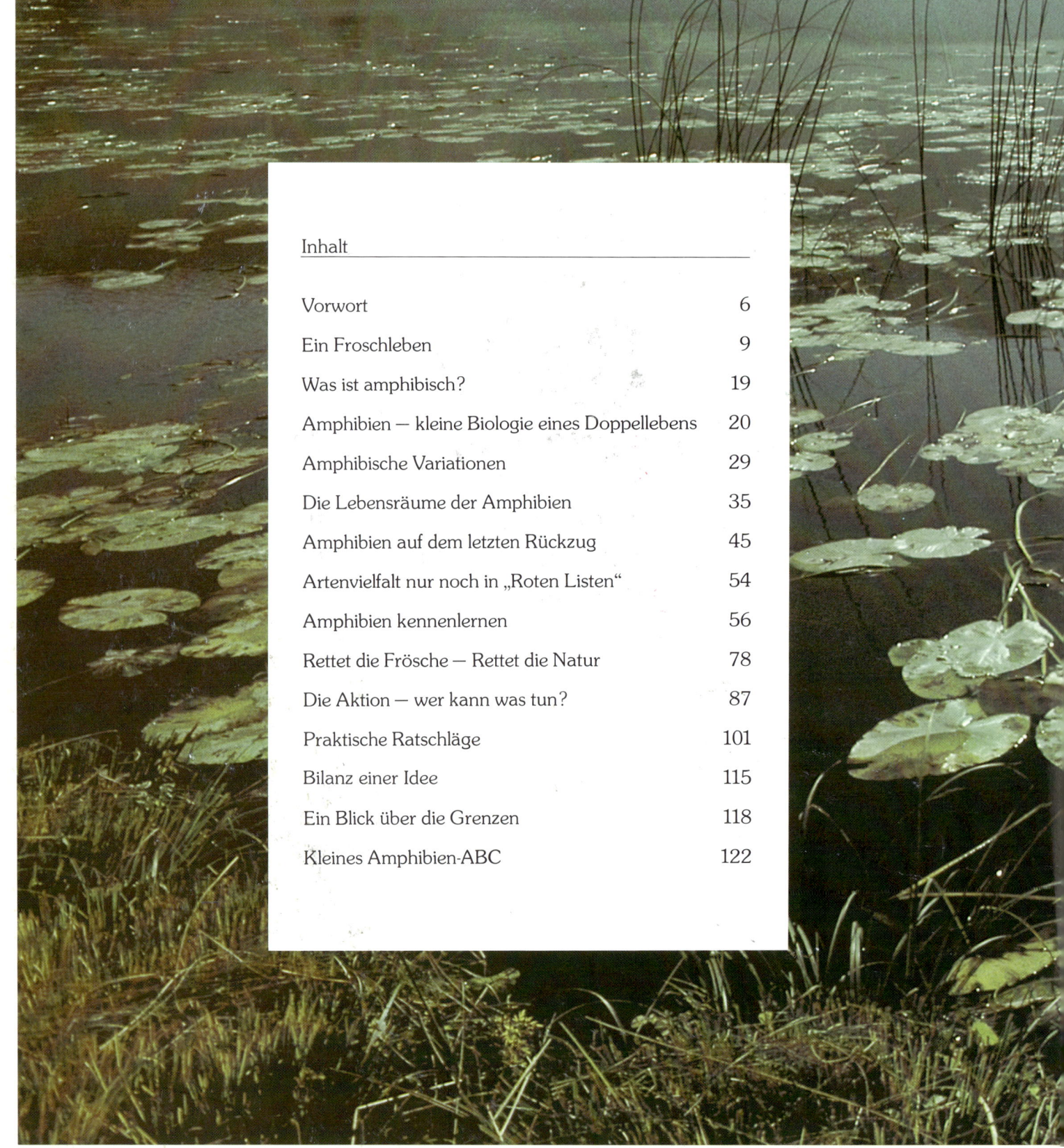

Inhalt

Gerhard Thielcke · Claus-Peter Hutter
Claus-Peter Herrn · Rudolf L. Schreiber
Illustriert von Berthold Faust

Rettet die Frösche

Das Standardwerk zum praktischen
Amphibienschutz in Deutschland,
Österreich und der Schweiz

Edition Weitbrecht

Mit dem ersten Erscheinen von „Rettet die Frösche" 1983 und der gleichnamigen Aktion konnten neue Akzente im modernen Naturschutz gesetzt werden. Dieses Aktionsbuch für den Amphibien- und Naturschutz hat eine erstaunliche Breitenwirkung erzielt und einer lange Zeit vernachlässigten Tiergruppe zu neuem Ansehen verholfen. Es hat mit dazu beigetragen, das Verständnis für die Notwendigkeit des Arten- und Biotopschutzes in der Bevölkerung zu wecken und zu vertiefen. Einige Tausend Feuchtgebiete sind bereits geschützt, renaturiert oder neu angelegt worden. Amphibienschutzmaßnahmen beim Straßenbau sind heute fast schon eine Selbstverständlichkeit. Hinweise auf Krötenwanderungen im Verkehrswarnfunk und neue Verkehrsbeschilderungen machen den Autofahrer inzwischen auf die Lebensweise dieser Tiere aufmerksam und fordern ihn zu angepaßter Fahrweise auf.

Der Titel „Rettet die Frösche" ist ein Aufruf, der deutlich macht, daß die Bewahrung der Umwelt eine Aufgabe aller gesellschaftlichen Gruppen und jedes einzelnen ist. Dieses Buch hat nichts von seiner aktuellen Bedeutung verloren. Im Gegenteil: die Erhaltung von Natur und Umwelt steht heute an vorderster Stelle in der Rangliste der uns bewegenden Sorgen – Sorgen, die zum Handeln führen müssen. Wer aufhört, an die Zukunft zu glauben, der hat auch keine! Dieser schon im Vorwort der ersten Auflage enthaltene Satz hat nach wie vor Gültigkeit. Hoffnung ist eine morali-

sche Menschenpflicht und die Grundlage für umweltbewuß-
tes Handeln.

Hier setzt das vorliegende Buch an. Verständlich für jedermann und auf den neuesten Stand gebracht, verdeutlicht es
die Hintergründe der Naturzerstörung am Beispiel heimischer Amphibien. Es informiert und fordert den Leser zu
aktiver Teilnahme an Aktionen für den Amphibienschutz
auf, um diesen bedrohten Tierarten das Überleben zu
ermöglichen.

Jeder einzelne kann seinen Betrag leisten, durch sein Ver-
halten, durch Rücksichtnahme auf Landschaft, Pflanzen und
Tiere, durch aktive Mitarbeit oder Spenden für den Kauf von
Grundstücken zu Zwecken des Naturschutzes oder für die
Förderung von Maßnahmen zum Schutze der Landschaft.
In unserem dicht besiedelten Land ist jedes Stück Natur
kostbar und bedarf unserer persönlichen Zuwendung. Dies
bewußt zu machen war für die Stiftung Naturschutzfonds
Baden-Württemberg der Grund, die Neuherausgabe dieses
Naturschutzbuches durch einen namhaften Zuschuß zu för-
dern.

Amphibien schützen heißt ihren Lebensraum erhalten.
Dabei mitzuwirken, sind alle aufgerufen. „Rettet die Frö-
sche" ist mehr als ein Appell – das Buch zeigt dazu die
Wege auf.

Minister Dr. Erwin Vetter
Vorsitzender der Stiftung
Naturschutzfonds Baden-Württemberg

Es ist kein Zufall, daß in Grimms Märchen der Frosch dem verspielten Königskind in seiner Not hilft. Die Natur ist gerade da, wo sie uns am meisten hilft, nicht immer schön und prächtig, sondern eher unscheinbar und für viele sogar häßlich oder eklig. All die Bodentiere, die Wasserorganismen oder Bakterien etwa, die unsere organischen Abfälle abbauen und ohne die wir im wahrsten Sinne ganz schnell bis zum Hals „im Dreck" säßen, gehören zu den weniger ansehnlichen und darum mißachteten helfenden Naturkräften, den „Fröschen", die uns immer und immer wieder unsere goldene Kugel aus dem Brunnen holen.

Wir sehen gerne nur das wogende Korn und die fette Wiese, auf der die Kühe weiden. Wir ergötzen uns an den schönen und wohlriechenden Blumen, an den bunten Schmetterlingen, die niemandem etwas zuleide tun, und an den munter singenden Vögeln, die unser Herz rühren. Wie verwöhnte Kinder wollen wir die Sahne vom Kuchen, wollen die Schönheiten der Natur und ihre Früchte – und bitte ausschließlich!

Dabei vergessen wir, daß alles Wachsende seine Wurzeln braucht, daß ohne die „eklige" Raupe der bewunderte Schmetterling nun einmal nicht zu haben ist, daß ohne die „häßliche" Spinne das Gleichgewicht der ökologischen Kräfte nicht funktioniert.

Auch die Frösche haben wir mißachtet, haben sie als häßliche oder lächerliche Kreaturen beiseitegeschoben. Gerade gut genug waren sie als Quälobjekt roher Buben und experimentierender Studenten, als leichte Beute, der man zu flüchtigem Gaumengenuß millionenfach die Schenkel ausriß. Nicht einmal ihre bescheidenen Tümpel hat man ihnen gegönnt, hat sie erst zu Abfallgruben gemacht, zugeschüttet und dann eingeebnet ohne Verstand und ohne Anstand. Was gelten schon ein paar Frösche auf der breiten, alles niederwalzenden Straße des Fortschritts?

Und mit den Fröschen – bevor man noch recht ihre Arten auseinanderkannte – verschwanden auch gleich ihre Vettern und Kusinen, die Kröten und Unken, die Salamander und Molche. Diesen nächtlich-heimlichen Wesen hatte man noch nie so recht über den Weg getraut. Der dikken, warzenreichen Erdkröte schon gar nicht, die einen aus ihrem Erdloch mit großen goldenen Augen vorwurfsvoll anstarrte, als wüßte sie alles besser. Man hat sie übers Tor genagelt, weil man der Ansicht war, die bösen Geister seien dumm und schreckhaft. Statt dessen machten sich die bösen Geister als Raupen und Engerlinge über den von der Kröte nun nicht mehr bewachten Kohl her.

Ja, wir haben uns wie die kleine Prinzessin im Märchen benommen, haben die Frösche und ihre Sippschaft für unsere Dienste in Anspruch genommen und dann unsere Verantwortung für sie in den Wind geschlagen. Wir haben sie verachtet, ihnen nicht die gleichen Lebenschancen zugebilligt, wie den schöneren und nützlicheren Erscheinungen der Natur. Was ist schon ein Frosch? Ein alter Wasserpatscher.

Aber erinnern wir uns, wie es im Märchen weitergeht. Da kommt am Abend, als die königliche Familie bei der Suppe sitzt, pitsch-patsch, der Frosch die große Treppe herauf. Das

Er hat sich durch ihre schönen Tränen erweichen lassen und ihr die goldene Kugel wieder heraufgeholt, aus dem Brunnen, in den sie gefallen war. Sie erinnern sich doch? Und als Belohnung wollte der Frosch von der hübschen, kleinen Prinzessin nicht mehr, als mitgenommen zu werden ins Schloß als Freund und Spielgeselle. Aber sie läßt ihn einfach sitzen, den „alten Wasserpatscher". Und als sie ihr verlorenes Spielzeug wieder hat, kümmert sie sich nicht um sein vorwurfsvolles Quaken und läuft mit leichtem Sinn davon.

Das Märchen vom Froschkönig ist eine Allegorie der Beziehung des Menschen zur Natur. Der Frosch als Symbol der gutmütigen, fortwährend hilfsbereiten Natur, holt aus den dunklen Urtiefen des Brunnens, aus dem Quell des Lebens, das „liebste Spielwerk" der kleinen Prinzessin, ihre goldene Kugel.

Immer wieder hat im Verlauf der Menschheitsgeschichte die Natur dem Menschen zu Wohlstand verholfen, hat ihm wiedergegeben, was er „verspielt" hatte durch Unachtsamkeit oder – viel häufiger – durch Übermut: durch Verschmutzung, durch Raubbau, Vergiftung, durch Kriege und sinnlose Vernichtung. Immer wieder hat die Natur der Menschheit reiche Ernten geschenkt, hat ihre Bodenschätze geöffnet, hat den Menschen mit frischer Luft und frischem Wasser gelabt. Und als Dank dafür hat sich der Mensch aufgeführt wie ein Vandale, hat klare Bäche in Latrinen verwandelt und verträumte Weiher in Müllgruben. Er hat die Luft vergiftet und den Boden und das Wasser in der Tiefe, das die Quellen speist, und sogar die Meere. Er holzt die Wälder ab und verwandelt fruchtbare Landstriche in trostlose Wüsten.

erschrockene Töchterchen wirft ihm die Tür vor der Nase zu. Aber der strenge und weise König mahnt die Prinzessin, nachdem sie alles gebeichtet hat: „Was du versprochen hast, das mußt du auch halten."

So zieht er ein, der kleine, häßliche Frosch in den großen, schönen Palast, speist vom Teller der Prinzessin und besteht schließlich darauf, ins Schlafgemach aufgenommen zu werden. Und da geschieht dann das Wunder, die Verwandlung des Frosches in einen Königssohn „mit schönen und freundlichen Augen". Mit Liebe und lebenslangem Eheglück wird die Prinzessin vom Schicksal dafür belohnt, daß sie – wenn auch mit spitzen Fingern – den Frosch für voll genommen, ihr Versprechen gehalten hat.

Steckt darin nicht die Mahnung alter Volksweisheit: die Natur ernst zu nehmen, sie nicht zu mißachten, auch nicht in ihren einfachsten Erscheinungen? Ich meine, das will uns das Märchen lehren.

Aber wir haben verlernt, Märchen zu erzählen und zu verstehen, so wie wir verlernt haben, die Natur zu beobachten und daraus zu lernen. Wenn wir diese Kunst noch so beherrschten wie die Naturvölker, wir kämen aus der Angst wohl nicht mehr heraus, aus der Angst vor der Grabesstille, die sich in der Natur überall ausbreitet unter unserem Lärm.

Da wir nun aber einmal blind und taub geworden zu sein scheinen für das Sterben in der Natur, für die Vernichtung jener helfenden Kräfte, von denen nicht nur die alten Märchen Zeugnis ablegen, sondern – richtig verstanden – auch

Vordergründig gerettet –
wird er überleben?

unsere Kultur, müssen wir wenigstens auf die warnenden Stimmen achten: Biologen und Ökologen, die nicht durch unmittelbare wirtschaftliche Interessen an der Natur taub und blind geworden sind für das fortschreitende Zerstörungswerk, werden seit Jahrzehnten nicht müde, die bedrohten Arten aufzulisten und vor den Folgen der allgemeinen Vernichtung zu warnen.

Bei den Amphibien – zu denen auch die Frösche gehören – sieht es besonders schlimm aus. Von ohnehin nur 20 bei uns vorkommenden Arten gelten weit mehr als die Hälfte gefährdet, stark gefährdet oder vom Aussterben bedroht. Hauptgrund: Ihre Lebensräume werden immer unwirtlicher, immer ärmer an Insektennahrung, immer vergifteter, immer deckungsloser. Immer mehr der speziellen Lebensräume verschwinden vollends unter Schubraupe und Rationalisierung.

Vor allem aber ihre Laichgründe, die unzähligen kleinen Wasserstellen – vom stillen Waldsee bis zum warmen Wiesentümpel, vom mückenreichen Altwasser am Fluß bis zur ausgefahrenen Wagenspur – die werden immer weniger und immer weniger, weil kurzsichtige Planer sie vielleicht nur für überflüssig, für störend, für „unordentlich" halten. Andere angestammte Laichgewässer werden mit Anglerbeute vollgestopft. Da haben die Eier der Frösche, Kröten und Molche nicht mal eine Chance, es bis zur Kaulquappe zu bringen: sie enden allesamt als Fischnahrung.

Nun, und dort wo es mit der Fortpflanzung vorbei ist, ist es bald auch mit dem Vorkommen einer Art vorbei. Die leeren Flecken auf den Verbreitungskarten werden größer von Jahr zu Jahr. Manche Art führt mittlerweile das Dasein eines Gesetzlosen: nur noch in abgelegenen Gebieten halten sich da und dort einige versprengte Gruppen. Wie lange noch?

Können wir weiter tatenlos zusehen, wie die letzten Lebensräume der Amphibien unwiederbringlich vernichtet werden?

Können wir weiter dulden, daß hierdurch unsere Lebensgrundlagen zerstört werden?

Wir können es nicht! Es ist Zeit zum Handeln, höchste Zeit zum Widerstand gegen jede weitere Naturzerstörung.

Mit diesem Buch wollen wir: aufklären und motivieren. Vorschläge unterbreiten und zum Handeln bewegen.

Für uns ist dieser neue Band aus der Reihe „Rettet die..." eine weitere „friedliche Waffe" in unserem Kampf für den Natur- und Umweltschutz. Helfen Sie uns dabei – unterstützen Sie die Aktion!

Rudolf L. Schreiber
Herausgeber

Ein Froschleben

Aufzeichnungen
über den Lebenslauf
eines Grasfrosches

Quax der Frosch

Der 10. März ist der erste wärmere Tag im Frühjahr 1950. In dem kleinen Ort Heudorf bereiten Frauen und Kinder in den Gärten die Beete für Steckzwiebeln, Möhren- und Erbesensaat vor. Über einem Weiher, der Harthof-Weiher heißt, fliegt ein Zironenfalter, der in einem Holzschuppen ganz in der Nähe überwintert hat. Der Weiher ist ruhig und glatt wie ein Spiegel. Nichts deutet auf den kommenden Frühling hin. Ganz grau steht das Schilf vom letzten Jahr.

Kaum sind die Eier gelegt, nehmen ihre Gallerthüllen Wasser auf. Dadurch wächst der Laichballen, der 3000 Eier enthält, die von einem Weibchen stammen.

Von den Eltern verlassen, den Gefahren der Natur ausgesetzt

Die Wahl des Laichplatzes ist die einzige Vorsorge von Quax' Eltern für ihn und seine Geschwister. Sie werden weder gegen Feinde verteidigt, noch in tieferes Wasser gebracht, wenn der Laichplatz auszutrocknen droht, noch in kalten Nächten vor dem Erfrieren geschützt. Denn Grasfrösche betreiben keine Brutpflege.

Kaum sind die Eier gelegt, erscheinen schon die ersten Liebhaber, die Grasfroscheier über alles schätzen. Berg- und Teichmolche wissen genau, wann Grasfrösche ihre Eier legen, denn sie treffen gerade zu dieser Zeit am Harthof-Weiher ein. Nach fünf Monaten Kältestarre haben sie einen leeren Magen. Grasfroscheier sind ihnen eine hochwillkommene Speise nach langer Fastenzeit.

Doch zum Glück für die Grasfrösche findet nur ein kleiner Teil der Molche den Laichplatz der Grasfrösche im großen Harthof-Weiher. So halten sich die Verluste, die auf das Konto der Molche gehen, in Grenzen. Quax ist durch mehrere Lagen von den gefräßigen Molchen getrennt. Er überlebt. 200 seiner Geschwister werden von Molchen gefressen.

Anfang März erinnert noch wenig an Frühjahr und Sommer. Die Grasfrösche machen zu dieser Zeit im eiskalten Wasser Hochzeit, rings umgeben von abgestorbenem Schilf des Vorjahres.

Der Jungbauer Hans Kruse kommt mit dem Wagen vom Feld zurück. Am Harthof-Weiher zügelt er die Pferde und horcht. Die Geräusche kennt er aus seiner Jugendzeit. Als der Wagen stillsteht, ist es deutlich zu hören, ein vielstimmiges Knurren – der Hochzeitsgesang, der Männchen und Weibchen an einer Stelle des Harthof-Weihers zusammenführt und in Stimmung bringt.

Am Nachmittag des 10. März ist es dann soweit: Die Weibchen beginnen, Eier zu legen. Aus einem von ihnen wird der Held unserer Geschichte schlüpfen – der Grasfrosch Quax. Er ist ein Dreitausendling, denn zusammen mit ihm legt seine Mutter nicht weniger als 3000 Eier. Ihre Gallerthüllen saugen sich sofort mit Wasser voll. Dadurch wächst der Laichballen, in dem Quax und seine 2999 Geschwister als Eier stecken, innerhalb von Stunden zu Kindskopfgröße heran. Das Ei, aus dem Quax schlüpfen wird, hat in diesem Laichballen eine günstige Position. Über und unter ihm liegen mehrere Schichten anderer Eier. Das wird ihm sein Leben retten.

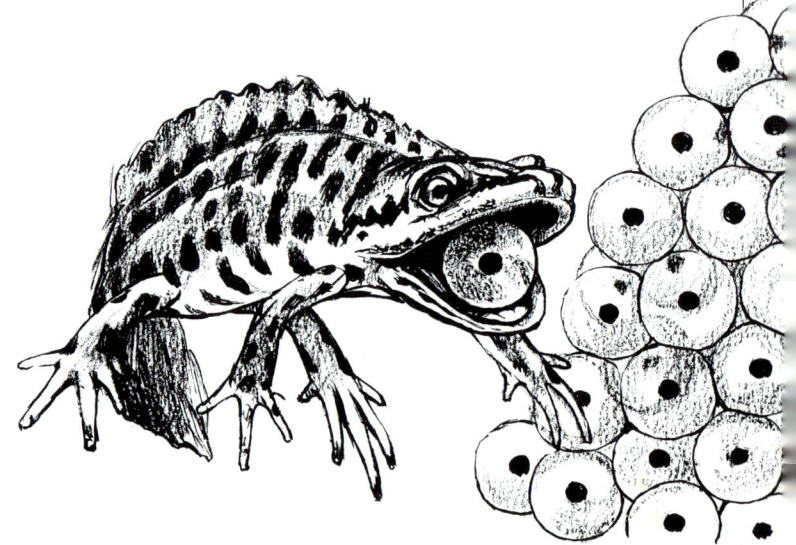

Grasfrosch-Eier sind eine beliebte Speise für Molche.

Fast zur Katastrophe wird eine kalte Nacht der folgenden Tage. Bei –6° C am Morgen des 15. März bildet sich auf dem Harthof-Weiher eine dünne Eisschicht, wobei die obersten Schichten der Eier erfrieren. 500 Geschwister von Quax sterben. Er bleibt am Leben, weil mehrere Eischichten zwischen ihm und der Wasseroberfläche liegen.

Eine andere Gefahr geht „hautnah" an Quax vorüber. Drei Stockenten-Paare, die jeden Abend während der Dämmerung auf dem Harthof-Weiher einfallen, finden die Laichballen nicht, weil zwischen ihrem Landeplatz und den Grasfroscheiern das Schilf mehrere Meter breit und sehr dicht steht. Die Stockenten hätten keinen Moment gezögert, die Eier zu fressen.

Quax erblickt das Licht der Welt

Am 31. März 1950 – drei Wochen nach der Eiablage – schlüpft Quax aus dem Ei und mit ihm 2000 Geschwister. Die übrigen 1000 wurden von Molchen verspeist, sind erfroren oder aus anderen Gründen abgestorben. Quax ist nun eine Kaulquappe, wie alle Larven von Fröschen und Kröten genannt werden. Er macht keinen sehr lebendigen Eindruck; mit seinen Haftdrüsen hängt er noch mehrere Tage nahezu unbeweglich an den Gallertklumpen, die seine Geschwister umhüllten.

Quax ist so unbeholfen, weil ihm noch alles fehlt, was er freischwimmend im Wasser braucht: Sein Ruderschwanz ist noch nicht beweglich genug, seine Kiemen zum Atmen und seine Augen zum Sehen funktionieren nur mangelhaft, seine „Zahnleisten" zum Fressen, sein Darm zum Verdauen und sein After zum Ausstoßen des Unverdaulichen sind nicht fertig ausgebildet. Er gleicht also mehr einer auf Hilfe angewiesenen Frühgeburt als einem selbständigen Tier. Quax zehrt in dieser Zeit vom Dotter, den er in der Eizelle von seiner Mutter mitbekommen hat und jetzt in seiner Bauchhöhle trägt.

Der Grasfrosch Quax ist nach dem Schlüpfen aus dem Ei noch sehr unbeholfen. Mit seinen Haftdrüsen hängt er mehrere Tage an den Gallertklumpen, die seine Geschwister umhüllen.

Mehr Fisch als Frosch

Als Hans Kruse noch ein Junge war, fing er Kaulquappen im Harthof-Weiher und brachte sie in einem Einmachglas nach Hause mit. Hans war sehr erstaunt, als ihm seine Mutter sagte, daß Kaulquappen die Kinder der Grasfrösche sind. Wie sollten aus diesen schwarzen fischähnlichen Gesellen Frösche werden?

Quax' Kopf ist flach – der seiner Eltern eckig. Er atmet mit Kiemenbüscheln, die außen am Kopf hängen – seine Eltern mit Lungen, die im Innern des Körpers liegen. Quax' Schwanz ist doppelt so lang wie Kopf und Körper – seine Eltern sind schwanzlos. Quax schwimmt, indem er seinen Schwanz schlängelt, er hat weder Arme noch Beine – seine Eltern schwimmen mit kräftigen Stößen ihrer Hinterbeine. Quax ist schwarz – seine Eltern braun mit dunklen Flecken.

Fressen und Gefressen werden

Ein paar Tage nach seiner Geburt entfernt sich Quax von seinem Geburtsplatz. Dabei trifft er einige Kameraden, die wie er Teile von toten Pflanzen und toten Tieren abraspeln. Ab und zu verschlingt er ganze Nahrungsbrocken und ähnelt damit unseren Hunden. Nur sind die Brocken, die Quax verschlingt, eine ganze Portion kleiner – und lebendig: Es sind Bakterien, einzellige Pflanzen, Pantoffeltierchen und Rädertierchen. Sie sind so klein, daß man sie mit bloßem Auge nicht sehen kann.

Als Hans noch zur Schule ging, hatte ihm sein Lehrer aufgetragen, Wasser vom Harthof-Weiher zu holen, damit sie sich einen Tropfen davon unter dem Mikroskop ansehen konnten. Am meisten war Hans von der großen Zahl der Einzeller beeindruckt, die sich in einem solchen Tropfen tummelten. An Nahrungsmangel muß Quax also sicher nicht leiden.

Viel größer ist dagegen die Gefahr, von anderen verspeist zu werden. Die Berg- und Teichmolche, die schon unter den Grasfrosch-Eiern aufgeräumt hatten, sind auch für kleine Kaulquappen eine tödliche Gefahr, und viele von Quax' Geschwistern wandern in ihre Mägen.

Wenn der Zwergtaucher nach Nahrung taucht, rettet sich Quax blitzschnell zwischen Laubblätter auf dem Weihergrund.

Ein Wasserskorpion, der Quax als sein nächstes Opfer anpeilt, wird im selben Moment von einem Zwergtaucher geschnappt und verschluckt. Doch ist der Zwergtaucher nicht etwa Quax' Freund. Vielmehr schnappt er sich Kaulquappen genauso gerne wie Wasserskorpione, und Quax kann sich vor ihm nur retten, indem er blitzschnell zwischen Laubblättern auf dem Grund des Weihers verschwindet. Auf diese Weise entgeht er auch einem anderen Feind, dem Gelbrandkäfer, der anstelle von Quax eine andere Kaulquappe ergreift, ihr seinen Verdauungssaft in den Körper spritzt und das zu Brei aufgelöste Innere aussaugt.

Das reiche Angebot an Nahrung läßt Quax schnell wachsen. Dabei ändert sich nicht nur seine Größe, sondern auch seine Gestalt. An seinem Hinterkörper haben sich Beine gebildet, und seine früher außenhängenden Kiemen sind von einer Hautfalte umwachsen, so daß sie besser vor Beschädigung geschützt sind. Die Kiemen benutzt er jetzt nicht nur zum Atmen, sondern auch als Reuse, mit der er aus dem Atemwasser winzige Nahrungsbrocken ausseiht. So liegt Quax nun oft vor Feinden versteckt im Mulm des Weihergrunds und nimmt trotzdem Nahrung auf.

Ein Stichling packt Quax am Hinterbein und reißt es ab.

Dann erwischt es unseren Quax aber doch. Ein Stichling packt ihn an einem seiner Hinterbeine und reißt es ab. Quax wendet auch jetzt seine bei Gefahren bewährte Taktik an. Er taucht im dichten Pflanzengewirr unter und bewegt sich nicht. Der Stichling hat ihn dabei aus den Augen verloren. Ein Bein ist er allerdings los. Wie soll nun aus Quax mit nur einem Hinterbein ein Frosch werden?

Einige Zeit später bilden sich an Quax' Vorderkörper Wölbungen, unter denen sich seine Vorderbeine entwickeln. Später platzt dort die Haut auf, und Quax hat nun vier Beine. Vier Beine – das ist kein Druckfehler, denn tatsächlich sind es vier. Anstelle des verlorenen Hinterbeines ist ihm ein neues gewachsen. Das ist zwar kleiner als das andere Hinterbein, aber Quax hat noch ein paar Wochen Zeit, bis er ein Leben führen muß, bei dem er alle vier Beine braucht.

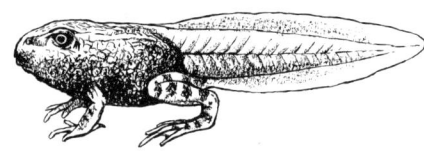

Quax hat wieder vier Beine. Anstelle des ausgerissenen ist ihm ein neues nachgewachsen.

Neun Wochen nach seiner Geburt sieht Quax beinahe wie ein richtiger Frosch aus.

Die große Verschwendung

Neun Wochen sind seit Quax' Geburt vergangen. Quax sieht nun beinahe wie ein richtiger Frosch aus. Nur der Schwanz erinnert noch an seine Kaulquappenzeit. Doch für das Landleben eines Frosches muß sich mehr ändern als nur das Äußere. Sein an Pflanzennahrung angepaßter langer Darm wird für die Tiernahrung, auf die er bald ausschließlich angewiesen sein wird, verkürzt, und zwar von neunfacher auf einfache Körperlänge.

Wer wie Quax an Land leben will, kann dort mit Kiemen nicht atmen. Er braucht eine Lunge. Auch die bildet sich während der letzten Zeit seines Wasserlebens aus.

Quax fastet. Das ist verständlich, wenn man weiß, daß sein Verdauungsapparat umgewandelt wird. Das Baumaterial für diese, man kann wohl ohne Übertreibung sagen dramatischen Veränderungen, wird dem Schwanz entnommen, der zum Schwimmen diente und nun nicht mehr gebraucht wird.

Froschregen – die Invasion der Frösche

Am 2. Juni 1950 fährt der Bauer Hans Kruse wie jeden Morgen aufs Feld. Er schaut zum Himmel. Es hat in der Nacht geregnet, aber jetzt teilen sich die Wolken, und die Sonne kommt hervor. Kruse kann mit dem Grasschnitt der Wiesen für die Heuernte beginnen. Seine Fahrt führt am Harthof-Weiher vorbei. Dort hält er an, weil der Weg mit Fröschen übersät ist. Winzlinge von anderthalb Zentimetern Länge. Sie fallen trotz ihrer geringen Größe auf, weil es so viele sind. Froschregen nennen die Heudorfer den jährlich wiederkehrenden Auszug der Jungfrösche aus ihrem Geburtsweiher. Kruse kehrt um und fährt einen Umweg, weil er mit seinem Wagen kein Gemetzel unter den Fröschen anrichten will.

Unter den Jungfröschen, die am 2. Juni 1950 den Harthof-Weiher verlassen, sind auch Quax und 800 seiner Geschwister. Insgesamt haben 95.000 seines Jahrgangs die Gefahren des Wasserlebens im Harthof-Weiher überstanden, und 125.000 haben dazu beigetragen, andere Tiere satt zu machen. Wenn 95.000 kleine Frösche einen Weiher gleichzeitig verlassen und an Land gehen, gibt der Name „Froschregen" diesen Vorgang sehr anschaulich wieder.

Bis auf seinen Schwanzstummel und seine viel geringere Größe ist Quax jetzt ein Ebenbild seines Vaters. Sein linkes Hinterbein, das ihm der Stichling abgerissen hatte, ist wieder nachgewachsen. Es ist zwar noch ein wenig kürzer als das rechte, aber das hindert ihn nicht, in fast genauso großen Sprüngen wie seine Geschwister in die neue Welt zu hüpfen. Der Zufall führt ihn zu den Wiesen, von denen Hans Kruse und die anderen Bauern Heudorfs täglich ein Stück mähen – als Futter für ihre Kühe und Pferde.

Während Quax acht Tage später in seinem Tagesversteck unter einem Grasbüschel sitzt, fährt Kruses Sense direkt über seinen Kopf und schneidet alle Grashalme und Kräuter über ihm ab. Plötzlich ist er greller Sonne ausgesetzt. Das ist nichts für Quax. Er verkriecht sich in ein Erdloch, das ihn davor bewahrt, vom Weißstorch geschnappt zu werden, der jedes Jahr auf Heudorfs Kirchendach brütet und für sich und seine Kinder in den Wiesen Futter sucht. Er bevorzugt die frisch geschnittenen Flächen, weil er dort seine Beutetiere besser sehen kann.

Überleben im Lebensraum

In der Nacht hüpft Quax zwanzig Meter weiter; dort erreicht er eine Hochstaudenwiese aus Mädesüß, Wiesen-Bärenklau, Engelwurz und Wasserdost. Diese Pflanzengesellschaft war dort entstanden, weil die Landwirte ihre Nutzung aufgegeben hatten. Die Wiese ist für eine Bearbeitung mit Maschinen zu feucht. Für Quax ist sie genau das Richtige. Hier bleibt er die nächsten Wochen. Es ist wunderbar feucht, und die Blätter der Pflanzen schützen ihn vor Austrocknung.

Allerdings lauern auch hier Gefahren. Eine tödliche Bedrohung für Quax ist die Wasserspitzmaus, die vom nahen Bach aus regelmäßig in seinen Lebensbereich kommt. Einmal läuft sie ganz dicht an ihm vorbei. Sie hätte

In der Hochstaudenwiese aus Mädesüß, Wiesenbärenklau, Engelwurz und Wasserdost findet Quax eine geeignete Umgebung für sein Landleben.

ihn sicher gepackt, wenn sie es nicht so eilig gehabt hätte, zu ihren Jungen zu kommen, die in der Böschung des Krebsbaches in ihrem Nest liegen.

Nicht weniger gefährlich ist es für Quax, als er bei einem nächtlichen Beutezug in die Nähe einer Ringelnatter gerät, die Quax tagsüber sicher entdeckt und verschlungen hätte, so aber schlafend sich um ihre Umgebung nicht kümmerte.

Kurz darauf hat Quax wieder Glück, als er einem erwachsenen Grasfrosch rasch ausweichen kann. Denn der hätte ihn ohne zu zögern so behandelt, wie er Schnecken und Käfer von der Größe Quax' behandelt – als Beute. Zufällig

FAUST

Wäre Quax am Tage in die Nähe der Ringelnatter gekommen, wäre er sicher gepackt und verschlungen worden.

hätte der erwachsene Frosch sein Vater oder seine Mutter sein können, denn die Grasfrösche kennen ihre Kinder ebenso wenig wie die Kinder ihre Eltern.

Quax hat zwar eine Menge Feinde, aber auch er selbst ist ein gefährlicher kleiner Bursche, besonders für junge Nacktschnecken, Käfer, Fliegen, Blattläuse, Schmetterlinge, Schmetterlingsraupen und Spinnen.

Am 6. Oktober hat Quax eine Länge von zwei Zentimetern erreicht. Er ist also einen halben Zentimeter gewachsen, seitdem er den Harthof-Weiher verlassen hat. Nach der fetten Zeit in der Hochstaudenwiese beginnt nun eine Fastenzeit von mindestens vier Monaten, in der sich Quax in einem Erdversteck aufhält.

Von seinen Geschwistern sind im Verlauf des Sommers 300 von anderen Tieren verzehrt worden, so daß von den 3.000 Eiern seiner Mutter noch 500 als Jungfrösche ihren ersten Winter vor sich haben.

So wie auf Quax überall tödliche Gefahren lauern, verzehrt er ebenfalls andere Tiere, wie hier einen kleinen Schmetterling.

Aufbruch im Winter

Am 24. Februar 1953 leben außer Quax noch 3 seiner Geschwister. Von 3.000 Eiern bleiben also vier erwachsene Grasfrösche übrig.

Im Schatten von Bäumen und Sträuchern liegen große Schneefelder. der Lipbachsee ist schon eisfrei. Sein Wasser ist aber noch so kalt, daß es weh tut, wenn man die Hand hineinhält. Am Harthof-Weiher ist das Eis am Ufer aufgetaut, denn dort halten die dunklen Pflanzenstengel des abgestorbenen Schilfs die Wärme fest.

Während die Menschen im nahen Heudorf in der Abenddämmerung den Neuschnee von den Straßen schieben, verläßt Quax sein Winterquartier, eine kleine Höhle unter einem Stein im Krebsbach, 60 m vom Lipbachsee und 130 m vom Harthof-Weiher entfernt. Sein innerer Kalender sagt ihm: Es ist Zeit! Mach dich auf den Weg! Der kalte Schnee an Land hindert ihn jedoch, weiterzuspringen. Er verkriecht sich unter einem Grasbüschel des Bachufers und verbringt dort die Nacht.

Der Lipbachsee ist schon eisfrei, sein Wasser aber noch so kalt, daß es weh tut, wenn man die Hand hineinhält.

Quax hat sein Winterquartier – eine kleine Höhle unter einem Stein im Krebsbach – verlassen. Der Neu-schnee hindert ihn daran weiterzu-springen.

Der Geburtsort als Magnet

Am nächsten Morgen regnet es. Der Schnee vom letzten Tag ist schnell geschmolzen. Das Thermometer zeigt am Abend +7° C an. In der Dämmerung macht sich Quax wieder auf den Weg – aber nicht zum nahen See, sondern zum doppelt so weit entfernten Harthof-Weiher. Seit er ihn vor drei Jahren verlassen hat, kam er nie wieder hierher. Erst jetzt zieht ihn der Weiher wie ein Magnet an. Woher er weiß, in welche Richtung er wandern muß und wonach er sich dabei richtet, ist unbekannt.

Eignungstest der Laichgewässer

Mit der Rückkehr zum Geburtsort zeigt Quax ein Verhalten, das sich im Verlauf von vielen hunderttausend Jahren entwickelt hat, weil es fast immer erfolgreich war. Mit dem Überleben des Eies und der Kaulquappe bis zum umgewandelten Jungfrosch wurde das Laichgewässer von der Natur für Grasfrösche getestet. Es war und ist sinnvoll, wenn der inzwischen geschlechtsreife Frosch dorthin zurückkehrt und seine Eier legt. Denn die Wahrscheinlichkeit ist groß, daß der Geburtsplatz noch immer für Grasfrösche zum Laichen geeignet ist.

Weder von einem Querweg noch von einem Graben läßt sich Quax beirren. Im Graben hüpft er an der steilen Wand entlang, um einen Ausstieg zu finden. Dabei stößt er auf einen anderen Grasfrosch.

Es ist ein Weibchen aus demselben Jahrgang wie Quax. Es ist ebenfalls auf dem Weg zum Harthof-Weiher. Den Winter verbrachte es in einem trockenen Hohlraum in der Wegböschung. Als Quax das gleichgroße, sich bewegende Weibchen fühlt, klettert er darauf. Fortan sitzt er auf seinem Rücken und läßt sich von ihm tragen. Er klammert sich dabei mit seinen Daumenschwielen hinter den Vorderbeinen des Weibchens fest.

Eisgekühlte Liebe

Kaum ist das Weibchen mit Quax am Ufer des Harthof-Weihers angelangt, springt es ins eiskalte Wasser. Dort sind bereits jene Grasfrösche aus der Kältestarre erwacht, die im Mulm des Weihergrundes überwintert haben.

Am 3. März ertönt wie in jedem Jahr um diese Zeit der leise Gesang der Grasfrosch-Männchen aus dem Harthof-Weiher, genau da, wo die Mütter unseres Grasfroschpaares vor drei Jahren ihre Eier abgelegt haben. Unter den Sängern ist auch Quax, der zum ersten Mal in seinem Leben singt. Er beherrscht seine einfachen, immer wieder in derselben Weise vorgetragenen Strophen genauso gut wie sein Vater, der – mittlerweile schon sechs Jahre alt – in den Chor einstimmt. Quax' Mutter ist dagegen im letzten Frühjahr von einem Iltis verschluckt worden. Seit drei Jahren hat sich die Zahl der Grasfrösche im Harthof-Weiher nur unwesentlich geändert. 1950 waren es 340 Männchen und 100 Weibchen und 1953 sind es 280 Männchen und 112 Weibchen. Von Quax' überlebenden Geschwistern werden am 6. März 1953 zwei von einem Hecht gepackt und verschlungen und einer von einem Graureiher, bevor sie zum

Laichen kommen. Quax ist nun der einzige, der von den Geschwistern seines Jahrgangs noch lebt.

Am 8. März 1953 legen die Grasfrösche im Harthof-Weiher ihre Eier. Quax' Partnerin beginnt damit, nachdem schon eine größere Fläche des Wassers mit Eiballen angefüllt ist. Danach entläßt er sie aus seinem Klammergriff und versucht, ein zweites Weibchen zu packen. Doch das gelingt ihm nicht, weil die Männchen in der Überzahl sind und alle Weibchen schon abgelegt oder bereits einen Partner haben.

Quax' Partnerin beginnt mit der Eiablage, nachdem schon eine größere Fläche des Wassers mit Eiballen angefüllt ist.

Der Weißstorch weiß aus Erfahrung: Auf überschwemmten Wiesen ist immer Nahrung zu finden.

16. März 1953: Ein Froschleben endet

Am 16. März wird Quax vom Gesang anderer Grasfrosch-Männchen in die überschwemmte Wiese neben dem Harthof-Weiher gelockt. Hier ergattert er noch einmal ein Weibchen, das noch am selben Tag Eier legt. Dann ist es vorbei mit der Grasfrosch-Liebe.

Während Quax halb verdeckt unter Pflanzen in der überschwemmten Wiese sitzt, segelt ein Weißstorch von Heudorfs Kirchendach über den Harthof-Weiher. Er ist heute nach langer Reise aus Afrika in seine Brutheimat zurückgekehrt und weiß aus Erfahrung: Auf überschwemmten Wiesen ist immer Nahrung zu finden, und so landet er dort. Damit ist Quax' Lebensgeschichte zu Ende. Er wird von der Schnabelspitze gepackt und mit einem Ruck in den Schlund des Storches befördert.

Das war einmal —
keine Welt mehr für Frösche?

Früher verminderten vor allem natürliche Einwirkungen wie Kälte und Trockenheit sowie die Vielzahl von Feinden die Zahl der Grasfrösche. Das war völlig normal. Die riesige Menge der Grasfroscheier sorgte dafür, daß die Zahl der Erwachsenen immer ungefähr gleich blieb.

Das ist heute nicht mehr so. Viele neue Einwirkungen haben zum Rückgang aller Amphibienarten geführt. Im wesentlichen sind dies:
– Zuschütten von Kleingewässern
– Vernichtung vieler Kleinlebensräume in der Kulturlandschaft (Hecken, Feldgehölze, Feldraine)
– Umwandlung von Wiesen in Äcker
– Überbauung durch Ausdehnung der Städte und Dörfer
– Das viel zu dichte Straßennetz
– Absenkung des Grundwasserspiegels
– Einsatz von Mineraldünger
– Einsatz von Insektenvernichtungsmitteln
– Einsatz von Pilzvernichtungsmitteln
– Einsatz von „Unkraut"-Vernichtungsmitteln

Doch die Amphibien haben sich nicht geändert. Sie können sich den neuen Bedingungen nicht anpassen. Ist ihr Rückgang unabwendbar? Wir sind der Meinung: Nein. Wenn wir nicht bereit sind, unsere Heimat veröden zu lassen, kann den Amphibienarten geholfen werden. Wie – das wollen wir in diesem Buch zeigen.

Warum brauchen wir Frösche?

Wir brauchen Frieden, wir brauchen Arbeitsplätze, wir brauchen Industrie, wir brauchen Wohnungen, wir brauchen Luft zum Atmen, wir brauchen Nahrung, wir brauchen Trinkwasser, wir brauchen Erholungsgebiete – wer wird das in Frage stellen? Aber Frösche? Brauchen wir Frösche, Kröten, Salamander und Molche? Die Zahl derer, die auch diese Frage bejahen, ist sicher nicht groß. Wäre sie groß, hätten wir dieses Buch nicht schreiben müssen.

Amphibien sind ein Teil des Ganzen

Alle unsere Amphibien brauchen Kleingewässer, in denen sie zumindest als Larven leben. Besonders die Larven der Arten, die sich überwiegend von toten Pflanzen und Tieren ernähren, üben eine wichtige Funktion aus. Bei der großen Zahl der Larven, die von den erwachsenen Tieren produziert wird, ist der Beitrag der Larven am Stoffumsatz nicht unbedeutend.

Bei diesem Stoffumsatz werden die hochkomplexen Bestandteile der Pflanzen und Tiere zu einfachen zerlegt. Ein Teil davon wird als Kot ausgeschieden und von Bakterien weiter abgebaut. Wichtige Abbaustoffe sind Kohlenstoff, Stickstoff, Phosphor, Kalium und Schwefel, die nun von Pflanzen wiederum als Grundstoffe für ihren Aufbau genutzt werden können. Ein Teil der Pflanzen wird von Tieren gefressen, diese Tiere von anderen Tieren, und tote Pflanzen und Tiere werden von Bakterien und Pilzen zu einfachen Stoffen abgebaut. Damit ist der Kreislauf geschlossen. Ohne diese Kreisläufe käme das Leben auf der Erde ganz schnell zum Stillstand.

Jedes Tier lebt von anderen Tieren oder Pflanzen und hat mehrere Tierarten zum Feind. So beugt die Natur einer Übervermehrung einzelner Arten vor.

Kein Lebensraum für Amphibien.

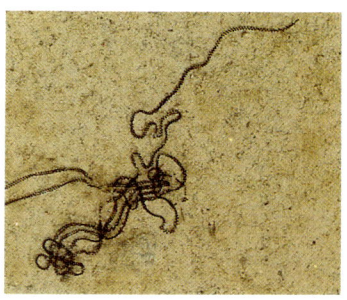

Würden aus den 4000 Eiern eines Kreuzkröten-Weibchens, die in Doppelschnüren aufgereiht sind, alle Jungen geschlechtsreif werden, gäbe es nach 3 Jahren 8 Milliarden Paare.

Welche Folgen eine Übervermehrung hätte, zeigt das Beispiel der Kreuzkröte. Ein Weibchen dieser Art legt im Jahr etwa 4.000 Eier. Würden aus all diesen Eiern erwachsene Kreuzkröten, gäbe es nach einem Jahr 2.000 Paare, nach zwei Jahren 4 Millionen Paare, nach 3 Jahren 8 Milliarden Paare. Schon nach einem Jahr könnte der Laichtümpel von 4 m² die 2.000 Weibchen nicht fassen, selbst wenn sie alle dicht beieinandersäßen. Im Jahr darauf würden die Weibchen schon eine Fläche einnehmen, die so groß wäre wie 10 Grundstücke von je 960 Quadratmetern, und nach 3 Jahren wäre bereits eine Fläche bedeckt, die doppelt so groß wäre wie der Landkreis Goslar mit seinen 964 km². Jedem ist klar: Übervermehrung muß also verhindert werden, wenn nicht Schaden für die ganze Lebensgemeinschaft entstehen soll.

Dort, wo Menschen Monokulturen von einer Art heranziehen wie im Ackerbau und zum Teil bei der Forstwirtschaft, besteht immer die Gefahr der Übervermehrung einzelner Arten, die in den Monokulturen ein Schlaraffenland vorfinden.

Der Mensch reagiert darauf mit Chemikalien, die für ihn nicht nur positive, sondern auch negative Auswirkungen haben.

Die Natur verhindert Übervermehrung einzelner Arten: Eine jede Art kontrolliert mehrere andere Arten. Das Ergebnis ist eine relative Stabilität der Lebensgemeinschaften. Werden einzelne Arten in ihren Lebensgemeinschaften durch Maßnahmen des Menschen ausgeschaltet, muß das noch keine Katastrophe verursachen. Doch die große Zahl der z. B. in Deutschland ausgestorbenen und abnehmenden Pflanzen- und Tierarten läßt für die Zukunft in vielen Biotopen eine Übervermehrung einzelner Arten erwarten, die sich auch für den Menschen negativ auswirken wird. Die lapidare Feststellung im Bundesnaturschutzgesetz, Pflanzen- und Tierwelt seien eine der Lebensgrundlagen des Menschen, muß von uns endlich ernst genommen werden.

Amphibien als Teil der Schöpfung

Eigentlich müßten alle Christen auf der Welt Naturschützer sein, denn der Auftrag an sie ist unmißverständlich: „Und Gott sah, daß es gut war: Der Tag und die Nacht, das Wasser und das Trockene, das Gras und das Kraut und alles Getier, ein jegliches nach seiner Art: Die Fische des Meeres, die Vögel unter dem Himmel, Vieh und Gewürm und Tiere auf Erden ... Und Gott der Herr pflanzte einen Garten in Eden gegen den Morgen und setzte den Menschen darein ...", daß er ihn bebaue und bewahre."

In Wahrheit ist es aber nur eine Minderheit, die bereit ist, ihre Mitlebewesen zu schützen. Sie sieht es als ihre Verpflichtung an zu erhalten, was die Natur in vielen Millionen von Jahren hervorgebracht hat.

Woher kommen die Amphibien?

Vor rund 360 Millionen Jahren haben sich die Lurche aus Fischen entwickelt. Niemand kann uns davon Zeugnis ablegen und doch sind sich die Fachleute einig, daß sowohl die Zahl als auch die Entwicklungsrichtung von Fischen zu Lurchen stimmt. Vergleichen wir jedoch einen Fisch, etwa eine Forelle, mit einem Grasfrosch, müssen wir an diesen Angaben zweifeln.

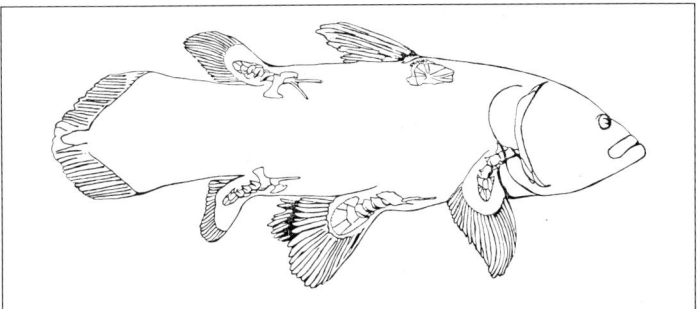

Quastenflosser

Viele Tierfunde aus der Frühzeit und ihre Datierung haben ergeben, daß die Vorfahren unserer Lurche nicht Forellen, sondern Quastenflosser sind, – eine große Gruppe urtümlicher Fische, von denen es heute nur noch eine Art gibt. Erst im Jahre 1938 wurde diese Art entdeckt, obwohl man schon viele Verwandte von ihr kannte, die vor mehr als 275 Millionen Jahre gelebt hatten. Als dem Fischspezialisten J. L. B. Smith die Zeichnung eines gerade gefangenen Fisches vorgelegt wurde, war Smith von einer wissenschaftlichen Sensation überzeugt: „Ich wäre kaum erstaunter gewesen, wenn mir auf der Straße ein Dinosaurier begegnet wäre."

Warum die Experten so sicher sind?

Da wie gesagt niemand die Vorgänge vor 360 Millionen Jahren beobachten und aufzeichnen konnte, sind wir auf Protokolle angewiesen, die uns die Natur selbst geliefert hat, in Form von Mumien, Moorleichen, Skelettresten, Versteinerungen und Abdrücken von Tieren. Mumien sind zum Beispiel die im ewigen Eis Sibiriens eingefrorenen Mammute, und als Versteinerungen sind die im baden-württembergischen Holzmaden gefundenen Saurierskelette besonders bekannt geworden.

Das Alter derartiger Funde läßt sich mit verschiedenen Methoden bestimmen. Die Zeitmessung mit Hilfe der Ermittlung des radioaktiven Zerfalls bestimmter Elemente hat dabei große Bedeutung erlangt, weil mit ihr die genauesten Angaben möglich sind.

Die Übereinstimmung im Körperbau weist noch einleuchtender als der äußere Vergleich, auf die Entwicklung vom Fisch zum Lurch hin. So haben die Quastenflosser Atemhöhlen, aus denen sich Lungen bilden konnten und ihre Brust- und Bauchflossen werden durch Knochen versteift, die große Ähnlichkeit mit den Hand- und Fußknochen der Lurche haben.

Mühsam kriecht ein Quastenflosser (Holoptychius aus dem Devon) über Land, um ein neues Gewässer als Lebensraum zu finden, denn sein seitheriges ist ausgetrocknet.

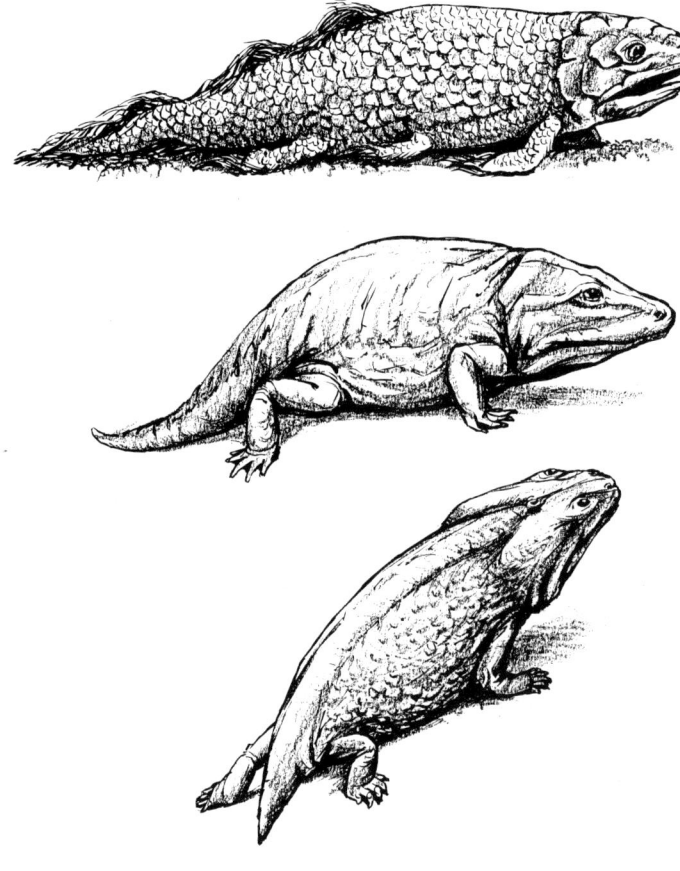

Sahen so die Vorfahren der heutigen Amphibien aus? Primitive Panzerlurche aus Devon und Trias: Mastodonsaurus und Eryops.

Als die Frösche an Land gingen

Der Grund, der Fische vor 360 Millionen Jahren an Land trieb, war vermutlich das Klima. Auf großen Teilen der Erde traten regelmäßig Trockenperioden auf, bei denen viele Süßwasserseen und Flüsse austrockneten. Für die Fische waren das tödliche Katastrophen. Es gab Arten mit Lungen und kräftigen Bauch- und Brustflossen, die mit Knochen und Muskeln gestützt waren. Sie konnten in den austrocknenden Flüssen und Seen wenigstens kurze Strecken über Land laufen und in übriggebliebenen Wasserlöchern überleben. Der amerikanische Wirbeltierforscher A. S. Romer schreibt dazu: „Die ersten Amphibien waren wenig mehr als vierfüßige Fische." Später nahmen deren Nachfahren mit verbesserten Fortbewegungsmitteln mehr und mehr das Land in Besitz. Begünstigt wurde diese Entwicklung durch Perioden mit feuchtwarmem Klima. In dieser Zeit bildeten sich riesige Sümpfe mit subtropischen Farnpflanzenwäldern, aus denen unsere Kohle entstanden ist.

Amphibien vor 360 Millionen Jahren

Im gleichen Zeitraum von Millionen von Jahren, als aus Fischen Lurche wurden, entwickelten sich auch viele andere Gruppen von Lebewesen, die Bärlappe, Schachtelhalme und Farne, die Ammoniten und Insekten. Nadelbäume und Blütenpflanzen gab es noch nicht.

Die Amphibien waren über rund 60 Millionen Jahre die beherrschende Gruppe unter den Wirbeltieren auf der Erde und brachten die meisten Arten hervor. Sie wurden darin von Kriechtieren abgelöst, die noch besser an das Landleben, vor allem auch in trockenen Gebieten, angepaßt waren. Für die Weiterentwicklung des Lebens war das Anlandgehen von Amphibien von ganz großer Bedeutung, denn aus Amphibien wurden später Kriechtiere, und aus Kriechtieren wurden Säugetiere und Vögel.

Die Eroberung des Landes

Die Veränderungen in dieser Entwicklung waren groß: Auf dem Land fehlte der Auftrieb des Wassers, so daß der Körper Stützen brauchte, mit denen er sich fortbewegen ließ. Normale Fischflossen reichten dazu nicht. Sie mußten mit Knochen und Muskeln versteift werden, wie sie die Quastenflosser schon hatten. Vier Beine waren damit „programmiert". Aber auch das Rumpfskelett mußte kräftiger, fester zusammengefügt und mit den Beinen in eine Verbindung gebracht werden.

Ein weiteres Organ war beim neuen Leben auf dem Land nicht mehr brauchbar: die Kiemen, mit denen die Fische Sauerstoff aus dem Wasser holen. An ihrer Stelle bildete sich eine Lungenblase, die vor 340 Millionen Jahren verschiedene Fischarten besaßen, u. a. die Quastenflosser.

Millionen Jahre im Zeitraffer

Der Übergang vom fischähnlichen Wasserleben zum Landleben wird von Fröschen, Kröten und Molchen jedes Jahr aufs neue vollzogen. Bei der Umwandlung von der Kaulquappe zum Frosch wird die Entwicklungsgeschichte, die sich vor mehreren hundert Millionen Jahren abgespielt hat, im Zeitraffer wiederholt. Im Leben jedes einzelnen Frosches vollzieht sie sich. Mit der Beobachtung dieser Umwandlung an unseren Gewässern werden wir Zeuge eines der spannendsten Ereignisse unserer Erdgeschichte, die auch unsere Vorfahren vor unvorstellbar langer Zeit einmal durchgemacht haben.

Die Urahnen der Amphibien leben noch

Es gibt sie tatsächlich noch, die Quastenflosser, die als „lebende Fossilien" zu den Urahnen der späteren Amphibien zählen. Einem Filmteam, das 1988 und 1989 unter anderem im Auftrag des Zweiten Deutschen Fernsehens in den Gewässern des Indischen Ozeans bei den Komoden-Inseln unterwegs war, gelang sensationelle Aufnahmen. Erstmals war es damit möglich, die geheimnisvolle Lebensweise der Quastenflosser zu dokumentieren.

Was ist amphibisch?

Biologische Gemeinsamkeiten
der ganzen Klasse

Artspezifische Ausprägungen

Ökologische Besonderheiten

Amphibien – kleine Biologie eines Doppellebens

Wenn auch die Amphibien als Eroberer des Festlandes gelten, ihre Herkunft aus dem Wasser können sie nicht verleugnen. Nicht nur die Eroberung des Festlands als Jahrmillionenzeitraffer, auch viele andere Eroberungen und Neuerungen waren für das Leben in der neuen Umwelt notwendig.

Die Kröten und Frösche, Molche und Salamander, vielen unter dem Sammelnamen Lurche bekannt, werden von der Biologie unter dem Namen Amphibien in das Tierreich eingeordnet. Mit den Klassen der Kriechtiere (Reptilien), Vögel und Säugetiere bilden sie zusammen mit ihren gemeinsamen Vorfahren, den Fischen, den Stamm der Wirbeltiere. So kann man u. a. die Amphibien als Zeugen der Geschichte des Lebens auf der Erde ansehen.

Das Wasser ist das Lebenselement der Amphibien, und trotzdem wird es von ihnen nicht „getrunken". Die Wasseraufnahme erfolgt durch die Haut. Jeder von uns, der schon einmal einen Frosch oder eine Kröte, einen Salamander oder einen Molch – wenn auch noch so kurz – in der Hand hatte, weiß, wie feucht und glitschig eine Amphibienhaut ist. Er hat auch bemerkt, daß die Haut – im Gegensatz zur menschlichen– leicht über dem Körper verschiebbar ist. Unter der Haut befinden sich große Lymphräume. Die darin enthaltene Lymphflüssigkeit ist das Amphibienblut, freilich ohne Blutkörperchen. Sie steht über die Lymphherzen im ständigen Austausch mit dem Blutkreislauf.

Die urtümlichen Lurche schützen sich noch durch Hautpanzerung vor der Austrocknungsgefahr des neuen Landlebens. Im Laufe der Jahrmillionen ist sie aber verlorengegangen. Das hat zur Folge, daß die meisten Amphibien auf eine feuchte Umgebung angewiesen sind, die keine Austrocknung aufkommen läßt.

In kleinen Drüsen der Lederhaut wird feinkörniger Schleim gebildet. So hat z. B. der Laubfrosch 130 dieser Schleimdrüsen pro mm² Rückenfläche. Weil sie sogar verschließbar sind, kann er sich stundenlang sonnen, ohne dabei zur Mumie auszutrocknen. Die Wasserbewohner unter den Amphibien schützt dieser Schleim vor Eindringen des Wassers. Während des Landaufenthaltes dient der Schleim mit seinen Sekreten auch als Schutz vor eindringenden Bakterien und Pilzen.

Die Haut der Amphibien – ihr halbes Leben

Die wesentlich größeren Giftdrüsen der Amphibien haben wie die Schleimdrüsen die Form von Bläschen. Sie befinden sich auch in der Lederhaut. Das milchige Giftsekret hat eine vorwiegend herzlähmende Wirkung. Es dient der Verteidigung, besonders in Verbindung mit der häufig auffallenden Farbe der Amphibienhaut. Da die Amphibien keine Gelegenheit haben, das Gift in den Körper eines anderen Lebewesens zu bringen, ist ihre Giftigkeit eigentlich harmlos. Es sei denn ein Feind greift an und bekommt den gifthaltigen Schleim selbst im empfindlichen Rachenraum zu spüren. Die unangenehme Beute soll dadurch sofort fallengelassen werden.

Man sollte sich davor hüten, den Hautschleim der Amphibien mit den sehr empfindsamen Schleimhäuten der Augen in Berührung zu bringen. Das kann zu erheblichen Reizungen und Entzündungen führen. Das Gift unserer Kröten und anderer Amphibien kann dagegen lebensgefährlich sein, wenn es in die Blutbahn gelangt.

Andererseits haben unsere Amphibien recht wenig Einrichtungen zur Abwehr natürlicher Feinde entwickelt. Eine Gelbbauchunke biegt als Schreckhaltung ihren Rücken wie ein Hohlkreuz durch und zieht die Vorder- und Hinterbeine so an, daß die Handrücken fast über die Augen und die Fußrücken an den Rückenseiten hochgezogen werden. Dabei leuchten die farbenprächtigen Unterseiten.

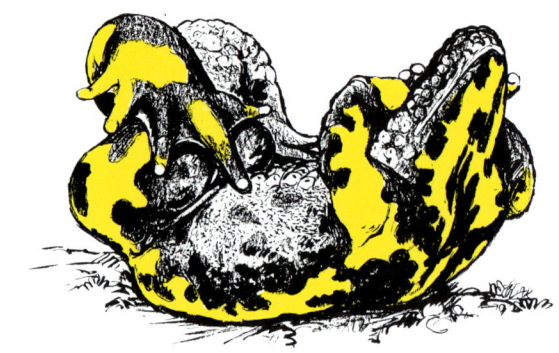

Gelbbauchunke in Schreckstellung.

Drohhaltung der Erdkröte. Das Tier macht sich so groß wie möglich, um einen Feind abzuschrecken.

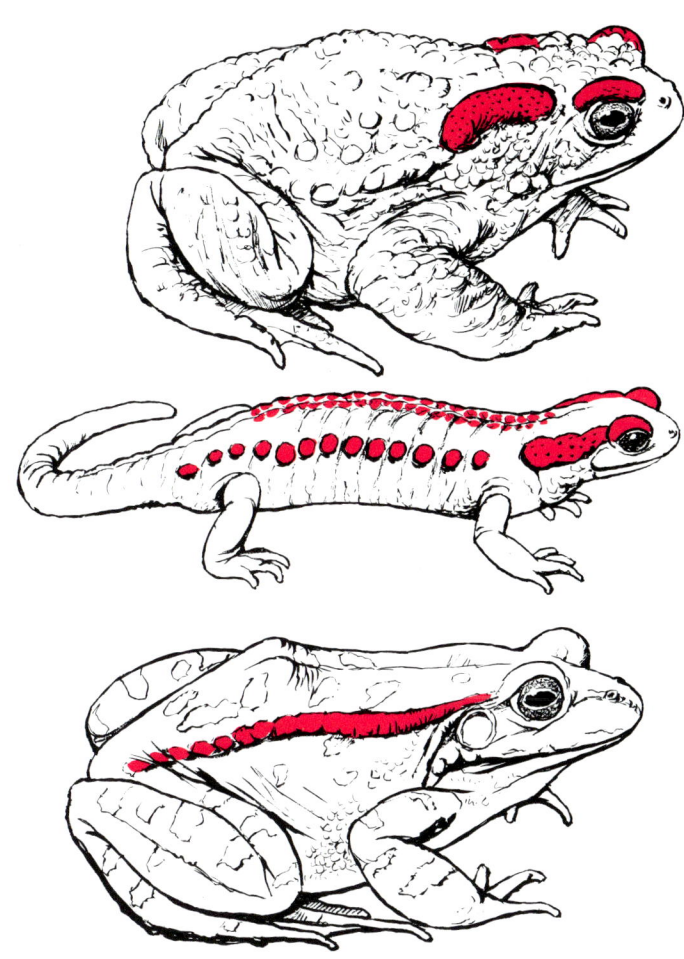

Die Giftdrüsen unserer Amphibien sind zumeist auf bestimmte Stellen der Körperoberfläche konzentriert. So bei der Erdkröte in den Ohrdrüsen, beim Feuersalamander ebenfalls in den auffallend länglichen Ohrdrüsen und den Drüsenleisten längs des Rückens; bei Fröschen in den beiden deutlich sichtbaren Längsleisten des Rückens.

Um sich eine Vorstellung von der Wirksamkeit dieser Hautgifte zu machen – hier ein Vergleich: Das bekannteste Hautgift unserer Erdkröte, das Bufotoxin, in den Körper eines Säugetieres gebracht, hat die gleiche Giftigkeit wie die bekannten Gifte Curare und Strychnin.

Die Lederhaut enthält neben den Schleim- und Giftdrüsen auch noch ein sehr reichhaltiges Blutgefäßsystem mit feinsten Aufspaltungen. Das ist die Voraussetzung für die Hautatmung der Amphibien, über die noch berichtet wird. Nach oben wird die Lederhaut von einer mehrschichtigen Oberhaut begrenzt. Ihre äußere Schicht kann verhornen und in mehr oder weniger regelmäßigen Abständen als dünne, durchscheinende Haut abgestoßen werden. Die Molche häuten sich z. B. während ihres Wasseraufenthaltes in recht kurzen Abständen. Im Frühjahr sogar alle 3–4 Tage. Günther E. Freytag, ein langjähriger Kenner der

Molche und Salamander, beschreibt den Vorgang in seinem Büchlein „Der Teichmolch" so: „Dazu löst sich die alte verhornte Oberhaut zuerst am Kopf, dann an den Vordergliedmaßen und am Rumpf ab, wird in einem Stück ringförmig nach hinten zusammengeschoben und über den Schwanz hinabgestreift. Dabei helfen die Tiere kräftig nach, fassen mit dem Mund nach dem auf den Schwanz zurückgeschobenen Wulst der alten Haut und zerren ihn hinunter, um die Haut anschließend zu verzehren."

Lichtspiele der Natur

Haben sie schon mal einen himmelblauen Laubfrosch in der Natur gesehen? Den gibt es nicht? In unserem Fall handelt es sich sogar um einen Laubfrosch-Albino! Und dennoch geht alles mit rechten Dingen zu. Die Wissenschaft hat die verwirrenden Farbspiele unserer Frösche inzwischen geklärt:

Die Haut aller Amphibien ist reich an Pigmenten. Das sind verschiedenartige, vielerorts in der Natur vorkommende Farbstoffe. Die einzelnen Farbstoffkörnchen kommen in speziellen Pigmentzellen der Lederhaut vor. Von diesen Pigmentzellen gibt es in der Lederhaut, von oben nach unten angeordnet, drei Typen: solche, die rote und gelbe Farbstoffe enthalten; andere, die lichtbrechende Kristalle beinhalten und schließlich die unteren, die schwarzbraune Farbstoffe führen. Durch die unterschiedliche Lichtaufnahme der drei genannten Pigmentzellen kommen die z. T. sehr auffälligen Farbeffekte mancher Amphibienhaut zustande.

Erinnern wir uns: Licht ist aus verschiedenen Strahlungsanteilen zusammengesetzt, so z. B. aus dem unsichtbaren, aber sehr bekannten UV (= Ultraviolett)-Licht. Das leuchtende, helle Grasgrün des Laubfrosches entsteht so: der langwellige Anteil des Lichtes wird von den schwarzbraunen Farbstoffen im unteren Teil der Lederhaut zurückbehalten, der kurzwellige Anteil aber von den darüberliegenden Kristallen wird reflektiert. Zusammen mit den von den oberen, gelben Farbstoffen zurückgeworfenen Lichtanteilen ergibt sich die Farbe des Laubfrosches. Zumindest empfinden wir das so. Das Farbenspiel der Froschhaut ist also nicht nur von Farbstoffen abhängig, sondern auch vom einfallenden Licht. Deshalb gilt auch hier: In der Nacht sind alle Frösche grau.

Und unserem himmelblauen Laubfrosch-Albino fehlt der gelbe Pigmentanteil. Das von den Kristallen reflektierte Licht läßt ihn deshalb für uns blau erscheinen und nicht weiß, wie es sich für einen Albino gehört.

Es gehört schon Glück dazu, einen blau gefärbten Laubfrosch zu finden.

Nun gibt es auch blaue Frösche, die keinesfalls Albinos sind: Im zeitigen Frühjahr, wenn sich die männlichen Moorfrösche in den Laichgewässern aufhalten, sind die unter der Haut liegenden Lymphräume bei manchen Tieren extrem stark mit Lymphe angefüllt. Über die Bedeutung dieser starken Lymphansammlung, die zur Blaufärbung der männlichen Moorfrösche führen kann, zerbrechen sich die Wissenschaftler nach wie vor den Kopf. Mitunter gibt es diese Blaufärbung auch bei Grasfroschmännchen.

Moorfroschmännchen in seiner blauen „Laichtracht".

Vom Laubfrosch sind noch weitere Farbenspiele bekannt. Die Farbskala reicht von einem Gelbgrün über zahlreiche Grüntöne, dann von braun bis hin zu violett. Diese Farbverwandlungen dienen nicht immer der Tarnung. Man vermutet, daß es sich um Stimmungszustände der Tiere handelt.

Über die Variationen des Atmens

Die im Wasser lebenden Larven besitzen 3 Paar Kiemen. So ist es jedenfalls bei den Molchen und Salamandern. Bei den Froschlarven hingegen sind die Kiemen nur am Anfang äußerlich angelegt. Nach ein paar Tagen werden sie durch eine Gewebefalte überdeckt und sind dann nicht mehr sichtbar. Dadurch bildet sich eine Kiemenkammer mit einer beim genauen Hinsehen sichtbaren äußeren Kiemenöffnung. Die Lage der Kiemenöffnungen dient dem Fachmann sogar als Unterscheidungsmerkmal für die einzelnen Verwandtschaftsgruppen der Frösche. Kurz nachdem sich die Kiemenkammern gebildet haben, entstehen im Innern neue Kiemen. Sie übernehmen einen Teil der Atmung bis der Lurch das Wasser verläßt. Die Kiemenatmung, die mit der Atmung der Fische durchaus vergleichbar ist, wird bei den Amphibienlarven ganz wesentlich durch die Hautatmung unterstützt. Einen bedeutenden Anteil davon über-

nimmt der abgeflachte Schwanz. Das zeigt sich an seiner recht gut sichtbaren Strukturierung. Es handelt sich dabei um das fein verästelte Blutgefäßsystem, das sog. Kapillarnetz. Hier erfolgt der lebensnotwendige Gasaustausch: Sauerstoff, der in der Schleim- und in der Hautgewebeflüssigkeit gelöst ist, gelangt in die Blutbahn der Kapillaren. Kohlendioxid, das bei der Atmung entsteht, wird auf dem umgekehrten Weg nach außen befördert. Auf die gleiche Weise vollzieht sich die Mundhöhlenatmung der an Land lebenden, fertig entwickelten Amphibienarten. Die ebenfalls sehr feuchte und stark durchblutete Haut in der Mundhöhle ermöglicht einen zusätzlichen Gasaustausch. Der Anteil der Hautatmung ist, entsprechend der verschiedenen Umweltbedingungen der Amphibien, recht unterschiedlich. So hat sie z. B. bei der vorwiegend auf dem Lande lebenden Erdkröte einen Anteil von einem Viertel der Gesamtatmung. Beim Feuersalamander, der insbesondere nach Regenfällen auf dem Waldboden zu beobachten ist, beträgt die Hautatmung bereits die Hälfte der gesamten Atmung; beim wasserbewohnenden Kammolch macht sie nahezu drei Viertel der Gesamtatmung aus.

Das Hauptatmungsorgan bei den vornehmlich landbewohnenden Lurchen ist die Lunge. Sie entsteht im späteren Larvenzustand und verschafft den Larven durch Luftschnappen eine zusätzliche Atemmöglichkeit. Die Lunge gewinnt wohl bei den landbewohnenden Lurchen vorrangige Bedeutung, wie wir den gerade genannten Zahlen entnehmen können. Sie wird aber niemals zum ausschließlichen Organ des Gasaustausches. Bei den wasserbewohnenden Molchen hat die Lunge eher die Funktion eines Gleichgewichtsorgans.

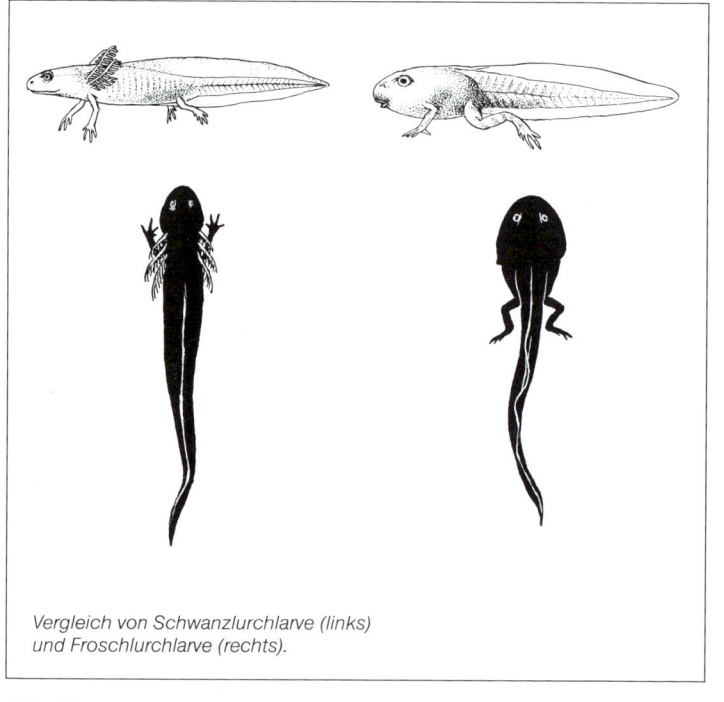

Vergleich von Schwanzlurchlarve (links) und Froschlurchlarve (rechts).

Recht interessant und typisch für den urtümlichen Entwicklungsstand der Amphibien als erste landbewohnende Wirbeltiere ist der Atemvorgang selbst. Im Gegensatz zu den uns mehr vertrauten Säugetieren, die ihre Lungen durch die Bewegungen des Brustkorbes füllen und leeren, mußten die Amphibien, da sie zumeist über keine Rippen oder nur kleine Rippenansätze verfügten, eine andere Technik des Luftholens bzw. Ausstoßens entwickeln. Quasi als Ersatz für die fehlenden Rippen dient der Mundboden. Durch Absenken dieser beweglichen Haut wird Luft durch die Nasenöffnungen in die Mundhöhle eingesogen. Nach Verschließen der Nasenlöcher wird die Luft durch Anheben des Mundbodens in die Lungen gepreßt. Das Absenken des Mundbodens und das elastische Zusammenziehen der Lungenwände drückt die Luft zurück in die Mundhöhle. Dieser Vorgang wird mehrere Male wiederholt. Diese sog. Pendelatmung ist äußerlich gut an der rhythmischen Bewegung der Kehle zu beobachten. Nach Verschließen des Kehlkopfes und Öffnen der Nasenlöcher gelangt die verbrauchte Luft schließlich nach außen.

Amphibien – ein Leben zu Wasser und zu Lande

Achtung Krötenwanderung! Immer häufiger berichten im Frühjahr Presse, Rundfunk und Fernsehen über das große Massensterben auf unseren Straßen. Das dürfte wohl das einzige Mal im Jahr sein, daß wir etwas vom Doppelleben der einheimischen Amphibien erfahren.

Es ist erstaunlich, aber von unseren Amphibien leben die meisten während der überwiegenden Zeit des Jahres an Land. Das Wasser wird von ihnen lediglich zur Fortpflanzung aufgesucht. Besonders typisch zeigt sich das für die beiden Frühlaicher, den Grasfrosch und die Erdkröte. Beide leben das Jahr über in Wäldern, Gebüschen, Wiesen und z. T. im Siedlungsbereich des Menschen. Dort führen sie ein verstecktes Leben, besonders die Erdkröte bevorzugt die nächtliche Lebensweise. Dabei bleiben beide dem Umfeld ihres Geburtsortes treu. Von der Erdkröte weiß man z. B., daß sie sich nicht viel weiter als 2 km von ihm entfernt.

Mit Beginn des Herbstes wandern Grasfrosch und Erdkröte allmählich wieder zu ihren angestammten Laichplätzen zurück. Während sich die Erdkröte zur Überwinterung in der näheren Umgebung des Laichgewässers vorbereitet, dringt der Grasfrosch sogar bis in diese vor.

Wenn dann an den ersten Märztagen abends die Temperaturen 5 bis 6° C erreichen und noch dazu ein feiner Vorfrühlingsregen niedergeht, brechen mitunter Hunderte und Tausende von Erdkröten aus ihren Verstecken auf. Dieses Phänomen hat den Erdkröten auch den Namen Explosivlaicher eingebracht. Nach ein paar Tagen ist alles vorbei. Lediglich einige Männchen bleiben noch im Laichgewässer, um auf laichbereite Nachzüglerinnen zu warten. Bei der Mehrzahl der anderen Amphibien zieht sich die Laichzeit dagegen über mehrere Wochen, ja sogar über Monate hin. Einige von ihnen, wie z. B. die beiden Unkenarten und die Geburtshelferkröte, zeigen keine ausgesprochenen Laichwanderungen; die Unken verbringen ohnehin die ganze Zeit in Wasserstellen. Die Geburtshelferkröte geht nur zum

Auf dem Weg zum Laichgewässer tragen die Weibchen ihre Männchen oft huckepack.

Absetzen der Larven ins Wasser. Andere wiederum, die Wasserfrösche und der Kammolch, sind auch außerhalb der Laichzeit für die meiste Zeit des Jahres an das Wasser gebunden.

Die Winterstarre ist allen Amphibien gemeinsam. Sie sind noch nicht, wie die weiter fortgeschrittenen Landbewohner, die Vögel und die Säugetiere, in der Lage, ihre Körpertemperatur zu regeln; sie ist von den Außentemperaturen abhängig. Der Amphibienkörper macht nämlich Veränderungen der Außentemperaturen weitgehend mit. Daher zählen die Biologen die Amphibien zusammen mit den Fischen und Kriechtieren zu den wechselwarmen Wirbeltieren. Diese Winterstarre ist die einzige Möglichkeit für die Amphibien, in geschützten Verstecken, so z. B. unter Baumstümpfen oder Steinen, in Gemäuern und Höhlen, ja sogar im Wasser, die winterlichen Außentemperaturen zu überleben.

Schwanzlurche, die urtümlichen Amphibien

„Der Salamander, ein Tier von Eidechsengestalt und sternartig gezeichnet, läßt sich nur bei starkem Regen sehen. Er ist so kalt, daß er wie Eis durch bloße Berührung Feuer auslöscht." So beschreibt der römische Schriftsteller Plinius vor nahezu 2000 Jahren den Feuersalamander. In seiner 36bändigen Naturgeschichte erfahren wir noch mehr: „Wenn er auf einen Baum kriecht, vergiftet er alle Früchte, und wer davon genießt, stirbt vor Frost", und vieles andere mag der Grund dafür sein, daß bis weit in das Mittelalter hinein zahlreiche mystische Bräuche mit dem Feuersalamander verbunden waren. Alfred Brehm schreibt dazu in seinem Tierleben (2. Aufl., 1878): „Ebenso wurde das Thier bei Feuerbrünsten zum Märtyrer des Wahns, man warf es in die Flammen, vermeinend, dadurch dem Unheile zu begegnen".

Obwohl der Feuersalamander – zumindest namentlich – zu den bekanntesten Lurchen zählt, ist er für viele ein unbekanntes Lebewesen. Das gilt auch für die Molche, die verschiedentlich auch als Wassereidechsen in der Wissenschaft geführt wurden. Selbst Linné, der Schöpfer der wissenschaftlichen Namensgebung im Tier- und Pflanzenreich, hatte die Salamander und Molche gemeinsam mit den Eidechsen eingeordnet.

Und dabei sind sie doch so verschieden, diese zwei landbewohnenden Salamanderarten und die vier mehr dem Wasser verbundenen Molcharten. Der Feuersalamander, der durch seine lackschwarze Färbung mit leuchtendgelben Flecken- oder Bindenzeichnung bekannt ist, hat einen runden Schwanz.
Die Molche als zeitweilige Wasserbewohner benötigen dagegen eine Antriebskraft zum Schwimmen. Ihr Schwanz ist seitlich abgeplattet und dient als Ruder.

Verborgenes Leben im Wasser

Unsere einheimischen Molcharten führen ein typisches Amphibienleben. Während des sommerlichen Landlebens sind sie immer auf eine feuchte Umgebung angewiesen. Und dies nicht nur wegen der fehlenden Schutzeinrichtung gegen die Austrocknung.

Die Molchlarven sind echte Wasserbewohner. Wie die Fische haben sie seitlich, kaum erkennbar, feine Linien. Sie reichen von der Kopfgegend bis zum Schwanz. Sie gehören zum sog. Seitenliniensystem. Mit ihm können feinste Erschütterungen des Wassers wahrgenommen werden, sogar ein vorüberschwimmender Wasserfloh wird damit geortet. Die außergewöhnliche Empfindsamkeit dieses Sinnesorgans wurde in zahlreichen Experimenten eindeutig bewiesen und dient den Molchlarven gleichermaßen als Sicherheitssystem und Nahrungserwerb. In der Ernährung während des Larvenstadiums unterscheiden sich die Schwanzlurche auffällig von den Froschlurchen. Diese sind Pflanzenfresser. Ihr Darm ist etwa acht- bis neunmal so lang wie ihr Körper. Die Larven der Schwanzlurche nehmen vor und nach ihrer Umwandlung tierische Nahrung auf.

Die Larven unserer vier Molcharten sind nur für den Kenner unterscheidbar. Allen gemeinsam sind die beiderseits deutlich erkennbaren 3 Kiemenpaare. Trotzdem ist die Lunge bereits ausgebildet. Die Atmung erfolgt aber weitgehend durch die Haut. Die Lungen der Molchlarven dienen vielmehr als Schwimmblasen, deren Luftfüllung ein Schweben im Wasser ermöglicht. Bei den erwachsenen Molchen bleibt die Schwimmblasenfunktion der Lunge, solange sie sich im Wasser aufhalten, sogar weitgehend erhalten. Nur während der Landtracht, also dem sommerlichen Aufenthalt oder ihrer Überwinterung an Land, hat die Lunge Anteil an der Atmung.

Die Umwandlung oder auch „Metamorphose" zum fertigen Molch ist, wie bei den meisten Amphibien, mit einem Wechsel der Umwelt und mit tiefgreifenden Veränderungen des gesamten Lebewesens verbunden.

Eine Hauptrolle bei Auslösung und Steuerung der Umwandlung spielt das Hormon der Schilddrüse. Hormone sind Wirkstoffe, die direkt vom bildenden Organteil oder der ausschüttenden Drüse in die Blutbahn abgegeben werden. Deshalb wirken sie so schnell.

Hin und wieder kommt es vor, daß sich Molchlarven nicht verwandeln. Sie werden nur größer und leben als Larven weiter. Sie können in diesem Zustand sogar geschlechtsreif werden. Das Beibehalten von Jugendmerkmalen im späteren Entwicklungszustand bezeichnet die Wissenschaft als Neotenie. Sie ist bei den einheimischen Molchen, besonders

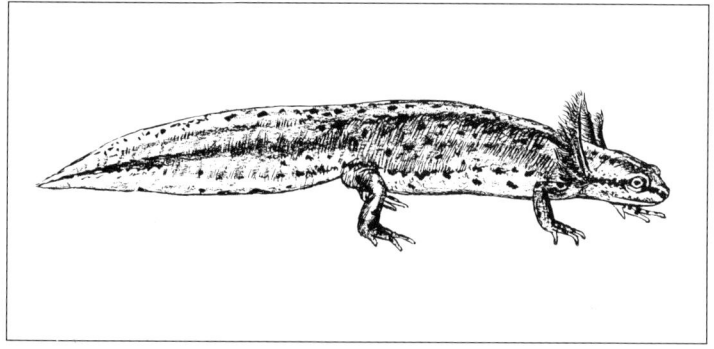

Ausgewachsenes, neotenisches Teichmolch-Weibchen. Die Außenkiemen bleiben, da die Metamorphose nicht ganz abgeschlossen wurde.

am Teich- und Bergmolch, nachgewiesen. Neotenie-Forschungsthema par excellence ist der Mexikanische Axolotl geworden. Er wird als Larve geschlechtsreif. Bei ihm, so haben die Forschungen ergeben, leidet die Schilddrüse an einer Unterfunktion. Verabreicht man dem Axolotl Schilddrüsenhormon oder verfüttert ihm Schilddrüsenstücke von Schlachttieren, so wandelt er sich in einen fertigen Molch um. Dann sieht er dem ihm nahe verwandten Tigerquerzahnmolch ähnlich. Über die Gründe der Funktionsuntüchtigkeit der Schilddrüse, die mit der Hirnanhangdrüse gekoppelt ist, gibt es verschiedene Theorien. Eine eindeutige Begründung steht noch aus.

Ein Markenzeichen im Wald

Obwohl der Feuersalamander als Markenzeichen wohlbekannt ist, werden ihn die wenigsten aus der freien Natur kennen. Dabei ist er gar nicht so selten. Man muß nur zur richtigen Zeit in den feuchten Buchenwäldern des Hügel- und Berglandes wandern. Nach warmen, sommerlichen Regenschauern trifft man den schwarzgelben Einzelgänger häufig – allerdings ohne ein Gewässer in der Nähe. Anders als bei den Molchen gibt es bei den Feuersalamandern eine Fortpflanzungsbiologie, die mit ihrem Landleben zusammenhängt.

Die Suche nach Laichgewässern führt uns an Quellrinnsale, Quellbäche und Quelltümpel. Es gehört schon etwas Geduld dazu, zwischen Steinen, Laub oder Pflanzen an ihre Umgebung angepaßte Larven zu entdecken. Sie sind gedrungener als Molchlarven und ihr Kopf ist deutlich breiter. „Gemeinsam ist nahezu allen genannten Laichgewässern das Vorhandensein von klaren, nährstoffarmen, 8 bis 9° C kaltem Wasser, das in aller Regel mittelbar oder unmittelbar als Quellwasser (Grundwasser, Hangdruckwasser)

Die Larven des Feuersalamanders sind gut an den Gewässergrund angepaßt.

anzusprechen ist", so charakterisiert der Wissenschaftler Reiner Feldmann die Laichgewässer Westfalens.

Die Larven des Feuersalamanders sind vom Frühjahr bis in den Sommer hinein in Laichgewässern anzutreffen. Im Gegensatz zu den Molchen werden von den weiblichen Feuersalamandern fertig entwickelte Larven in das Laichgewässer abgesetzt. Genaue Freilandbeobachtungen stimmen darin überein, daß sich dazu das Weibchen nur mit dem Hinterteil in das Wasser „hängt". Die Anzahl der abgesetzten Larven ist recht unterschiedlich. Die Höchstzahl liegt bei über 70. Die Larven werden vor allem im Frühjahr abgesetzt. Die Entwicklung vom befruchteten Ei bis zur fertigen Salamanderlarve ist bereits im Herbst abgeschlossen. Sie bleiben aber zum Schutz vor der tödlichen Gefahr des Winters bis zum Frühjahr nahezu unverändert im Mutterleib. Die Paarungszeit liegt im Frühsommer des vorangegangenen Jahres. Untersuchungen haben eine Trächtigkeitsdauer von ca. 8 Monaten ergeben. Dabei ist anzumerken, daß im Gegensatz zu den Molchen die Paarung der Feuersalamander auf dem Land erfolgt. Unterscheidungsmerkmal zwischen Männchen und Weibchen sind bestimmte Kennzeichen an der Kloake.

Die Froschlurche – die Stimmgewaltigen

Das unablässige Quaken der Frösche kann schon auf die Nerven gehen. Das war besonders früher so, als sie noch zu Hunderten ihre Konzerte an den Seeufern veranstalteten. Schon in der griechischen Antike sang der Komödiendichter Aristophanes ein Lied davon. In seinem Stück „Die Frösche" (5. Jh. vor Chr.) ist es Dionysos, der in einem Kahn über den See der Unterwelt rudert und sich dabei mit den Fröschen auf ein Rededuell einläßt. Er will ihnen zeigen, wie schwer sein Los ist, daß er ohne Hilfe den großen Kahn fortbewegen muß. Aber auf alle seine Argumente entgegnet ihnen der Chor der Frösche mit einem eindringlich lauten „Brekekekex quax quax!" Mit geschwächten Nerven und der Verzweiflung nahe kommt Dionysos endlich am anderen Ufer an.

Noch heute kennt wohl jeder das Froschquaken an den Ufern der Tümpel und Teiche. Auch einige Kröten sind sogar regelrechte Stimmenkünstler und durchaus in der Lage, sich untereinander zu verständigen. Zwar können schon die Schwanzlurche Stimmen erzeugen. Aber erst die Froschlurche besitzen eine Mittelohrhöhle mit Trommelfell sowie einen Kehlkopf und Stimmbänder. Ihre Stimmbänder werden durch die Luft aus der Lunge in Schwingungen versetzt, ähnlich wie bei uns Menschen. Nur fehlt den Froschlurchen die Luftröhre.

Eine weitere Besonderheit der männlichen Froschlurche sind ihre Schallblasen. Durch die Ausstülpung entsteht ein zusätzlicher Resonanzraum oder anders ausgedrückt: ein größerer Lärm. Einen Grasfrosch, der nur zwei kleinere Schallblasen innen besitzt, hört man mit seinem „Knurren" kaum 50 m weit. Das bekannte Quaken der Wasserfrösche ist dagegen 10mal weiter zu hören.

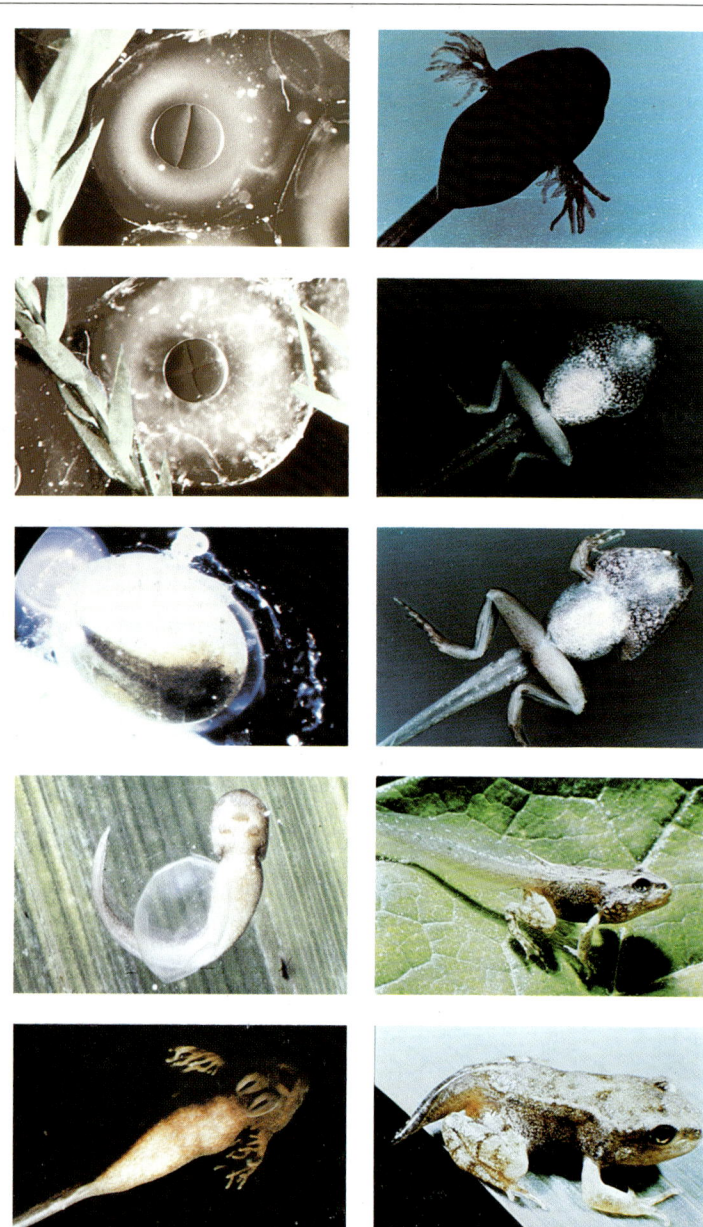

Vom Ei zum Frosch —
ein Jahrmillionenprozeß in wenigen Wochen

Die abgelegten Eier werden vom männlichen Grasfrosch im Wasser besamt. Das heißt, jeweils eine sich im Wasser bewegende Samenzelle dringt in die einzelne Eizelle ein und verschmilzt mit ihr. Jedes der ca. 3.000 Eier eines Weibchens ist etwa 2,5 Millimeter groß.

Die Laichballen wachsen im Wasser und steigen zur Oberfläche auf. Schon nach der Verschmelzung von Ei und Samenzelle ist Bauplan und zukünftige Gestalt jedes einzelnen Grasfrosches festgelegt. Die Entwicklung zur Larve beginnt. Schon wenige Stunden nach der Eiablage teilt sich die Eizelle in zwei Zellen – sichtbar durch eine breite Furche rund um das Ei. Quer zur ersten Furche ist bereits eine zweite Furche angelegt. So geht es mit der Teilung weiter, bis das Ei wie eine winzige Brombeere aussieht. Schließlich erscheint ein Schlitz, der Urmund, und danach bilden sich breite Wülste, aus denen später das Nervensystem entsteht. Bereits nach drei Tagen, bei niedrigen Temperaturen auch etwas später, lassen sich die Umrisse einer Larve erkennen. Dann dauert es noch drei Wochen, bis die Larven schlupffähig sind. Die kleinen Kaulquappen hängen mehrere Tage mit ihren Haftdrüsen an dem Gallertklumpen, der ihre Eier umhüllt hatte.

Dann ist der Tag gekommen, an dem das eigenständige Leben beginnt. Eine über die Kiemen wachsende Hautfalte leitet die Ausbildung der inneren Kiemen ein. Mund- und Afteröffnung brechen durch – ein Zeichen dafür, daß nun auch der lange Darm fertig entwickelt ist. Der Schwanz erhält einen Flossensaum und ist als Ruderschwanz voll funktionsfähig. Zum Nahrungserwerb haben sich um die Mundöffnung Reihen von kleinen Hornstiftchen gebildet, die ein wichtiges Bestimmungsmerkmal für Kaulquappen darstellen. Der Mund selbst besteht jetzt aus verhornten Kiefernplatten. So ausgestattet können die Kaulquappen alle mögliche pflanzliche Nahrung abweiden und abraspeln. Mit der zumeist pflanzlichen Ernährungsweise ihrer Larven haben sich die Frösche für den ersten Teil ihres Lebens eine gute Nahrungsquelle erschlossen; als Frösche jagen sie nur sich bewegende Kleintiere. Diese Doppelernährung war bei der Eroberung des Festlandes sicherlich von Vorteil.

Momentaufnahmen: die Entwicklung eines Grasfosches vom Ei zum beinahe fertigen Tier.

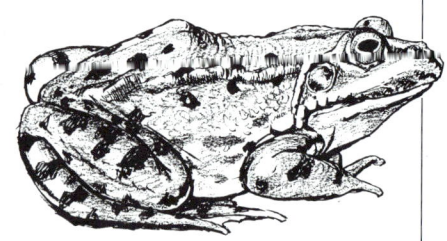

Die Entdeckung des Urfrosches

Der englische Militärarzt Dr. Thomson weilte 1852 auf Neuseeland. Bei einem Novemberausflug in die Berge sah er den Eingeborenen beim Goldwaschen zu. Zu aller Überraschung wurde dabei unter den Felsen ein völlig unbekannter, annähernd 5 cm großer, graubrauner Frosch gefunden. Da selbst die Eingeborenen das Tier nicht kannten, hielten sie es für den Geist des Goldes. Deshalb konnte Thomson diesen Welterstfund eines Urfrosches nicht für die Wissenschaft „sichern". Erst der österreichische Naturforscher, Ferdinand von Hochstetter, sammelte wenige Jahre später die ersten Exemplare des Urfrosches. Bald darauf folgte die Entdeckung zweier weiterer Arten. Und dabei blieb es bis heute. Die urtümlichsten noch lebenden Froschlurche sind die drei neuseeländischen Urfrösche. Ihre Besonderheit: neun Wirbel; außerdem haben sie im Gegensatz zu den anderen Fröschen und Kröten knöcherne Rippen.

Neben den Zungenlosen Fröschen gehören vor allem noch die Scheibenzüngler zu den sog. Niederen Froschlurchen. Darunter versteht der Biologe urtümliche Froschformen, die, im Gegensatz zu den heute weltweit verbreiteten Fröschen, recht isolierte Verbreitungsgebiete haben und wie Überbleibsel aus der Vorzeit wirken. Die Scheibenzüngler sind, wie ihr Name sagt, durch eine scheibenförmige, an den Mundboden angewachsene Zunge charakterisiert, die nicht herausklappbar ist. Die Nahrungsaufnahme ist damit recht mühselig. Die Nahrung wird erst mit dem Mund erfaßt und dann verschluckt. Weiter entwickelte Froschlurche haben eine ausklappbare Zunge, mit der sie sogar Fluginsekten erhaschen. Einige Niedere Froschlurche kommen aber auch bei uns vor.
Da gibt es die Geburtshelferkröte mit ihrer bei den Froschlurchen einmaligen Brutpflege; wir werden darüber später mehr erfahren. Dazu gehören zwei Unkenarten, die sich ihre Verbreitung in Deutschland teilen.

Die Gruppe der Niederen Froschlurche wird mit den Krötenfröschen abgeschlossen. Auch hier weist der Name bereits auf eine biologische Eigenheit hin: in manchen Merkmalen ähneln sie den Kröten, in manchen den Fröschen.

Der in Europa bekannteste Krötenfrosch ist die Knoblauchkröte. Im Gegensatz zu den Echten Kröten der Höheren Froschlurche hat sie eine glatte Haut und senkrechte Pupillen in den stark hervortretenden Augen. Aufgrund ihrer nächtlichen Lebensweise (nur während der Laichzeit ist die Knoblauchkröte auch tagsüber zu beobachten) wird sie nur selten registriert. Als ursprünglicher Steppenbewohner bevorzugt sie auch bei uns die lockeren und sandigen Böden des Tieflandes. Hier hält sie sich in selbstgegrabenen Löchern auf. Der aufmerksam suchende Beobachter erkennt das verborgene Dasein der Knoblauchkröte am besten an ihren ungewöhnlich großen Kaulquappen. Sie werden 10 cm und größer. Hin und wieder verwandeln sich die ebenfalls im Wasser lebenden Larven nicht mehr im selben Jahr, sondern überwintern als Kaulquappen. Dabei können sie bis zu 18 cm groß werden. Das bedeutet, daß die Larven der Knoblauchkröte die dreifache Größe der umgewandelten und ausgewachsenen Tiere erreichen können.

Knoblauchkröte in ihrem Lebensraum.

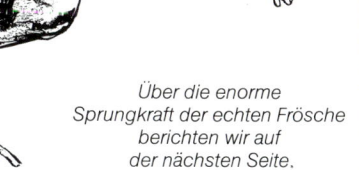

Über die enorme Sprungkraft der echten Frösche berichten wir auf der nächsten Seite.

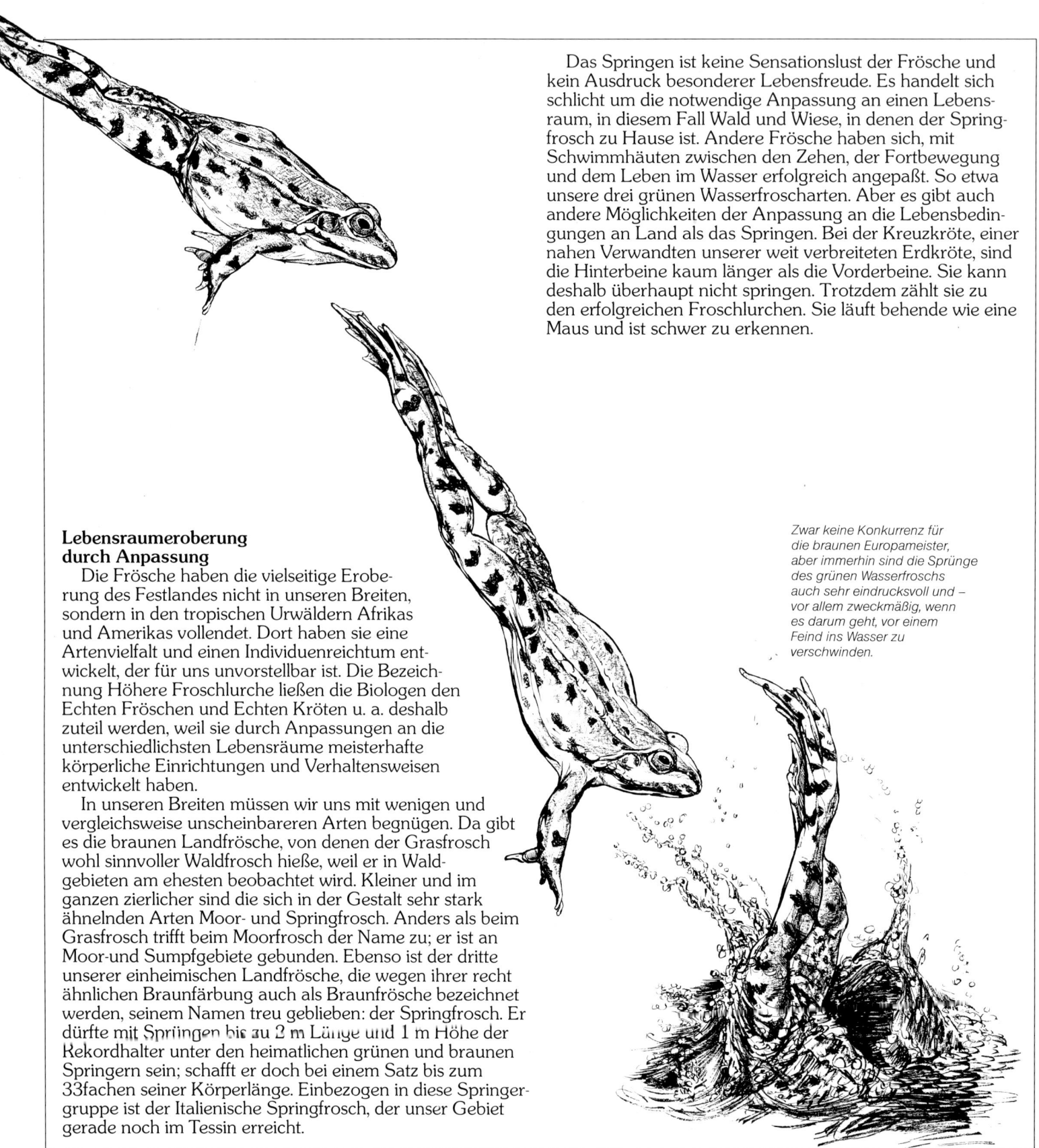

Das Springen ist keine Sensationslust der Frösche und kein Ausdruck besonderer Lebensfreude. Es handelt sich schlicht um die notwendige Anpassung an einen Lebensraum, in diesem Fall Wald und Wiese, in denen der Springfrosch zu Hause ist. Andere Frösche haben sich, mit Schwimmhäuten zwischen den Zehen, der Fortbewegung und dem Leben im Wasser erfolgreich angepaßt. So etwa unsere drei grünen Wasserfroscharten. Aber es gibt auch andere Möglichkeiten der Anpassung an die Lebensbedingungen an Land als das Springen. Bei der Kreuzkröte, einer nahen Verwandten unserer weit verbreiteten Erdkröte, sind die Hinterbeine kaum länger als die Vorderbeine. Sie kann deshalb überhaupt nicht springen. Trotzdem zählt sie zu den erfolgreichen Froschlurchen. Sie läuft behende wie eine Maus und ist schwer zu erkennen.

Zwar keine Konkurrenz für die braunen Europameister, aber immerhin sind die Sprünge des grünen Wasserfroschs auch sehr eindrucksvoll und – vor allem zweckmäßig, wenn es darum geht, vor einem Feind ins Wasser zu verschwinden.

**Lebensraumeroberung
durch Anpassung**

Die Frösche haben die vielseitige Eroberung des Festlandes nicht in unseren Breiten, sondern in den tropischen Urwäldern Afrikas und Amerikas vollendet. Dort haben sie eine Artenvielfalt und einen Individuenreichtum entwickelt, der für uns unvorstellbar ist. Die Bezeichnung Höhere Froschlurche ließen die Biologen den Echten Fröschen und Echten Kröten u. a. deshalb zuteil werden, weil sie durch Anpassungen an die unterschiedlichsten Lebensräume meisterhafte körperliche Einrichtungen und Verhaltensweisen entwickelt haben.

In unseren Breiten müssen wir uns mit wenigen und vergleichsweise unscheinbaren Arten begnügen. Da gibt es die braunen Landfrösche, von denen der Grasfrosch wohl sinnvoller Waldfrosch hieße, weil er in Waldgebieten am ehesten beobachtet wird. Kleiner und im ganzen zierlicher sind die sich in der Gestalt sehr stark ähnelnden Arten Moor- und Springfrosch. Anders als beim Grasfrosch trifft beim Moorfrosch der Name zu; er ist an Moor-und Sumpfgebiete gebunden. Ebenso ist der dritte unserer einheimischen Landfrösche, die wegen ihrer recht ähnlichen Braunfärbung auch als Braunfrösche bezeichnet werden, seinem Namen treu geblieben: der Springfrosch. Er dürfte mit Sprüngen bis zu 2 m Länge und 1 m Höhe der Rekordhalter unter den heimatlichen grünen und braunen Springern sein; schafft er doch bei einem Satz bis zum 33fachen seiner Körperlänge. Einbezogen in diese Springergruppe ist der Italienische Springfrosch, der unser Gebiet gerade noch im Tessin erreicht.

Amphibische Variationen

Teichmolch – Werbung mit Duftstoff

Bereits im zeitigen Frühjahr sind die Teichmolche in ihren Laichgewässern angelangt. Zumeist erscheinen die Männchen einige Tage früher als die weiblichen Tiere. Da der Teichmolch die kleinen, offenen und sonnigen Gewässer bevorzugt, findet er um diese Jahreszeit bereits Nahrung. Sie besteht aus allerlei Kleinkrebsen und Insekten. Er muß nach der langen Winterruhe wieder zu Kräften kommen. Das ist auch an der Zeit, denn sehr bald bemüht sich das Männchen eifrig, sein Revier abzugrenzen. Man könnte meinen, dieser Eifer spiegelt sich in dem farbenprächtigen Hochzeitskleid wider. Dazu markiert er Steine, im Wasser liegende Zweige oder Wasserpflanzen mit einem Duftstoff; er wird beim Vorüberschwimmen aus der Kloake abgegeben. Es ist immer noch ein Rätsel, wie der Duftstoff über Tage hinweg an der markierten Stelle bleibt. Nimmt ein vorbeischwimmendes Weibchen die Duftstoffe wahr, scheidet es seinerseits eine Duftnote aus. Erreicht sie den wartenden Revierinhaber, schwimmt er schnellstens dem Eindringling entgegen. Eine eingehende Untersuchung zeigt, daß es sich tatsächlich um ein Weibchen der eigenen Art handelt. Dabei ist die letzte „Entscheidungshilfe" das Beschnuppern der Kloake.

Hat sich der Eindringling als Teichmolchweibchen ausgewiesen, versucht das Männchen durch einen Sprung seiner zukünftigen Partnerin regelrecht den Weg zu versperren. Dabei wird der farbenprächtige Schwanz derart an den Körper herangebogen, daß durch seine erregten, wedelnden Bewegungen eine kleine Wasserwelle das noch immer unschlüssig verweilende Weibchen erreicht. Es ist zu vermuten, daß es nicht die Wellenbewegungen sind, die die Auserwählte betören sollen, sondern ein mitgeführter Duftstoff. Diese wedelnde Werbung kann stundenlang anhalten und sich in den Vorfrühlingswochen oft wiederholen. Erst wenn das Teichmolchweibchen seine Paarungsbereitschaft durch langsames Zugehen auf den Freier bekundet, wird die Wedelbalz abgebrochen. Das Männchen macht dann eine plötzliche Kehrtwendung und watschelt vor dem nachfolgenden Weibchen her. Der Watschelgang kommt durch das seitliche Abspreizen der Beine zustande, so daß der Körper des Molchmännchens nahezu über dem Boden schleift. Der Untergrund wird mit diesem Gang für die Paarung erkundet. Das nachfolgende Teichmolchweibchen berührt die Schwanzspitze des Männchens. Diese Berührung leitet einen auffälligen Vorgang ein: Das Männchen hebt seinen farbenschillernden Ruderschwanz seitlich an, drückt sich an den Boden, und mit seitlich abgespreizten Beinen kriecht es unter deutlich sichtbaren Zuckungen weiter. Und kurz danach sieht man, wie ein sockelförmiges Gebilde ausgepreßt wird. Es ist sogar mit bloßem Auge, am besten natürlich im Aquarium, recht gut erkennbar. Das nachfolgende Weibchen wird vom Männchen geradewegs über diesen Samenträger geleitet. Dabei gleitet die glatte Bauchseite des Weibchens ohne Beschädigung über den milchigweißen Stift des Samenträgers dahin. Erst durch die rauhe Oberfläche des Kloakenrandes wird der Sockel ertastet und der Stift von der weiblichen Kloake aufgenommen.

Mehrere der abgesetzten Samenträger werden natürlich zertreten, aber es reicht auch die Aufnahme eines Stiftes aus. Die darin sitzenden Samen wandern weiter. Die Befruchtung erfolgt im Eileiter und ist demnach, im Gegensatz zu den Fröschen, eine innere Befruchtung. Die Eiablage erfolgt je nach Wassertemperaturen über mehrere Wochen, und zwar so, daß die bis über 200 Eier einzeln an kleinen Blättern eingewickelt werden.

Alpensalamander: Schwarzer Einzelgänger der Alpen

Die Mehrzahl der Alpenbesucher wird Gemsen und Alpendohlen als typische Tiere der alpinen Wald- und Felsenregionen kennen. Aber von einem Alpensalamander hat niemand etwas gehört, geschweige denn gesehen. Dabei gehört der kleinere, schwarze Vetter unseres Feuersalamanders zu den biologischen Besonderheiten der gesamten europäischen Amphibienwelt, denn er gebärt lebende Junge!

Und dabei ist er ein echter Lurch geblieben. Tagsüber versteckt er sich in Spalten und wartet unter Wurzeln und Felsen die Dämmerung ab. Nur nach sommerlichen Regenfällen ist er häufiger zu beobachten. Aber wer wandert um diese Zeit schon in den Hochlagen der Alpen, Trotzdem ist er ein typischer Vertreter der Regionen zwischen Wald und ewigem Schnee. „Wettermandel", „Regenmandel" und viele andere volkstümliche Namen bezeugen die Verbundenheit des kleinen schwarzen Gesellen mit den Bergen und seinen Bewohnern.

Obwohl das Lebenselement der Amphibien, das Wasser, in den Alpen reichlich, oft zu reichlich vorhanden ist, hat sich der Alpensalamander unabhängig gemacht; zumindest, was die Fortpflanzung anbelangt. Und sicher hat er gut daran getan. Die möglichen Laichgewässer an den Steillagen oder Schluchten sind zu unwirtlich: Schneeschmelze, Gewitter oder Sommerhitze würden einem Larvenstadium im Wasser, und noch dazu auf wenige Sommerwochen verteilt, zu viele Sicherheitsmaßnahmen abverlangen. Da ist der Schutz im Mutterleib, wie ihn die Säugetiere später vollendet gemeistert haben, der sicherere Weg, den Gefahren für das werdende Leben auszuweichen.

Wie sein schwarzgelber Verwandter der niederen Lagen paart sich der Alpensalamander auch auf der Erde. Bei beiden setzt das Männchen einen ähnlichen Samenträger wie bei den Molchen auf den Erdboden ab. Das Weibchen nimmt das daran befestigte Samenpaket auf. Im Unterschied zu den Molchen findet aber keine sofortige Befruchtung statt. Die Samen müssen vom sog. Samentäschchen der Kloake erst im Eileiter zu den Eiern aufwärts wandern. Nach der Befruchtung bleiben die Eier in den Eileitern. Was sich bei den Molchen noch außerhalb des weiblichen Tieres im Wasser abspielt, die Entwicklung zur kiementragenden Larve, ist bei beiden Salamandern bereits nach innen verlagert.

Obwohl beide Salamander in jedem ihrer beiden Eileiter ca. 30 Eier ausbilden, werden beim Alpensalamander jeweils nur die ersten Eier befruchtet. Die anderen Eier zerfallen und bilden einen Dotterbrei, der den beiden Heranwachsenden als Nahrung dient. Nach etwa 10 Monaten haben sich die beiden Larven vollständig entwickelt.

Insbesondere die Kiemen sind jetzt halb so lang wie der Larvenkörper. In diesem Stadium vollzieht sich allmählich die Umwandlung zum fertigen Alpensalamander im Mutterleib, während die jungen Feuersalamander diese Entwicklung ja in einem Waldgewässer durchlaufen.

Werden die Feuersalamanderlarven vornehmlich in dem der Verpaarung folgenden Frühjahr abgesetzt und beenden im selben Jahr ihre Umwandlung, so verbleiben die beiden jungen Alpensalamander bis zum folgenden Jahr im Mutterleib. Je nach Höhenlage kann sich die Entwicklung auch bis zu vier Jahren hinziehen, bevor sie als fertig entwickelte Alpensalamander in nächtlicher Stunde das fahle Licht der sommerlichen Alpenwelt erblicken.

Geburtshelferkröte: Vater sorgt für den Nachwuchs

Der französische Naturforscher Demours legte im Jahre 1778 der Akademie in Paris einen Bericht über seine Beobachtungen im dortigen Botanischen Garten vor. Zahlreiche nachfolgende Untersuchungen bestätigten seine Darstellung über die in der europäischen Amphibienwelt einmalige Brutpflege eines Froschlurchs. Dabei ist es wichtig zu wissen, daß das Beobachten des Brutverhaltens der Geburtshelferkröte außerordentlich schwierig und nur in der freien Natur möglich ist. So hat der Biologe Kurt Meisterhans vier Jahre benötigt, um in über 200 Nächten das versteckte Treiben der Geburtshelferkröten in der Umgebung von Zürich eingehend zu erforschen.

Zwischen Sonnenuntergang und der einbrechenden Dunkelheit ertönen die flötenartigen Ü-Ü-Ü-Rufe, deren glockenartiger Klang wie aus weiter Ferne kommt. Dabei sitzen die unscheinbaren kleinen Männchen gar nicht weit entfernt in ihren Erdlöchern. Gelangt ein laichbereites Weibchen in die Nähe des unermüdlichen Rufers, so hat es sogar oft Schwierigkeiten, den Freier in oder vor seinem Versteck ausfindig zu machen. Kommt es zur Eiablage, umklammert das Männchen das Weibchen in der Lendengegend. Mit beiden Hinterfüßen abwechselnd werden die Eier regelrecht aus der Kloake des Weibchens herausgestreichelt.

Die bisherigen Beobachtungsergebnisse zeigen, daß die Anzahl der Eier zwischen 15 und 64 betragen. Nach der Besamung durch das Männchen vollzieht sich seine eigentliche Geburtshelfertätigkeit, die dem Tier auch seinen Namen einbrachte. Sie wird von dem Schweizer Amphibien-Experten, Hans-Rudolf Heusser, in „Grzimeks Tierleben" (Band 5, Seite 393) so beschrieben: „Nach etwa einer Viertelstunde beginnt das Männchen die Eier auf seine Hinterbeine zu haspeln. Es fährt dabei mit einem Bein aus, biegt das Knie, taucht mit dem Mittelfuß voran in den Laichknäuel ein und spreizt dann das Bein mit angewinkelten Knie- und Fersengelenken so ab, daß die Eier ins Fersengelenk rutschen. Erst wenn es diese Bewegungen links und

rechts mehrmals wiederholt hat, spreizt es beide Beine auch gleichzeitig ab. Inzwischen ist das Männchen seitlich vom Weibchen heruntergerutscht, und etwa zehn bis zwanzig Minuten nach dem Beginn der Laichübernahme entfernt es sich von der Partnerin. Die Gallertschnur reißt von der Kloake des Weibchens ab – das Weibchen ist entbunden!"

Männliche Geburtshelferkröte mit Laichschnüre

Es ist durchaus möglich, daß das Männchen an den folgenden zwei bis drei Abenden nochmals vor seine Höhle tritt, um die Eier eines weiteren Weibchens zu übernehmen. Dann vollzieht sich das nächtliche Schauspiel noch einmal. Spätestens danach zieht sich das Männchen in sein Versteck zurück und verbringt dort, sehr zurückgezogen, die nächsten Wochen. Vergessen wir an dieser Stelle nicht, daß sich die Männchen der Geburtshelferkröten immer noch an Land befinden, und die allmählich heranwachsenden kiemenatmenden Kaulquappen statt im Wasser zu leben, mit dem Dasein in einer Gallerthülle Vorlieb nehmen. Austrocknung und Erschütterung können dabei tödlich sein. Deshalb kommen die Männchen erst wieder aus ihren sicheren und feuchten Verstecken heraus, wenn die kleinen, ca. 15 mm großen Kaulquappen, schlüpfbereit sind. Das ist nach 3–6 Wochen so weit. Wie die Notwendigkeit des Aufbruches festgestellt wird, ist bisher noch nicht eindeutig geklärt. Jedenfalls suchen die männlichen Geburtshelferkröten wiederum zu nächtlicher Stunde zielstrebig ihr Laichgewässer auf. Dort setzen sie sich gerade so weit ins Wasser, daß die aus der Gallerthülle ausbrechenden Kaulquappen sicher ihren eigentlichen Lebensraum erreichen.

Wenn nach etwa drei Stunden auch die letzte Kaulquappe das Wasser erreicht hat, streift der endlich der Fürsorgepflicht entledigte Vater die leeren Hüllen ab und schwimmt wieder an Land. Dort sucht er sein vertrautes Versteck und beginnt erneut mit seinem Glockengesang. Daher heißt die Geburtshelferkröte vielerorts auch Glockenfrosch. Da die männlichen Geburtshelferkröten bis zu dreimal im Jahr Laich austragen können, ist es durchaus möglich, daß in einem gut besiedelten Lebensraum der Glockengesang der Geburtshelferkröte von April bis in den Sommer zu hören ist.

Schwierige Verwandtschaftsverhältnisse

Als im Jahre 1758 der schwedische Naturforscher Linné in der 10. Auflage seiner „Systema naturae" einen in Europa häufig vorkommenden Frosch beschrieb und ihm den Namen Rana esculenta gab, konnte er nicht ahnen, daß er damit eine lebhafte Diskussion unter den europäischen Amphibienforschern entfachte. Wenn diese Diskussion auch erst 150 Jahre später einsetzte, so zeigt ihr nunmehr über 50jähriges Anhalten doch, daß es mit den häufig vorkommenden Wasserfröschen gar nicht so einfach ist:

Die Biologie, die Wissenschaft von den Lebewesen, belegt alle bekannten Pflanzen und Tiere mit einem Namen. Er ist in der Regel zweiteilig. Der erste Name bezeichnet die Gattung, einen übergeordneten Begriff, der mehrere, näher miteinander verwandte Arten zusammenfaßt. Danach gibt es mehrere Arten in der Gattung Rana. Und dies nicht etwa weltweit, sondern bei uns in Mitteleuropa. Für die Namensgebung werden zumeist lateinische oder griechische Begriffe gewählt. Das Wort esculenta (= eßbar) weist darauf hin, daß bereits zu Linnés Zeiten die Schenkel dieser Tiere gegessen wurden.

Die Verwendung lateinischer oder griechischer Begriffe in der Namensgebung für Lebewesen (die Nomenklatur),

geschieht nicht aus der Laune irgendwelcher Wissenschaften heraus, die sich in alten Sprachen auskennen. Vielmehr handelt es sich um eine bereits seit 2 Jahrhunderten anerkannte Notwendigkeit, sich weltweit zu verständigen. Im Anschluß an die doppelte Namensgebung folgt die Namensabkürzung des Wissenschaftlers, der das Tier oder die Pflanze erstmalig beschrieb und benannte. Somit muß unser geheimnisträchtiger Wasserfrosch wissenschaftlich exakt als Rana esculenta L. geführt werden.

Vor Linné hat im deutschen Sprachbereich niemand vom „Eßbaren Wasserfrosch" gesprochen. Aufgrund seiner weiten Verbreitung und seines allgemein recht häufigen Vorkommens ist er der klassische Wasserfrosch schlechthin geblieben. Es gibt aber drei recht ähnliche grüne Wasserfrösche. Der Größenvergleich ist hier zwar recht eindeutig, im Gelände aber ungleich schwieriger festzustellen. Außerdem gibt es einige mehr oder weniger kennzeichnende Merkmale (siehe Bestimmungsteil). Allen drei Wasserfröschen ist neben der grünen Grundfarbe das Leben in oder nahe eines Gewässers gemeinsam; sie laichen recht spät im Jahr und sind durch zwei mundrandständige große äußere Schallblasen gekennzeichnet.

Der kleinste der drei grünen Wasserfrösche bevorzugt reich mit Pflanzen durchsetzte Tümpel, Sümpfe und Teiche. Er wird deshalb auch treffend Teichfrosch genannt. Der große Wasserfrosch hingegen, sein Name Seefrosch besagt es bereits, ist an die größeren Gewässer oder Seen vornehmlich der Flußtäler gebunden. Und der mittlere, der Wasserfrosch schlechthin, ähnelt in seinem Vorkommen eher dem Teichfrosch. Deshalb kam der Berliner Biologe, Rainer Günther, auch Anfang der 60er Jahre zu dem Schluß, daß der Teichfrosch eine Kümmerform des Wasserfrosches sei, die sich an Örtlichkeiten mit ungünstigen ökologischen Bedingungen herausgebildet hat.

Schwierig sind die Verwandschaftsverhältnisse zwischen Teichfrosch (links), Wasserfrosch (Mitte) und Seefrosch (rechts).

Dem polnischen Froschspezialisten Leszek Berger aus Poznan ließ es aber keine Ruhe, daß der Wasserfrosch in vielen Merkmalen direkt zwischen den beiden anderen Arten stand. Es waren nicht nur die Größe und das Vorkommen, sondern auch bestimmte Körperproportionen und Färbungsmerkmale, die ihm auffielen. Eigentlich, so folgerte er, eine typische Bastardsituation, oder, wie der Biologe sagt, charakteristisch für Hybriden. In langjährigen Kreuzungsversuchen konnte er feststellen, daß die Nachkommen von Teichfröschen und die Nachkommen von Seefröschen, wie es sich gehört, ihren jeweiligen Eltern gleichen und vermehrungsfähig waren. Die Kreuzung von Wasserfröschen untereinander hingegen erbrachte Nachkommen, von denen nur wenige Exemplare überhaupt die Verwandlung von Kaulquappen zu Jungfröschen erreichte. Dieses Ergebnis stand in vollem Einklang mit allen wissenschaftlichen Erkenntnissen und Erfahrungen, daß Hybriden im Überlappungsgebiet zweier Arten, die deshalb auch als Fortpflanzungsgemeinschaften definiert werden, entstehen. Sie sind aber in der Regel den Eltern unterlegen, da sie mit vielen Fehlern, z. B. der mangelnden Fruchtbarkeit, wie wir sahen, behaftet sind.

Wenn auch die Kreuzungsversuche Bergers und sein Ergebnis, demzufolge der Wasserfrosch ein Bastard zwischen See- und Teichfrosch ist, zwischenzeitlich mehrmals bestätigt wurde, so hatte das Forschungsergebnis doch einige Schönheitsfehler: Wasserfrösche gibt es in Mitteleuropa an vielen Stellen und vor allem auch in größerer Anzahl. Aber in recht wenigen Gewässern kommen dagegen ihre „Eltern", der Teich- und der Seefrosch, zusammen vor. Und in der Schweiz z. B. kommt der Seefrosch ursprünglich gar nicht vor, und trotzdem gibt es dort den Wasserfrosch. Eine Erklärung dieses Rätsels war durch die Kreuzungsversuche Bergers und anderer bereits angedeutet. Es zeigte sich nämlich, daß Wasserfrösche nicht nur aus der Kreuzung Seefrosch mit Teichfrosch, sondern auch aus der Kreuzung Wasserfrosch mit Teichfrosch entstehen. Das heißt, daß der Hybride Wasserfrosch mit einer der Elternarten leben und immer wieder durch Rückkreuzung mit dieser Elternart entstehen kann. Das zeigt in den Gesetzmäßigkeiten der Vererbung einen Widerspruch, der noch geklärt werden muß.

Noch ein paar Superlative aus der großen weiten Welt

Die nahezu 360 Millionen Jahre während Entwicklung der Amphibien bescherte uns nicht nur urtümliche Eigenheiten, sondern auch eine bunte Farbenvielfalt.

Einige der 450 Schwanzlurcharten sind Kronzeugen der Urzeit. Eine westchinesische Hochgebirgsart der asiatischen Winkelzahnmolche vom Berge Omei ist heute noch den Einwohnern heilig.

Tieflandbewohner sind die Riesensalamander. Ihre Vorfahren lebten in den Braunkohlewäldern Eurasiens und Nordamerikas. Drei Arten sind uns erhalten geblieben. Sie leben heute in Südostasien und stellen trotz ihrer für Lurche außergewöhnlichen Größe mit mehr als einem Meter Dauerlarven dar.

Die von Alaska und Labrador bis Mexiko vorkommenden Querzahnmolche werden von den Amerikanern, entsprechend ihrer Gestalt und Lebensweise, als Maulwurfsalamander bezeichnet. Am bekanntesten von ihnen ist bei uns der Mexikanische Axolotl geworden. Er lebt nur im Kanalsystem des Xochimilco-See, 25 km südöstlich von Mexiko-City. Sein Name leitet sich vom Aztekischen ab und bedeutet soviel wie Wassermonstrum.

Unsere Molche und Salamander gehören zur Gruppe der Echten Salamander und Molche. Auch hier, wie bei den meisten anderen Verwandtschaftsgruppen der Amphibien, erfolgt die Zuordnung nach körperlichen Merkmalen, die allerdings äußerlich nicht sichtbar oder nur schwer erkennbar sind. Die Echten Salamander und Molche unterscheiden wir danach, wie die Gaumenzähne am Mundhöhlendach, nach der Umwandlung, angeordnet sind.

Eine Besonderheit der Schwanzlurche sind die Lungenlosen Salamander. Mit über 180 Arten haben sie in Nord- und Mittelamerika eine Artenvielfalt erreicht, die einmalig auf der Welt ist. Neben Hochgebirgsbewohnern gibt es sogar baumbewohnende, die in Gemeinschaften in Baumhöhlen leben. Zwei Arten der Lungenlosen Salamander kommen in den Seealpen außerhalb des sonst geschlossenen amerikanischen Verbreitungsgebietes vor. Funde aus Erdschichten des Miozäns in Süddeutschland belegen, daß im Zeitalter der Alpenentstehung auch Europa zur Heimat der Lungenlosen Salamander gehörte.

In den Regenwäldern Mittel- und Südamerikas gibt es farbenprächtige Froschgestalten. Hier ein Laubfrosch (Agalychnis Callidryas).

Dendrobates leucomelas

Die faszinierendsten Vertreter aus der Welt der Amphibien sind die mittel- und südamerikanischen Farbfrösche. Ihre Formenfülle, die unterschiedlichen Anpassungen an den tropischen Urwald und ihre Farbenvielfalt ließen sie zu hochentwickelten Spezialisten unter den Fröschen werden. Berühmt geworden sind sie durch ihre Hautgifte. Zahlreiche Indianerkulturen leben seit Jahrhunderten davon, indem sie die getränkten Pfeilspitzen zur Jagd verwenden. Die Amerikaner nennen sie deshalb Pfeilgiftfrösche. Über die einmalige Kombination von Farbe und Gift ist schon viel gerätselt worden. Vielleicht hat es aber nur einen ganz natürlichen Grund. Der tropische Urwald mit seiner ständig währenden feuchten Wärme ist ein Tummelplatz für Pilze und Bakterien. Die Froschhaut wäre ihnen ohne die tödliche Gegenwehr hilflos ausgeliefert.

Der Lebensweise unseres Laubfrosches ähnlich bewohnen die Ruderfrösche in großer Artenzahl und prächtig gefärbt weite Teile Afrikas, Südostasiens und die Philippinen. Sie sind sogar Baumbewohner und haben sich folglich auch in der Fortpflanzung von ihrer amphibischen Lebensweise weg spezialisiert. Bei der Eiablage an Blättern und Zweigen scheidet das Weibchen ein Schaumgebilde aus, in dem sich die befruchteten Eier zu Kaulquappen entwickeln. Bei einigen Arten geht die Entwicklung bis zum fertigen Frosch: Sind die herausgewachsenen Kaulquappen oder Jungfrösche schlupfreif, verflüssigt sich die nach der Eiablage erstarrte Schaumhülle wieder und läßt den Nachwuchs in das darunter liegende Gewässer fallen. Fehlt das Wasser, spült sie der nächste tropische Regenschauer bald hinweg.

Die mehr als 2.600 Arten umfassende Welt der Amphibien ist voller Überraschungen: Die Aga-Riesenkröte Süd- und Mittelamerikas, ist dort sogar zum Haus- und Hofgefährten des Menschen geworden, wie z. B. der Schriftsteller Richard Katz von seiner Kröte Monika zu erzählen weiß. Die Anpassungsfähigkeit der Aga führte auch dazu, daß sie in den Zuckerrohrplantagen zur biologischen Schädlingsbekämpfung eingesetzt wird. Und noch eine Überraschung anderer Art gibt es am Schluß dieses kurzen Streifzuges durch die Welt der Amphibien: Es gibt lebendgebärende Kröten! Zwar sind es nur wenige Arten im mittleren Afrika, aber ihre Anpassung an die Trockenzeit ist erstaunlich. Die Westliche Lebendgebärende Kröte aus einem Gebirgszug Guineas z. B. verbringt den größten Teil der neun Monate währenden inneren Keimentwicklung, die mit der Trockenzeit einhergeht, in Felsspalten. Erst mit Beginn der Regenzeit kann die Krötenmutter das schützende Versteck verlassen, Nahrung aufnehmen und die Jungen zur Welt bringen.

Auch von den Froschlurchen gibt es verschiedene urtümliche Arten. Sie sind spärliche Reste eines vergangenen Froschlebens und kommen heute nur in kleineren Verbreitungsgebieten vor. Ein anderer urtümlicher Frosch hat der Medizin wertvolle Dienste erwiesen. Südafrikanische Ärzte hatten bei den Krallenfröschen eine Entdeckung besonderer Art gemacht. Spritzte man einem weiblichen Krallenfrosch den Urin einer schwangeren Frau, so legte das Froschweibchen innerhalb von fünf bis vierundzwanzig Stunden Eier ab. Damit war der biologische Schwangerschaftsnachweis in den Laboratorien Europas und Nordamerikas begründet. Heute sind an seine Stelle chemische Tests getreten.

Eine außergewöhnliche Besonderheit amphibischen Lebens zeigen die Wabenkröten Südamerikas. Bereits 1705 berichtete Maria Sibylla Merian darüber. Aber erst 1960 wurde das einmalige Laich- und Brutverhalten in der Welt der Amphibien durch Film und Bild eindeutig belegt. In einem besonderen Laichritual werden die Eier auf den Rücken des weiblichen Tieres gebracht. Dort werden sie von der auswachsenden Rückenhaut umschlossen. Nach ca. zweieinhalb Monaten ragen die jungen Kröten bereits aus der wabenförmig angeordneten Kinderstube auf dem Krötenrücken heraus und schnappen schon nach vorbeischwimmender Nahrung. Wenn die Jungen den Mutterrücken nach ca. 3 – 4 Monaten endgültig verlassen, sind sie mit 2 cm ein recht ansehnliches Abbild ihrer 14 – 20 cm großen Mutter.

Doch mit der Zerstörung der Regenwälder in Südamerika verlieren immer mehr amphibische Lebensspezialisten ihren Lebensraum. Und mit ihnen viele tausend Tier- und Pflanzenarten, die noch nicht einmal entdeckt sind.

Die Lebensräume der Amphibien

Flußauen

An den Flußauen zeigt sich besonders deutlich: Die jahreszeitlich recht unterschiedliche Wasserführung der Flüsse und ihr Verlauf im Quell- oder Unterlauf oder sogar im Mündungsbereich hat eine schicksalhafte Bedeutung für die Amphibien. Unsere Flußauen sind nicht nur reiche Trinkwasserreservoire für den Menschen – sie bieten auch Raum für die vielfältigsten Lebensgemeinschaften Mitteleuropas. Damit ist klar, daß ihre Verschmutzung, die Zerstörung von Landschaften und Lebensräumen „weder ein Naturereignis noch eine unvermeidbare Begleiterscheinung wachsenden Wohlstandes" ist, wie es der „Rat von Sachverständigen für Umweltfragen" z. B. für die „Umweltprobleme des Rheins" feststellt. Rücksichtslose Ausbeutung und fehlende politische Verantwortlichkeit haben unsere Flußauen zu rein wirtschaftlichen „Entwicklungsachsen" werden lassen.

Das Flußbett z. B. bietet der Pflanzen- und Tierwelt heutzutage nur noch geringe Lebensmöglichkeiten. Vorbei sind die Zeiten, als der Lachs bis in den Main und Neckar aufwärts wanderte und der Fischotter seine Spuren hinterließ.

Heute finden sich die meisten Fischarten unserer Flüsse statt in ihrem angestammten Lebensraum in den Roten Listen der gefährdeten Tierarten wieder.

Auch die überfluteten, zeitweilig ausgetrockneten Uferbereiche sind selten geworden. Kanalisierungsmaßnahmen haben hier gründliche Abhilfe geschaffen. Nur noch vereinzelt können sich zwischen Schottern und Sand, unter dem Einfluß starker Sonneneinstrahlung, spezielle Pflanzengesellschaften entwickeln, in denen früher z. B. die Wechselkröte zu Hause war. Ihr und dem Flußregenpfeifer wurden an diesen Stellen die Lebensmöglichkeiten schon lange genommen.

Wo der Flußregenpfeifer brütet, ist oft auch die Heimat der Wechselkröte.

Solche natürlichen Flußauen sind in Mitteleuropa sehr selten geworden.

Einer der letzten Lebensräume – wie ihn die Rotbauchunke braucht. Zur Erhaltung solcher Überschwemmungsbiotope wurde in der Dannenberger Marsch (Kreis Lüchow-Dannenberg) ein umfassendes Programm zum Biotop-Management gestartet.
Dieser Bereich soll zusammen mit der gesamten, noch natürlichen Elbtalaue Niedersachsens und Mecklenburgs als Nationalpark ausgewiesen werden.

Die Rotbauchunke steht bei uns kurz vor der Ausrottung.

Mit der Zerstörung naturnaher Seen und Flußauen verschwinden auch die Lebensräume des Haubentauchers.

Auch der Rotbauchunke droht in den Flußniederungen des östlichen Schleswig-Holsteins und des nördlichen Niedersachsens das Aussterben. Die Rotbauchunke, die, im Unterschied zu der Gelbbauchunke, eine kehlständige Schallblase hat, ist während ihrer langen Fortpflanzungszeit auf Wasser angewiesen. Im mittleren Elbtal, wo es heute noch die letzten Vorkommen gibt, ist sie an die frischen Überschwemmungsgebiete gebunden. Ja, sie wird hier sogar als „Überschwemmungslaicher" charakterisiert. Diese Abhängigkeit vom Hochwassereinfluß verurteilt sie zum Aussterben, wenn die geplanten Beseitigungen der restlichen Oberflächenstauwasser realisiert werden.

In den Flußniederungen können erst oberhalb der Überflutungsgrenze hochwüchsige Gräser und andere Pflanzen mit dichtem Wurzelgeflecht Fuß fassen, z. B. das Rohrglanzgras, das in engen Wechselbeziehungen mit dem amphibischen Uferbereich steht. Landwärts schließen sich das Weidengebüsch und der Weichholz-Auenwald an. Erst in der höchsten Stufe des Überschwemmungsbereichs am Mittel- und Unterlauf der Flüsse hört der Hartholz-Auenwald auf. Er setzt sich aus noch verschonten Ulmenbeständen und der Stieleiche zusammen.

Hier oder in der Nähe finden sich noch ruhige Flußbereiche, besonders Altarme, Seen und andere wärmere Wasserflächen. Ihr Nährstoffgehalt ist mitunter beträchtlich angewachsen, so daß diese Gewässer einen guten Nährstoffzustand haben. Die Folge ist ein reicher Pflanzenwuchs. Hier leben, besonders an ihren breiten Verlandungsgürteln, die aus Schilf oder Rohrkolben gebildet werden, zahlreiche Tiere, etwa Haubentaucher. Oft ist diesen Verlandungsgürteln ein graugrüner Binsenstreifen vorgelagert. Er wird vor allem von der „Grauen Seebinse" gebildet. Zur Wasser-

fläche hin schließen sich verschiedenartige Schwimmblattgesellschaften an und bedecken große Teile des Gewässers. Seefrosch und Kammolch finden dort bevorzugte Rückzugsgebiete.

Tümpel, Weiher und Seen

Ist das mit Schilf und Binsen umgebene kleine Gewässer draußen im Wiesental, nahe dem Waldrand zum Hardthof, ein Weiher, ein See oder Teich oder ein Tümpel?

Es ist schon ein Glück, wenn man sich diese Frage überhaupt noch stellen kann. Zumeist erinnern nur noch alte Wegschilder oder Markungsnamen an die früheren Teiche und Tümpel.

Für die Amphibien ist die Art des Gewässers heute zur Existenzfrage geworden. Dabei spielt es eine große Rolle, daß diese Gewässer überhaupt noch vorhanden sind.

„Ein Weiher ist ein See ohne Tiefe", hat F.-A. Forel, der Begründer der Lehre von den Binnengewässern, schon vor Jahrzehnten gesagt. Charakteristisch für einen Weiher ist sein Pflanzenbewuchs. Besonders die Schwimmblattgesellschaften, die in gerade warmen Jahreszeiten fast die ganze Wasserfläche bedecken, geben dem Weiher sein typisches Aussehen. Sie bestehen aus verschiedenen Laichkrautarten, den beiden Seerosen und dem leuchtend rosa blühenden Wasserknöterich. Der Schilf- und Binsengürtel des Ufers ähnelt in vielem dem eines Sees. Das Schilf mit seinen im Schlamm verlaufenden Wurzelausläufern stabilisiert die Randlagen. Zahlreiche begleitende Pflanzen verwandeln diesen Teil in ein Pflanzenparadies. Igelkolben, das seltene Pfeilkraut, Tannenwedel und Froschlöffel sind zu nennen. Sie alle sind die Grundlage für ein vielfältiges und zahlreiches Tierleben. Rohrammer und Teichhuhn sind hier

zu Hause; auch Libellen. Ihre Larven leben im Wasser und leben vom Amphibiennachwuchs. Ökologisch gesehen sind die Kaulquappen für die Libellen lebenswichtig. Eine ähnliche Lebensweise führt der Gelbrandkäfer. Er ist ein gewandter Schwimmer und führt unter seinen gelbberandeten Flügeln, ihnen verdankt er auch seinen Namen, einen Luftvorrat mit. Größer, aber harmlos für seine Umgebung, ist der schwarze Kolbenwasserkäfer. Sie alle machen das Weiher- oder auch Seeufer zu einem unserer abwechslungsreichsten Sommerbiotope: Es ist die Heimat der Wasserfrösche und der Teichmolche.

Die Teichmolche leben gleichermaßen in Teichen wie in Weihern, da sie in beiden Gewässern ähnliche Lebensbedingungen antreffen. Der Teich ähnelt dem Weiher in Gestalt und Leben, nur seine Entstehung ist eine andere: Unsere Großväter haben ihn für die Fischhaltung künstlich angelegt.

Am Rand des Weihers, wo im Frühsommer das Goldgelb des Gilbweiderichs, das Rosenrot der Weidenröschen und das Himmelblau der Bachbunge miteinander im Farbenspiel der Ufervegetation wettstreiten, kommen auch die Pflanzenfreunde auf ihre Kosten. Die Blütenpracht vieler unserer Weiher und Seeufer, aber auch mancher kleiner Wasserflecken, lassen mit ihren vielfältigen Farb- und Duftspielen diese Randlagen zu Insektenparadiesen werden. Und solange die umgebenden Wiesen wie früher genutzt werden oder der schützende Waldrand in der Nähe ist, besteht für diese Naturinseln in unserer Kulturlandschaft noch keine Gefahr.

Beim Durchstreifen dieser meterhohen Blütenpracht erblickt man plötzlich, im benachbarten Buschwerk, einen kleinen hellgrünen Frosch im Gezweig versteckt. Mit viel

Hier ist der Naturhaushalt noch intakt.

Auch Libellen brauchen saubere Gewässer.

allem die Uferzone von Bedeutung. Sie ähnelt der des Weihers.

Die freie Wasserfläche eines Sees ist aber nur für unser Auge ohne Leben. Legt man einen Tropfen davon unter das Mikroskop, wird eine erstaunliche Vielfalt sichtbar: die Welt des Planktons. Es handelt sich dabei um eine Lebensgemeinschaft aus mikroskopisch kleinen Pflanzen und Tieren. Mit Hilfe verschiedener Einrichtungen, so z. B. Geißeln oder Wimpern, halten sie sich schwebend im Wasser. Das pflanzliche und tierische Plankton begründet als Nahrung für die von uns gerade noch sichtbaren kleinen

Pfeilkraut und Teichrosen bilden hier die Verlandungsgesellschaft eines natürlich erhalten gebliebenen Weihers.

Laubfrosch auf dem Weg zum Sonnenplatz.

Geschick bekommt man ihn dann auch vor das Fernglas. Als einziges unserer Amphibien kann er im Gebüsch und in Zweigen umherklettern und gewandt von Ast zu Ast springen. Dazu befähigen ihn die klebrigen Haftscheiben an den Finger- und Zehenspitzen.

In den oberen, sonnenbeschienenen Zweigen der Gebüsche oder anderer höherer Pflanzen verbringen die Laubfrösche den Sommertag. Nur wenn das Thermometer die Grenze von 30 Grad erreicht, wird es auch ihnen zu ungemütlich: Sie ziehen sich dann in schattigere Bereiche der Ufervegetation zurück. Auch trübes, unfreundliches und kühles Wetter hält den Laubfrosch lieber in seinem Versteck. Aus diesem Verhalten des sonnenliebenden Laubfrosches schloß man früher, er könne das Wetter vorhersagen. Dieser Aberglaube führte leider dazu, daß bis vor kurzem zahllose Laubfrösche auf hölzernen Leiterchen sitzend, als Wetterprophet ein trauriges Dasein im Einmachglas fristen mußten.

Auch an Seeufern treffen wir Frösche: Ein See muß nicht unbedingt größer sein als ein Weiher. Charakteristisch für ihn ist vielmehr seine dunkle Tiefenzone, über der eine für das Auge vegetationslose Wasserfläche den typischen Seeblick vermittelt. Für das Amphibienleben ist deshalb vor

Lebewesen die Kette des Lebens im Wasser. Wo das Plankton fehlt, ist der Lebensraum Wasser tot.

Eine ähnlich unscheinbare, aber nicht minder geheimnisvolle Lebenswelt beherbergen die Tümpel. Diese Gewässer trocknen periodisch aus. Während der trockenen Zeit zeugen seltene Pflanzenrasen, sog. Schlammbodengesellschaften, von ihrer ruhenden Existenz. Insbesondere im zeitigen Frühjahr, wenn genügend Wasser vorhanden ist, zieht ein bemerkenswertes Leben im Tümpel ein oder besser gesagt: Es erwacht. Zahlreiche seiner Bewohner, vor allem Kleinkrebse, verfügen über sog. Dauereier. Sie überstehen sogar eine Trocken- und Frostzeit, ehe neues Leben aus ihnen erwacht. Innerhalb von zwei bis drei Wochen kann es dann in der Lache am Wegesrand bereits wimmeln. Auch verschiedene Arten unserer Wasserflöhe, ebenfalls zu den niederen Krebsen gehörig, sind dabei. In vielen Generationen verzichten sie auf eine geschlechtliche Vermehrung. Es entstehen immer nur Weibchen, die sich mit Hilfe unbefruchteter Eier fortpflanzen. Jungfernzeugung (Parthenogenese) nennt der Biologe diese Vorsorge der Natur für schlechte Zeiten. Man sollte beim Beobachten der Gelbbauchunke, des Faden- oder Bergmolches, besonders im Frühjahr, dieses kleine Leben am Wegesrand nicht übersehen. Es ist ebenfalls Grundlage für vieles andere.

Wald – Feuchtbiotope im Laubwald

Die Geschichte Mitteleuropas ist weithin eine Geschichte seines Waldes. Sie begann mit dem Rückgang des Eises vor ungefähr 10.000 Jahren. Bis zu den ersten Eingriffen des Menschen vor annähernd 5.000 Jahren war Mitteleuropa ein fast lückenloses Waldland. Steht der europäischen Waldgeschichte, als Folge des sauren Regens, ein Ende bevor?

Wald als Umwelt der Amphibien erscheint dabei, zumindest auf den ersten Blick, recht nebensächlich. Beim Durchstreifen von monotonen Kiefern- und Fichtenforsten bestätigt sich diese allgemeine Erfahrung vielerorts sehr schnell. Diese Wälder sind für Amphibien zu trocken. Und außerdem bedingen ihre schwer zersetzbaren, abgeworfenen Nadeln eine Rohhumusauflage, die der Pflanzen- und Tierwelt, insbesondere der kleinen Bodenlebewelt, nicht viel Lebensmöglichkeiten läßt.

Gerade an den dunklen Fichtenwäldern sieht man, daß der heutige Wald keineswegs das Abbild des natürlichen mitteleuropäischen Waldes sein kann. Jahrhundertelange Einflußnahme durch den Menschen hat das heutige Waldbild, und damit auch das Leben in ihm, geschaffen.

Der mitteleuropäische Wald ist von Natur aus ein Laubwald. Somit sind unsere Laubwälder aus Rotbuche, Ahorn- und Lindenarten sowie Ulmen und anderen Laubbäumen als naturnah anzusehen. Ihre Verteilung und Zusammensetzung ist entsprechend den Vorgaben der Natur unterschiedlich. Dabei spielen Gestein und Boden sowie das Klima eine Rolle. Den bedeutendsten Anteil an der Waldbildung hat dabei die Rotbuche. „Abgesehen von Sonderstandorten, von den höheren Lagen der Alpen und von deren niederschlagsarmen und winterkalten inneren Täler, wäre also die Rotbuche in Mitteleuropa unter natürlichen Verhältnissen beinah allgegenwärtig", schreibt Heinz Ellenberg in seinem grundlegenden Werk zur „Vegetation Mitteleuropas mit den Alpen".

Die Standorte der Buchen- und Buchenmischwälder sind zumeist sehr feucht und für Pflanzen nährstoffreich. Reine Buchenwälder haben aber keine Strauchschicht. Die grauen, hohen Buchenstämme bedingen deshalb im Sommer wie im Winter den Eindruck eines Hallenwaldes. Nur im Frühjahr, bevor das Kronendach geschlossen wird und das dichte Blattwerk nur noch wenig Licht zum Boden durchläßt, verwandelt sich dieser in ein Blütenmeer. Anemonen, Lerchensporn, Aronstab, Bärenlauch und andere Frühblüher bilden für wenige Wochen ein buntes Mosaik. Das schnelle Aufkommen des Frühlingsteppichs in den verschiedenen Buchenwäldern hat einen tieferen Grund. Und das im wahrsten Sinne des Wortes. Die ca. zwei Dutzend Frühblüher der Buchenwälder sind Pflanzen, die im Erdreich wurzelnde Überdauerungsorgane haben. Mit Hilfe dieser Rhizome, Knollen, Zwiebeln oder Brutknospen sind sie in der Lage, das neue Pflanzenleben so anzulegen, daß es mit Hilfe der ersten warmen Sonnenstrahlen emporgetrieben werden kann. Als Erdpflanzen oder Geophyten bezeichnen die Botaniker diese Pflanzenarten, die unsere Buchenwälder im Frühling so anziehend machen.

Kinderstube des Feuersalamanders — saubere Waldbäche.

Suchen Sie auch das Quellrinnsal in der Mulde auf. Zwischen den Steinen und dem vorjährigen Laub plätschert das letzte Winterwasser hangabwärts. Wenn Sie die Steine im Wasser anheben, huschen kleine, graue und flach über den Grund seitlich sich fortbewegende, schwer zuzuordnende Lebewesen davon, die Schutz unter dem nächsten Stein suchen. Es sind Bachflohkrebse. Aber auch die unterschiedlich großen Larven des Feuersalamanders sind im Frühjahr zu entdecken. Man kann sie zu jeder Jahreszeit in sämtlichen Entwicklungsstadien gleichzeitig und nebeneinander beobachten.

Bei dieser Suche nach Larven des Feuersalamanders fällt auf, welche vielseitigen Anpassungen die Natur in einem Bach des Buchenwaldes entwickelt hat. Im Wasser liegende kleinste Zweige und Steinhäufchen entpuppen sich plötzlich als sich bewegende Tiere. Diese Lebewesen sind Larven. Sie können mit Hilfe von Spinndrüsen ein Sekret ausscheiden, das im Wasser zu einem elastischen Faden erstarrt. Damit formen sie eine schützende Gespinsthülle um ihren weichen Hinterleib.

Bachflohkrebs (links) und Köcherfliegenlarve (rechts) sind typische Bewohner kühler Bachläufe.

Bachflohkrebse und Köcherfliegenlarven bilden die Hauptnahrung der Wasseramsel.

Zu den annähernd 300 Köcherfliegenarten gesellen sich als charakteristische Insekten der Bäche die Larven der Stein- und Eintagsfliegen. Beide haben mit den Fliegen genauso wenig zu tun wie etwa die Schmetterlinge mit den Käfern. Weitere Insekten und Krebse sowie Schnecken kommen hinzu, so daß die genaue Untersuchung der Tierwelt eines Baches ein mehrjähriges Unterfangen werden kann.

Buchenwälder sind bevorzugte Waldbiotope des Feuersalamanders. Sie leben in ihren recht kleinen Bezirken sehr ortstreu. Das gilt nicht nur für die Aufenthaltsgebiete während des Sommers, sondern auch für die Winterquartiere. Rainer Feldmann fotografierte in einem solchen (es handelte sich um einen alten Bergwerksstollen) die Wintergäste über mehrere Jahre hin. Weil die Zeichnungsmuster der einzelnen Salamander nicht nur außerordentlich variabel, sondern auch individuell unveränderlich sind, konnte jeder Wintergast genau registriert und beobachtet werden. Sonstige

Pilze – nicht nur die mikroskopisch winzigen – tragen wesentlich zur Aufbereitung des Waldbodens bei. Und moderne Baumstümpfe bieten manchem Lurch Versteck, Unterschlupf und tagsüber Schutz vor Austrocknung.

Winterquartiere, in der Erde oder unter Baumwurzeln, werden nur selten entdeckt. Selten ist der Feuersalamander auch sonst zu beobachten. Er ist ein Nachtwanderer, wobei er nicht viel mehr als 200 m zurücklegt. Die Nacht ist vor allem die Zeit der Nahrungssuche. An Nahrung mangelt es in den Buchenwäldern nicht. Nahezu alle Buchenmischwälder verfügen über ein aktives Bodenleben. Dadurch wird das jährlich anfallende Laub recht schnell zersetzt. Verantwortlich dafür sind an erster Stelle Regenwürmer und Asseln, dazu kommen die weniger bekannten Schnurfüßer und Ohrwürmer sowie Schnecken. Sie alle leisten die grobe Zerkleinerung. Die Feinarbeit besorgen die nur mit dem Vergrößerungsglas genauer erkennbaren Springschwänze, Kurzdeckflügler und andere Kleintiere. Den Endabbau übernehmen mikroskopisch kleine Einzeller bis hin zu Bakterien und Pilzen.

Genauere Untersuchungen zur Ernährung des Feuersalamanders in den Buchenwäldern aus der Umgebung von Graz belegen, daß Schnecken den überwiegenden Nahrungsanteil ausmachen. Bei der Erdkröte ist die Nahrungspalette schon etwas größer. Sie bevorzugt auch die Laubmischwälder und ist, wie der Feuersalamander, nachtaktiv. Nur ihre Beweglichkeit ist viel größer. Mit Hilfe guter Augen und der ausklappbaren Zunge ist sie in der Lage, auch fliegende und sich schnell bewegende Kleintiere zu erhaschen. Von natürlichen Feinden ist die Erdkröte in den Wäldern weitgehend verschont. Nur der Krötenfliege ist sie hilflos ausgeliefert. Die Fliegeneier werden auf dem Rücken der Kröte abgesetzt. Die nach wenigen Tagen schlüpfenden Fliegenlarven dringen über die Nase in das Gehirn der Kröte ein. Der Tod ist die Folge.

In den Wäldern des Hügel- und Berglandes sind aber noch andere Amphibien daheim. Ihre Kleinheit und unscheinbare Lebensweise lassen sie für die meisten von uns zum unscheinbaren Leben am Wegesrand werden.

Die Gelbbauchunke, im Gegensatz zu ihrer rotbauchigen Verwandten des Tieflandes, wird entsprechend ihrer Verbreitung, auch als Bergunke bezeichnet. Sie wird ganz einfach übersehen. Zu gut ist sie in den Pfützen, Wagenspuren und Wassergräben getarnt. Man muß sie schon mit der Hand greifen, um ihre gelbgefleckte Bauchseite bewundern zu können. Der früher vielerorts gebräuchliche Name Feuerkröte wird dann schnell verständlich.

Ihre auffallende Warnfarbe auf der Bauchseite zeigt die Gelbbauchunke nicht freiwillig.

Ebenso überrascht ist man von der Farbenpracht des Bergmolches, wenn man ihn einmal genauer betrachtet. Die verschiedensten Kleingewässer in den Bergen werden von ihm besiedelt. Dabei ist er in seinem Anspruch an den ihn umgebenden Wald nicht sehr wählerisch. Bis hinauf in die Grenzregionen der Nadelwälder kann man ihn antreffen. Der Bergmolch ist der Molch mit der größten Verbreitung. Anders liegen die Verhältnisse bei dem unauffälligeren Fadenmolch. Er meidet die Hochlagen und bevorzugt die Waldgebiete, die den winterlichen Witterungsbedingungen nicht so ausgesetzt sind. In den tieferen Lagen kommt er oft zusammen mit dem Teichmolch vor.

Das farbenprächtige Bergmolch ♂ im Hochzeitskleid.

Wo der Moorfrosch zu Hause ist

Moore sind eiszeitliche Naturdenkmäler und Dokumente der Vergangenheit. Der Mensch hat zu ihnen seit eh und je ein gestörtes Verhältnis. Früher erschauerte er vor ihrer Unwegbarkeit, heute beutet er sie rücksichtslos aus. Das Ergebnis: Die Moore stehen an der Spitze auf der Liste der gefährdeten Lebensräume in ganz Mitteleuropa.

Typische Hochmoorlandschaft mit Wollgrasinseln.

Und dabei ist es mit den Mooren wie mit dem Wald: Moor ist nicht gleich Moor. Moore sind Torflager, bedeckt von blühenden Pflanzen. Nahezu 10% der Blütenpflanzen unseres Gebietes sind Moorbewohner. Während der Zeit ihrer Entstehung verhinderte Wasser die Luftzufuhr. So unterblieb der natürliche Abbau der abgestorbenen Pflanzen. Es entstand Schicht auf Schicht totes Pflanzenmaterial. Eingebettet darin blieben auch andere Pflanzenteile erhalten, so z. B. die zur Überdauerung besonders geschützten Pollen (Blütenstaub). Mit Hilfe von Pollenanalysen in Mooren kann man die nacheiszeitliche Waldgeschichte rekonstruieren.

Die Hochmoore sind die ökologischen Spezialisten unter den Mooren. Ihr schichtweiser Aufbau von Torfmoosen ist mittlerweile so mächtig geworden, daß die lebende obere Pflanzendecke keine Verbindung zum Grundwasser hat. Die Pflanzen sind auf das Niederschlagswasser angewiesen. Und nicht nur darauf. Eine Pflanze benötigt zur Existenz noch mineralische Stoffe, die für die Hochmoorpflanzen über das Regenwasser zugeführt werden müssen. Unser Sonnentau als Charakterpflanze des Hochmoores meistert diese ausgesprochene Mangelsituation, indem er Insekten fängt.

Die häufigeren Moore sind die Flach- oder Niedermoore. Das weithin sichtbare, leuchtendweiße Wollgras, das dunkelrot blühende Sumpfblutauge, der Fieberklee und andere bekannte Moorpflanzen haben hier ihre Standorte. Für zahlreiche seltene und vom Aussterben bedrohte Tierarten sind die verschiedenen Flachmoore Lebensraum. Das Leben ist hier viel reichhaltiger, weil die Verbindung mit dem Wasserhaushalt des Bodens vielfältige Nährstoffreserven erschließt. Die kleinen Moorgewässer, auch in den Übergangsbereichen zu den Hochmooren, sind Laichplätze des Moorfrosches. Vielerorts sind aber auch diese Biotope durch vielfache Lebensraumzerstörungen bereits verschwunden.

Leben im Abseits

Zu Beginn der 60er Jahre setzte allmählich die Diskussion um den Natur- und Landschaftsschutz ein. Dabei kamen die Kiesgruben als Landschaftsschäden ins Gespräch. Steinbrüche, Lehm- und Sandgruben mußten als häßliche Wunden und verwahrloste Flecken in der Landschaft schnellstens verschwinden, nachdem sie ihre Schuldigkeit getan hatten. Das war nur der Anfang. Inzwischen fraß die Zauberformel des Wirtschaftswachstums zahlreiche weitere Naturgüter. Im Kleinen wie im Großen – nutzbares Land mußte her. Dabei wurden Bäche zu Rinnen und Flüsse zu Kanälen. Verschwunden waren angerissene Böschungshänge, glitzernde Kiesbänke, Sandinseln und Altwasserschlingen als Kleinlebensräume. Die dort vernichtete Pflanzen- und Tierwelt suchte, soweit möglich, Ersatz. Viele schafften es, Kies- und Sandgruben sowie Steinbrüche zu besiedeln. Für die meisten war aber kein Ersatz vorhanden. Dafür wurden die Roten Listen der gefährdeten Tier- und Pflanzenarten immer umfangreicher.

Zuerst kamen die Pioniere, die Pflanzen. Ihre Aufgabe ist es, Grundlagen für das tierische Leben zu schaffen. Die Ökologie, die Lehre vom Haushalt der Natur, spricht deshalb auch von Pioniergesellschaften.

Zwei haben wir bereits an ihren natürlichen Standorten kennengelernt. Es waren die Zwergbinsenrasen der periodisch wasserführenden Stellen und die Zweizahnufergesellschaften. Das waren Beispiele für die pionierhaften Vergesellschaftungen an nassen Stellen.

Ebenso gibt es zahlreiche Pioniere der trockenen Flächen, z. B. den blauen Natterkopf und die rotblühenden Disteln. Hinzu kommen zahlreiche Arten der Feldfluren. Lauter Pflanzen, die als sog. Unkraut aus der Umgebung des Menschen verbannt wurden. Diese schnellwachsenden und anpassungsfähigen Pflanzenarten repräsentieren aber immerhin 20% unserer einheimischen Pflanzenwelt.

Und gerade sie bilden als Wildkräuter die Grundlage für eine außergewöhnlich mannigfaltige, wenn auch zumeist unbeachtete Tierwelt. Der attraktive Schwalbenschwanz benötigt für die Ernährung seiner Raupen Doldenblütler an den trockenen Böschungen. Die Sandlaufkäfer, ihr Name weist bereits darauf hin, sind auf freie Sandflächen angewiesen; ihre Larven bewohnen in der bis zu zwei Jahren währenden Entwicklung selbstgegrabene Röhren im Sandboden. Überwältigend ist das Surren und Schweben von Bienen, Hummeln, Wespen und anderen Fluginsekten. 70–90 verschiedene Bienen- und Grabwespenarten wurden für einzelne Kiesgruben in Deutschland und der Schweiz bereits nachgewiesen.

Die Nahrungsverflechtungen durch die Wildkräuter einer Kiesgrube führen über die Insekten zu anderen Tiergruppen. So ist die Uferschwalbe ein charakteristischer Brutvogel der Kiesgruben. Nur hier findet sie noch Steilwände für die Anlage ihrer Brutröhren. Ihre Nahrung besteht aus Insekten, die vornehmlich über dem Wasser gefangen werden. Somit begründet die Pflanzenwelt des Wassers und seiner Ufer in der Kiesgrube, die in ihrer Zusammensetzung durchaus mit der eines Weihers zu vergleichen ist, einen weiteren Nahrungs- und damit Lebenskreislauf. Die Landschaftsschäden der 50er und 60er Jahre entpuppen sich immer mehr als letzte Refugien für Pflanzen und Tiere, die aus ihren ursprünglichen Lebensräumen vertrieben wurden.

Das gilt auch für die Amphibien. Die langwierigen Beobachtungen zur Erforschung des Brutverhaltens der Geburtshelferkröte fanden in einer Kiesgrube statt. Die Knoblauchkröte als typischer Sandbewohner trägt an der Innenseite scharfgerandete Grabschaufeln aus Horn. Bei Gefahr läuft sie weg oder gräbt sich in die Erde hinein. In wenigen Augenblicken hat sich eine Knoblauchkröte mit den Hinterbeinen eingeschaufelt. Dieses Verhalten erinnert an ihre usprüngliche Heimat, die Steppengebiete Osteuropas und Vorderasiens, von wo aus sie nach der Eiszeit bis zu uns vordrang. Auch bei der Wechselkröte wird die ursprüngliche osteuropäische Steppenheimat erkennbar. Ihre Färbung paßt sich vorzüglich dem Grau und Grün der Steppe an, und auch dem Gelände unserer Kiesgruben und Steinbrüche. Sie ist sogar in der Lage, und daher kommt ihr Name, sich der Umgebung farblich anzupassen. Ist der Untergrund hell, wird die Wechselkröte heller. Bei dunklem Gelände wird auch das Tier im ganzen dunkler.

Als vierte Art muß die Kreuzkröte genannt werden. Durch ihre schnellere Laichentwicklung und ohne Bindung an bestimmte Laichgewässer haben auch die Kreuzkröten den Lebensraum Kiesgrube erfolgreich besiedeln können. So kann es vorkommen, daß Laichplätze von mehreren Krötenarten aufgesucht werden. Dabei sind auch Fehlpaarungen möglich. Ein Wechselkrötenmännchen klammert z. B. ein ankommendes Kreuz- oder Erdkrötenweibchen, weil paarungsbereite Männchen und Weibchen ihre eigenen Artgenossen nicht von fremden unterscheiden können. Die Männchen versuchen jedes etwa gleichgroße, sich bewegende Objekt, das in ihre Nähe kommt, zu klammern. Ist das geklammerte Tier ein anderes Männchen oder ein nicht paarungsbereites Weibchen, so gibt es dem Klammernden durch Flankenbewegungen und sogenannte Abwehrrufe zu verstehen, daß ein Mißverständnis vorliegt. Die Umklammerung wird gelöst. Ein paarungsbereites Kreuzkrötenweibchen wird sich aber gegen das Klammern z. B. eines Wechselkrötenmännchens nicht wehren.

Doch meistens sind die Nachkommen solcher „Fehlpaarungen" mißgebildet und nicht überlebensfähig.

Die Pionierpflanzenvegetation ehemaliger Kiesgruben bietet auch eine Lebensgrundlage für den bunt gefärbten Schwalbenschwanz und seine Raupe.

So lag der Gedanke nahe, daß es zwischen den Krötenarten zu Bastardierungen kommt. Der bekannte Zoologe Oskar Hertwig schloß aber nach Versuchen Anfang dieses Jahrhunderts derartige Bastadierungen aus. Erst in den 60er Jahren wurde von den Mainzer Zoologen Rainer Flindt und Helmut Hemmer nachgewiesen, daß es auch im Freiland zu erfolgreichen Bastardierungen zwischen Kreuz- und Wechselkröten kommen kann.

Solche Mischpaarungen können aber nur dann zustande kommen, wenn verschiedene Umstände das erlauben. So müssen die in Frage kommenden Arten das gleiche Laichgewässer aufsuchen und auch gleichzeitig dort erscheinen. Das trifft z. B. für die Kreuz- und Wechselkröte zu, die dann zu gleichen Laichplätzen wandern, wenn im Frühjahr die Temperaturen etwa 10° C erreichen. Die Erdkröte laicht dagegen bereits bei Temperaturen von ca. 6° C. Auch die Verhaltensweisen am Laichplatz müssen bei den Laichpartnern etwa die gleichen sein. Das ist bei allen drei Krötenarten der Fall.

Selbst wenn es zu Fehlpaarungen mit Eiablage und Befruchtung der Eier kommt, so heißt das noch nicht, daß sich die befruchteten Eier auch zu Larven und schließlich zu jungen Kröten entwickeln. Das ist nur möglich, wenn die Arten nahe miteinander verwandt sind wie etwa bei unseren Krötenarten. Trotzdem ergeben die Mischpaarungen recht unterschiedliche Ergebnisse. Nur wenn sich ein Kreuzkrötenmännchen mit einem Wechselkrötenweibchen verpaart, kommt es zu einem geringen Prozentsatz sich entwickelnder Bastardkröten. Im umgekehrten Fall, und auch im weitaus größten Teil der erfolgreichen Kombination, weisen die Larven bereits in sehr frühen Stadien schwerwiegende Mißbildungen auf, an denen sie schließlich eingehen,

ohne zur Metamorphose zu kommen. Diese Mißbildungen betreffen zum großen Teil Verkrümmungen der Wirbelsäule und eine monströse Aufblähung des Vorderkörpers.

Daß es hin und wieder Krötenmißbildungen gibt, die nicht auf Bastardierungen zurückgehen, ist in diesem Zusammenhang noch zu erwähnen. Die Ursache dafür ist noch nicht geklärt.

Weil ihre natürlichen Lebensräume selten geworden sind, ist die Kreuzkröte auf Sekundärbiotope angewiesen.

Steinbruch — später Auffüllplatz oder Lebensraum aus zweiter Hand?

Amphibien auf dem letzten Rückzug

Gefährdung
Rote Liste
Bestimmung

Einbahnstraße in die Ausrottung?

Vor rund 360 Millionen Jahren haben die als Vorfahren der heutigen Amphibien geltenden Fischschädellurche die für den Evolutionsverlauf so bedeutsame Entwicklung vom Wasserbewohner zum landlebenden Tier vollzogen. Und seit etwa 150 Millionen Jahren bevölkern Amphibien die Erde und dabei auch den Teil, welchen man heute als mitteleuropäischen Raum bezeichnet. Wie schon zu Anfang dieses Buches beschrieben, hat diese Tiergruppe immer wieder neue Arten hervorgebracht, die sich den verschiedensten Lebensräumen angepaßt haben. Besonders durch Klimaveränderungen haben Amphibien ihr Verbreitungsareal ausgedehnt oder eingeschränkt oder es sind Arten völlig verschwunden. Das alles waren Vorgänge, die in Zeiträumen von Tausenden oder Millionen von Jahren abliefen; was ist im Verhältnis dazu schon ein Jahrhundert oder gar ein Jahrzehnt?

Und dennoch ist es möglich, daß sich in einem erdgeschichtlichen nicht einmal erwähnenswerten und in dieser Hinsicht völlig unbedeutenden Zeitraum von nur 20 Jahren mehr Veränderungen im Vorkommen und in der Verbreitung einer Tiergruppe ergeben, als es in den zehntausend Jahren seit der letzten Eiszeit der Fall war. Diesmal sind es keine Klimaveränderungen oder andere natürliche Faktoren, welche die Amphibien in ihrer Verbreitung beeinflussen. Es ist der Mensch, der durch Nichtachtung von Gesetzmäßigkeiten der Natur schuld daran ist, daß die Amphibien auf dem Rückzug aus ihren Lebensräumen sind. Seit Beginn der 60er Jahre verschwinden die Frösche, Kröten, Unken, Molche und Salamander aus ihren angestammten Lebensräumen. Ein Rückzug ohne Wiederkehr, denn die durch das Wirtschaften des Menschen unbeabsichtigt entstandenen Ersatzlebensräume werden den Amphibien nicht zur Verfügung gestellt. Ein letzter Rückzug also, da es diesmal keinen Ersatz gibt, für den die Natur in Jahrtausenden immer gesorgt hat. Der noch vor 20 Jahren wenig beachtete Rückgang der einheimischen Amphibien ist zwischenzeitlich so weit fortgeschritten, daß einzelne Arten kurz vor der völligen Ausrottung stehen.

Früher Massentier, heute Rarität

Einstmals in Massen vorgekommene Amphibienarten, die früher nahezu alle Landstriche besiedelten und zur Laichzeit in fast jedem kleineren Gewässer anzutreffen waren, sind heute eine Rarität. Eine solche Art, die der Amphibienforscher Wolterstorff in einer 1890 erschienenen Veröffentlichung als „überall anzutreffend" bezeichnete, ist der Kammolch. Sucht man heute nach Vorkommen dieser größten einheimischen Molchart, so ist die Bilanz mehr als traurig: Bei der Erfassung von Amphibienlebensräumen im Rahmen eines 6jährigen Untersuchungsprogramms zur Kartierung der Feuchtgebiete in der Region Mittlerer

Neckar – einem Gebiet um Stuttgart von 3.650 km² Größe – konnten lediglich noch 13 Kammolchvorkommen festgestellt werden; nur 5 dieser verbliebenen Populationen sind gegenwärtig nicht gefährdet – wie lange noch?

In anderen Gegenden sieht es nicht besser aus. In Bayern gilt der Kammolch als seltenste Art, und eine Rasterkartierung der Amphibien in Niedersachsen hat ergeben, daß der letzte Nachweis bei vielen Vorkommen bereits ein Jahrhundert zurückliegt. Daraus ist zu schließen, daß auch hier der Bestand stark rückläufig und somit sehr gefährdet ist.

Ähnlich sind die Bestandseinbußen beim Laubfrosch. Dieser Art – Sinnbild der Amphibien schlechthin – galt nach Wolterstorff am Ausgang des vorigen Jahrhunderts „kein weiteres Interesse, es sei denn, es werde ein Vorkommen in wasserleeren und besonders öden Landstrichen gefunden". Und noch in den 50er Jahren war der Laubfrosch eine in großer Zahl vorkommende Amphibienart, die „wohl in jedem Garten anzutreffen ist", wie Menges 1952 für die Pfalz, Rheinhessen und das Nahegebiet beschreibt. Heute weist der Laubfrosch unter allen rheinland-pfälzischen Amphibien-Arten den stärksten Bestandsrückgang auf. Von April bis Juni hörte man früher die sehr lauten Konzerte der Laubfroschmännchen von den Weihern und Tümpeln her bis in die Dörfer. Bestandsaufnahme der Amphibienfauna von 1979 bis 1981 in Rheinland-Pfalz: Intakte Laubfroschpopulationen mit rund 100 rufenden Alttieren – was für diese Art nicht einmal viel ist – nur noch an ganz wenigen Standorten. In Schleswig-Holstein ist die Größe der Rufkolonien bereits auf unter 10 Individuen gesunken. Auch hier sind die Laubfroschbestände äußerst bedroht. Die Aufzählung solcher Bestandseinbußen ließe sich in Deutschland, Österreich und der Schweiz beliebig lange fortsetzen.

Das Aussterben der Amphibien ist ein Warnzeichen der Natur

Die Amphibien verschwinden jedoch nicht allein. Mit ihnen gehen andere Tierarten, ja es gehen ganze Lebensräume und damit Teile unserer Natur und Landschaft verloren. Die Frage, ob wir überhaupt Frösche, ob wir Kröten,

Unken, Salamander und Molche brauchen, kann hier nicht nur theoretisch gestellt werden.

Die vielfältigen Zusammenhänge der Lebensräume und die Bedeutung des „Frosches" im Naturkreislauf läßt nur ahnen, welche Folgen mit dem Verschwinden verbunden sind. Der Frosch, die Kröte, alle Amphibien sind Teile des Ganzen und ihre Bedrohung, wie auch die Bedrohung anderer Tierarten, gefährdet stets die ganze Natur.

In einer Erklärung der Deutschen Bischofskonferenz zu Fragen der Umwelt heißt es zutreffend: „Das Lebendige soll leben können, nicht nur um der Nützlichkeit für den Menschen willen, sondern um der Fülle, um der Schönheit der Schöpfung willen, einfach um zu leben und dazusein. Natur ist von Natur aus immer verschwenderisch. Wer nur nach Gesichtspunkten der Nützlichkeit fragt, verstößt ungeahnt und ungewollt oft genug auch gegen die der Nützlichkeit."

Allen Unkenrufen zum Trotz

Das gestörte Verhältnis ist jedoch vielfach noch vorhanden. Die Naturentfremdung wird dort besonders deutlich, wo das Quaken der Frösche als „Ruhestörung" empfunden wird, während man den Lärm von Baumaschinen oder Motorrädern als gegeben hinnimmt. So kam es in Basel zu einer Gerichtsverhandlung „wegen des Froschquakens in einem Gartenteich". Ein empfindlicher Zeitgenosse fühlte sich von den Fröschen im Seerosenteich des Nachbarn belästigt und erstattete Anzeige bei der Kantonspolizei. Als der Besitzer des Teiches der „Aufforderung zur Entfernung der Frösche" keine Folge leistete und eine Rechtsverzögerungsbeschwerde gegen ihn erhoben wurde, belegte ihn die Polizei mit einer Geldbuße in Höhe von 40 Franken.

Mensch und Ekeltier

Viele Gefahren für Amphibien sind von den Menschen verursacht. Nicht etwa von einzelnen, die gezielt Frösche verfolgten. Nein, gemeint ist unsere Gesellschaft. Eine Gesellschaft, die sich in vielen Bereichen von der Natur entfernt hat, ohne zu erkennen, daß sie damit direkt oder indirekt die Natur gefährdet, und ohne zu erkennen, daß jeder einzelne ein Teil dieser gefährdeten Natur ist.

Im Hinblick auf die Amphibien darf nicht vergessen werden, daß die Menschen zu ihnen seit altersher außer zum „eßbaren" Frosch – eher ein gestörtes Verhältnis haben. Viel Unsinn wurde den „Ekeltieren" angedichtet. Man behauptete, nach der Berührung einer Kröte würden sich Warzen bilden, ein Salamander könne ein Feuer löschen, und so fort. Lange glaubte man auch, daß man beim Trinken Krötenlaich verschlucken könnte, der sich dann im Körper unter großen Schmerzen zu ausgewachsenen Tieren entwickelt.

Aus Abscheu und Unkenntnis wurden besonders Kröten jahrhundertelang erschlagen und zertreten. Selbst Brehm,

der die Tiere noch großzügig in gute und böse, in nützliche und schädliche einzuteilen pflegte, schreibt in seinem „Thierleben" 1878: „Man begreift in der That nicht, wie es möglich gewesen, daß vernünftige Menschen solchen Unsinn erdacht haben können; man begreift noch viel weniger, daß es noch heutigentags tausende gibt, welche zu sehr geneigt sind, derartige abgeschmackte, auf nichts fußende Lügen für wahr zu halten: denn das nächtliche Treiben der im Verhältnis zu den Fröschen unschön gestalteten Kröten kann doch unmöglich der Grund sein, weshalb die harmlosen, unschuldigen und höchst nützlichen Tiere beständig verdächtigt und verleumdet werden!"

Diese Erkenntnis scheint sich durchgesetzt zu haben, da heute kaum jemand mehr eine Kröte oder einen Molch mit Absicht zertritt.

Allen Unkenrufen zum Trotz

Das gestörte Verhältnis ist jedoch vielfach noch vorhanden. Die Naturentfremdung wird dort besonders deutlich, wo das Quaken der Frösche als „Ruhestörung" empfunden wird, während man den Lärm von Baumaschinen oder Motorrädern als gegeben hinnimmt. So kam es in Basel zu einer Gerichtsverhandlung „wegen des Froschquakens in einem Gartenteich". Ein empfindlicher Zeitgenosse fühlte sich von den Fröschen im Seerosenteich des Nachbarn belästigt und erstattete Anzeige bei der Kantonspolizei. Als der Besitzer des Teiches der „Aufforderung zur Entfernung der Frösche" keine Folge leistete und eine Rechtsverzögerungsbeschwerde gegen ihn erhoben wurde, belegte ihn die Polizei mit einer Geldbuße in Höhe von 40 Franken.

Noch grotesker mutet ein Fall an, der im Frühjahr 1982 sogar den Petitionsausschuß des Landtags von Baden-Württemberg beschäftigte. In dem Seerosenteich eines Gärtners hatten sich Wasserfrösche angesiedelt, die im Frühjahr artgemäß quakten. Davon fühlte sich ein Nachbar betroffen, der mit dem Gewehr zur Selbsthilfe griff, nachdem sich der Gärtner an dem Leben in seinem Teich erfreute und nicht daran dachte, die Frösche zu verjagen. So erschoß der Nachbar vom Balkon aus mit dem Luftgewehr einige Dutzend der sich am Ufer sonnenden Frösche. Eine Anzeige wegen Verstoßes gegen das Naturschutzgesetz und die Artenschutzverordnung brachte dem naturbewußten Gärtnermeister eine Beschwerde wegen Lärmbelästigung durch eine immissionsschutzrechtliche Anlage ein. Sein Nachbar argumentierte damit, daß die Frösche Teil einer gewerblichen Anlage seien, da sich der Teich in einem Gewerbegebiet befindet. Der Seerosenteich sei jedoch nach dem Immissionsschutzrecht nicht genehmigt worden. Letztlich wurde der Petitionsausschuß des Landtags mit der Angelegenheit befaßt. Dieser sah sich jedoch nicht imstande, dem Anliegen des erbosten Nachbarn abzuhelfen, zumal die Naturschutzbehörden festgestellt hatten, daß die „Lärmbelästigung durch Frösche" ebensowenig vermieden als den Fröschen selbst der Zugang zum Gewässer verwehrt werden kann.

Zwei wahre Begebenheiten, deren Kommentierung es wohl kaum bedarf . . .

Ausrottung mit Messer und Gabel

Ein anderes Verhältnis zum Frosch haben da schon manche Feinschmecker und solche, die es sein wollen. Sie verfolgen den Frosch zwar nicht mit dem Gewehr, sehen dafür aber vielmehr seine Hinterbeine schmackhaft zubereitet auf dem Teller liegen. Ein Dutzend Froschschenkel rechnet man pro Person und Mahlzeit. Man mag dazu stehen wie man will, eines jedenfalls ist sicher: Froschschenkel auf dem Teller sind nicht etwa eine Erfindung von Gourmets. Zusammen mit Schnecken, Krebsen, Muscheln und natürlich Fischen wurden Froschschenkel bereits vor 300 Jahren zur Umgehung des Fastengebots an Feiertagen auf die Speisezettel gesetzt. Es war durchaus keine Seltenheit, daß auch auf den Tellern der Bauern und Arbeiter Froschschenkel lagen. So berichten Habs und Rosner in ihrem 1894 erschienenen „Appetit-Lexikon": „In den Landen ober und unter der Enns war man noch um 1680 über die Zuträglichkeit dieser Speise sehr im Zweifel, hat aber schließlich alle törichten Bedenken tapfer überwunden, und jetzt verspeist Wien seine 5.000 – 10.000 Paar Froschschenkel jährlich." Daß Froschschenkel keine den gehobenen Schichten vorbehaltenen Speisen waren, zeigen viele weit verbreitete Kochbücher der Jahrhundertwende. Da wurden die Sprungbeine von Wasser- und Grasfrosch in gebackener, gedämpfter, frikassierter, eingemachter und gekochter Form empfohlen. Man hat Froschschenkel mit Paprika und Trüffeln garniert, auf spanische, böhmische und auf ungarische Art gekocht oder gar als Froschkoteletts mit „Wurzelwerk" zubereitet. Nicht ohne Grund wurde also der Wasserfrosch „Rana esculenta" – der eßbare Frosch – getauft.

Trotz alledem hat der Fang von Fröschen für den Kochtopf nicht den Rückgang dieser Tiergruppe bewirkt. Die Bestände der früher fast überall und in großer Zahl anzutreffenden Wasser- und Grasfrösche konnten den hauptsächlich in Süddeutschland, Österreich und der Schweiz ausgeübten Fang leicht ausgleichen. Diese Zeiten sind jedoch vorbei; heute könnte bereits das Fangen nur weniger Exemplare zum völligen Erlöschen einer Population führen.

Alle Amphibienarten sind heute durch Gesetze und Ver-ordnungen geschützt. Die Gastronomie weiß sich indessen zu helfen und führt Froschschenkel aus dem Ausland – insbesondere aus der Türkei, Griechenland und Indien ein. Dadurch werden gerade Seefrösche in ihren Herkunftsländern stärker bedroht. Mit dem Froschschenkelimport in großen Mengen wird der Raubbau an der Natur in die Herkunftsländer exportiert. In einem Jahr wurden z. B. in die Schweiz 96.000 Kilogramm Frösche eingeführt, was ungefähr einer Million Grünfrösche entspricht.

Vernichtung mit Breitbandwirkung

Die Vernichtung der Amphibien erfolgt auf breiter Ebene und mit vielerlei Mitteln; sie vollzieht sich direkt und indirekt, und doch kann man nicht feststellen, daß etwa Unken oder Molche gezielt vernichtet werden. Dem würde ja auch der gesetzliche Schutz entgegenstehen. Und dennoch haben die Amphibien den Rückzug aus ihren Lebensräumen angetreten. Sie sind Opfer einer Naturzerstörung mit Breitbandwirkung. Für diese an bestimmte Lebensräume angepaßten Tiere ist es nicht entscheidend, ob die Veränderung ihrer Lebensbedingungen (an die sie sich nicht anpassen können) gewollt oder ungewollt erfolgt.

Die Gefährdungsursachen der Amphibien sind breiter gestreut als die verbliebenen Lebensräume. Ursachen für den Artenrückgang sind vor allem:

– die Vernichtung und Beeinträchtigung von Mooren, Fließgewässern, stehenden Kleingewässern, Weihern und Seen, Umwandlung von Wiesen in Äcker
– Die Beeinträchtigung von Laichgewässern durch Tourismus, Fischbesatz, Uferverbau, Wassersport
– Zerstörung der Jahreslebensräume durch Verfüllung von Bodenentnahmestellen, Umbruch und Entwässerung von Wiesen, Waldumwandlung, Entfernung von Hecken, Zunahme der Siedlungs-, Gewerbe- und Industriebereiche
– Zerschneidung von Lebensräumen durch Straßen, Wasserableitungen usw.
– Verwendung von Chemikalien und Düngemitteln

Vernichtung nach Plan

Mit Ausnahme des völlig an das Landleben angepaßten Alpensalamanders sind alle Amphibienarten zumindest für ihre Fortpflanzung auf das Wasser angewiesen. Da viele Arten zudem eng an das Laichgewässer gebunden sind und über Generationen in jedem Frühjahr dorthin zurückkehren, bedeutet die Vernichtung von Laichmöglichkeiten die schleichende Ausrottung ganzer Amphibienvorkommen. Weil keine Jungen mehr nachfolgen, ist die Population innerhalb weniger Jahre erloschen. Arten, die auf flache, sich schnell erwärmende Laichgewässer angewiesen sind – wie etwa der nur noch in Schleswig-Holstein und Niedersachsen häufiger vorkommende Moorfrosch – haben in den letzten Jahren durch die Entwässerung von Mooren und Auenbereichen zahlreiche Lebensräume verloren. Selbst im moorreichen (und damit auch noch moorfroschreichen) Niedersachsen hat die Fläche der unkultivierten Moore von 2.020 km² auf 1.074 km² um

46,8% abgenommen. Heute ist nur ein Fünftel dieser Fläche ohne landwirtschaftliche Nutzung. In Schleswig-Holstein – dem nach Mecklenburg-Vorpommern, Niedersachsen und Bayern an Mooren viertreichsten Land der Bundesrepublik – sind von einstmals 45.500 ha Hochmoor heute nur etwa 5.500 ha unkultiviert – und damit als intakte Feuchtlebensräume verblieben.

Aus einem lebenden Gewässer wurde ein toter Kanal gemacht.

Unzählige Kleingewässer sind auch in den Flußauen im Zuge von „Gewässerkorrekturen" und dem Bau von „Schifffahrtsstraßen" vernichtet worden. Mit den naturnahen Flußufern sowie den nur langsam durchflossenen und damit für Amphibien geeigneten Altwassern sind unzählige Überschwemmungstümpel aus den Tälern verschwunden – mit ihnen vielerorts auch der Teichmolch und im norddeutschen Raum die Rotbauchunke. Weit über 63 Prozent der Flußstrecken sind in Deutschland für die Schiffahrt ausgebaut.

Nicht besser steht es um die kleineren Fließgewässer, von denen der Feuersalamander abhängig ist. Hauptsächlich in den Verdichtungsgebieten um die großen Städte sind unzählige Klingen und Mulden mit klaren Bachläufen durch Erdaushub und Bauschutt verfüllt worden, nachdem man den Wasserabfluß durch das Einlegen von Betonrohren gesichert hat. Den wasserwirtschaftlichen Belangen hat man also Rechnung getragen; vielleicht wurden nach Abschluß der Auffüllung auch einige Bäume gepflanzt – Feuersalamander werden jedoch in verdohlten Bachläufen keine Larven mehr absetzen können.

Laichgewässer nur noch auf Flurkarten

Die meisten Amphibienarten – darunter alle Molche, Gelbbauchunken, Kreuzkröten, Geburtshelferkröten, Wechselkröten, Knoblauchkröten und Laubfrösche – sind aufgrund der Vernichtung von Kleingewässern aus vielen Landschaften verschwunden. Ungezählt sind die Tümpel, Wasserlachen, Quellbereiche und Stausenken, die seit den 50er und 60er Jahren zerstört wurden. Meistens wurden diese als unnütz betrachteten Feuchtstellen mit Müll, Bauschutt oder Erdaushub aufgefüllt. In wenigen Minuten werden heute mit einer Planierraupe oder mit einer LKW-Fuhre voll Erde Lebensgemeinschaften vernichtet, die in Jahrhunderten gewachsen sind. Von der einstigen Vielfalt der Amphibienlaichgewässer legen heute nur noch ältere Flurkarten ein Zeugnis ab. Flurnamen wie „Froschgraben", „Lache", „Ried", „Krötenloch", „Seewiesen" usw. deuten darauf hin, daß dort, wo sich jetzt monotone Ackerfluren, Gewerbeflächen oder Sportzentren ausdehnen, noch vor wenigen Jahren Laichgewässer vorhanden waren. Obwohl man längst erkannt hat, welche Bedeutung solche Feuchtgebiete für den Naturhaushalt haben, werden nach wie vor Kleingewässer ausradiert. Mancher, der für einige hunderttausend Mark ein Haus baut, will die Gebühr für die Beseitigung des Bodens aus seiner Baugrube dadurch sparen, daß er über Nacht die Erde in den nächstgelegenen Froschtümpel kippt.

Ebenso schnell gehen die Kleinstgewässer wie z. B. wassergefüllte Wagenspuren und Wasserlachen verloren. Hauptsächlich durch die Befestigung und den Ausbau von Waldwegen verschwinden die Laichmöglichkeiten für Gelbbauchunke, Berg- und Fadenmolch.

Kein Platz für Frösche

Dort, wo Tümpel, Weiher und Seen erhalten geblieben sind, können sich Amphibienbestände trotz vorhandener Biotope vielfach auch nicht erhalten. Zu stark sind die Belastungen dieser Gewässer. Selbst in die kleinsten Tümpel werden entweder aus falschem Naturverständnis oder aus reinem Anglerinteresse von Privatleuten oder von Angelsportvereinen Fische eingesetzt. Nun kommen in solchen Kleingewässern von Natur aus normalerweise keine Fische vor. Da eine eindeutige Freßbeziehung zwischen Fischen und Amphibien besteht und die Fische in den Kleingewässern ohne Konkurrenz sind, können in kurzer Zeit Vorkommen von Teichmolch, Kammolch und Laubfrosch vernichtet werden. So sind zum Beispiel im Neckartal bis auf ganz wenige Ausnahmen alle Gewässer, die sich als Biotop für Amphibien eignen würden, von Fischereivereinen oder privaten Fischzüchtern genutzt. Die Folge: Selbst an geeigneten Laichgewässern fehlt heute der Kammolch.

Hierzu ist in den letzten Jahren noch eine weitere Gefahr für die Amphibien gekommen: Überall werden an kleinen Gewässern von Jägern sog. Entenkörbe aufgestellt, mit denen man Stockenten zur Brut und Ansiedlung bringen will. Die sonst nur kurzzeitig an kleinen Tümpeln verweilenden Enten gehören von Natur aus nicht in diesen Lebensraum und geben den Amphibien den Rest. Wenn sich eine Tierart nicht von selbst am Kleingewässer ansiedelt, kann eine künstliche Ansiedlung für andere Arten katastrophale Folgen haben.

Zu groß sind die Nutzungsansprüche an die Natur. Es gibt kaum einen größeren Weiher oder See oder Flußaltarm, der nicht vom Frühjahr bis in den Herbst von Wassersportlern und Erholungssuchenden bevölkert wird. Mit ihren Schlauch- und Ruderbooten, Luftmatratzen und Surfbrettern „kultivieren" sie sogar die entlegendsten Uferbereiche. Viele Ufer werden zudem zum Schutz vor Bodenabschwemmungen mit Beton verbaut oder auch für Touristen mit Spazierwegen verziert. Also kein Platz mehr für Wasser- und Seefrosch!

Kein Ersatz für den Ersatz

Viele Amphibienarten könnte man als regelrechte „Kulturfolger" bezeichnen. Mangels natürlicher Lebensräume haben sich Molche, Kröten, Unken und Frösche oft in unmittelbarer Nähe menschlicher Siedlungen in künstlichen Biotopen, wie Sand-, Kies- und Tongruben sowie Steinbrüchen eingefunden. In diesen Lebensräumen aus zweiter Hand finden sie nicht nur Laichmöglichkeiten in den meist von freigelegtem Grundwasser gespeisten Tümpeln und Gräben, sondern auch einen idealen Bereich für das verborgene Landleben außerhalb der Laichzeit. Einige Arten finden ihre Lebensbedingungen oft nur noch in solchen Sekundärlebensräumen. So gilt in Rheinland-Pfalz die Geburtshelferkröte als die charakteristische Amphibienart der Steinbrüche in höheren Mittelgebirgslagen.

Durch die Erhaltung von Bodenentnahmestellen könnte also für viele Amphibien der Fortbestand gesichert werden. Doch Steinbrüche und Kiesgruben werden als Landschaftswunden durch Verfüllung rekultiviert. Seit Auffüllmöglich-

keiten in der Umgebung vieler Städte selten geworden sind und der Platz immer knapper wird, verstärkt sich der kapitalkräftige Druck auf frühere Bodenausbeutungsstätten. Jeder angefahrene Lastwagen mit Bauschutt oder Erdaushub bringt Geld, und so wird die Natur durch Zerstörung von Sekundärlebensräumen ein zweites Mal ausgebeutet. Einen Ersatz für die Ersatzbiotope gibt es indessen nicht mehr. Ein Beispiel: Im Landkreis Landshut wurde von 133 rekultivierten Gruben keine einzige für Naturschutzzwecke zur Verfügung gestellt. Dasselbe gilt für die derzeitige Abbaufläche von 267 ha.

Lebensraum Wiese – Plattwalzen inbegriffen

Nicht nur die Laichgewässer und deren Umgebung, sondern auch die naturnahen Jahreslebensräume der Amphibien werden seltener. Im Rahmen der landwirtschaftlichen Nutzungsintensivierung werden ganze Wiesentäler umgebrochen und trockengelegt. Pflanzen- und tierreiche Wiesen müssen monotonen, artenarmen Maisäckern weichen. Wo Wiesen erhalten bleiben, ändert sich die Zusammensetzung der Pflanzen durch Düngung, Erhöhung der ein- oder zweifachen Mahd zum mehrfachen Schnitt. Statt kleinparzellierter Bewirtschaftung werden heute großflächig die zu Grasäckern gewordenen Wiesen gemäht. An die Kreiselmäher, die das Gras im Gegensatz zur Sense ganz nahe am Boden abschneiden, können sich Frösche nun einmal nicht gewöhnen. In verschiedenen Bereichen um den Bodensee werden Frösche – sollten sie sich auf eine solch intensiv bewirtschaftete Fläche verirren – sogar regelrecht plattgewalzt. Unbeabsichtigt natürlich, aber was nützt das schon. Mit großen Eisenwalzen hinter dem PS-starken Traktor walzen verschiedene Bauern den im Winter aufgefrorenen Wiesenboden wieder platt. Da gibt es für den Grasfrosch kein Entrinnen.

Noch häufig vorkommende Amphibienarten werden oft selbst in wenig dicht mit Wohn- und Gewerbegebieten bebauten Landstrichen dezimiert. Ursache dafür ist eine verfehlte Agrarpolitik, die zu einer erheblichen Umwandlung von Grünland in intensive „Einheitsäcker" führte. Intakte Wiesen werden immer seltener.

Abfallagerung und Überbauung – das Ende einer Kiesgrube – verpaßte Chance für Natur aus Menschenhand.

Mit der Entwässerung der Feuchtwiese verschwinden unzählige Tiere und Pflanzen.

Flurbereinigung – wenn sie kommt, gehen meistens die Frösche

Das sofortige Aus für Amphibienvorkommen bedeutet die großflächige Ausräumung der Landschaft, wie sie vor allem im Rahmen von Flurbereinigungen in den letzten Jahren durchgeführt wurde und häufig noch durchgeführt wird. Ganze Landstriche werden da von Feuchtgebieten, schützenden Hecken, Feldgehölzen, Baumgruppen, Steinriegeln und Brachflächen befreit. So wurden die in Schleswig-Holstein im Jahre 1950 insgesamt noch 75.000 km langen Knicks im Jahre 1978 auf etwa 50.000 km verringert. Es läßt sich kaum ermessen, wie viele Erdkröten und Grasfrösche damit ihre Verstecke und Jagdmöglichkeiten verloren haben. Inzwischen ist in der Bundesrepublik schon über die Hälfte der landwirtschaftlichen Fläche flurbereinigt. Die meisten Flurbereinigungen haben die Landschaften verheerend ausgeräumt, was durch die verschwundenen Tiere und Pflanzen traurig dokumentiert wird. Es ist zu befürchten, daß weitere Amphibienlebensräume und mit ihnen eine Vielzahl von Tieren und Pflanzen vernichtet werden; denn nach dem Willen des Bundesministers für Ernährung, Landwirtschaft und Forsten sollen weitere Flurbereinigungsver-

Das Aus für ein Moor.

fahren mit einem Umfang von insgesamt 300.000 ha jährlich eingeleitet werden.

Da rund 80% der anhängigen Verfahren der „Verbesserung der Produktions- und Arbeitsbedingungen in der Land- und Forstwirtschaft" dienen, ist die Umstrukturierung in der Landwirtschaft ein Hauptfaktor für den Rückgang der Amphibien. Dies zeigt auch der Verlust von nassen Kleinbiotopen. Feldmann hat für Westfalen festgestellt, daß im Bereich bestimmter Meßtischblätter zwischen 1967 und 1975 mehr als die Hälfte der in den Karten eingezeichneten Kleingewässer aufgrund landwirtschaftlicher Maßnahmen verschwunden sind.

Reduziert durch den Wandel der Wälder

Nicht etwa Waldabholzungen sind daran schuld, daß Feuersalamander, Fadenmolch und Springfrosch ihre Jagdgebiete verlieren. Noch ist die Forstwirtschaft die am nachhaltigsten betriebene Wirtschaftsform, so daß sich der Waldanteil in Deutschland (etwa ein Drittel der Fläche) in den letzten Jahren kaum geändert hat. Und trotzdem sind in vielen Wäldern Amphibien seltener geworden. Die Ursache dafür ist neben den anderen Gefährdungen die Umwandlung von artenreichem Laubmischwald in regelrechte Nadelholzkulturen. Heute setzt sich in der Bundesrepublik der Wald zu 33,7% aus Laubbäumen und zu 66,3% aus Nadelbäumen zusammen. Im unter 40jährigen Wald haben die Nadelbäume bereits einen Anteil von 80%. Die Intensivierung hat vor dem Wald also nicht halt gemacht – der Nachteil dabei: Nadelhölzer werden heute auch dort angepflanzt, wo sie von Natur aus nicht oder nur in geringem Maß vorkommen. Im schattigen Nadelwald finden Amphibien keinen Lebensraum, sie sind seit Jahrtausenden auf die lichten Laubwälder angewiesen.

Keine Überlebenschance zwischen Beton und Asphalt

Wir alle stellen heute immer höhere Ansprüche an die Infrastruktur unseres Lebensraumes. Das bleibt nicht ohne Auswirkungen auf die Lebensräume der Tiere und Pflanzen und beeinflußt letztlich auch die Überlebenschancen der Amphibien. Man muß sich nur vorstellen, daß allein in Baden-Württemberg nach den Ergebnissen der Bodennutzungshaupterhebung 1989 die Siedlungsfläche bereits 12 Prozent der Gesamtfläche des Landes betrug. Würde sich die Siedlungsflächenexpansion im Landesdurchschnitt weiterhin mit jährlich einem Prozent (wie bislang) fortsetzen, wäre schon in einem Zeitraum von 17 Jahren ein Siebtel der Gesamtfläche des Südweststaates für Siedlungs- und Verkehrsflächen genutzt. In einzelnen Gebieten ist die versiegelte und damit für Frösche und andere Amphibien lebensfeindliche Fläche noch weit größer. Im Bereich des zur Region Mittlerer Neckar gehörenden Landkreises Ludwigsburg sind bereits 23 Prozent effektiv mit Häusern, Gewerbebetrieben und Straßen überbaut.

Massensterben auf den Straßen

Mit dem Straßenbau werden nicht nur Flächen versiegelt, werden nicht nur Lebensräume zerstört; mehr Straßen bringen noch eine andere Gefahr für Amphibien mit sich. Es ist das Auto, vor dem Frösche, Kröten, Salamander und Molche einfach nicht Halt machen können. Diese evolutions- und artbedingte „Uneinsichtigkeit" bezahlen sie stets mit dem Leben.

Durch den Straßenverkehr werden an vielen Stellen, wo Amphibien auf dem Weg zu ihren Laichgewässern oder zu ihren Sommerlebensräumen Straßen überqueren müssen, ganze Populationen vernichtet. Erdkröte und Grasfrosch, die bekanntesten Laichwanderer, sind davon am meisten betroffen und gelangen in Form von Zeitungsmeldungen über Amphibienmassakern zu trauriger Berühmtheit. Aber auch Springfrosch, Moorfrosch, Feuersalamander sowie Berg-, Faden- und Teichmolch gehören zu den vom Straßenverkehr gefährdeten Amphibien.

Nicht nur Arten die alljährlich Laichplatzwanderungen unternehmen sind bedroht. Als z. B. im Oktober 1982 im Naturschutzgebiet Wagbachniederung bei Hockenheim das Wasser abgelassen war, suchten die Wasser- und Teichfrösche in einem benachbarten Waldgebiet nach Verstecken für die Überwinterung. Das abgelassene Wasser hatte den Fröschen wohl signalisiert, daß eine Überwinterung im Schlamm des Gewässergrundes nicht möglich ist. Dies wurde den grünen Wasserbewohnern zum Verhängnis; auf dem Weg zum Wald war eine Bundesstraße zu überqueren, wo in einer Nacht dann über 10.000 Frösche überfahren wurden. Die restlichen 40.000 Tiere konnten nur durch einen von der Bezirksstelle für Naturschutz und Landschaftspflege Karlsruhe errichteten Fangzaun vor dem sicheren Verkehrstod bewahrt werden.

Tod im Gully

Doch neben den Straßen sind auch die technischen Nebenanlagen eine Gefahr für Amphibien. In Schächten, Gullys und Dolen kommen unbemerkt alljährlich Hunderttausende von Amphibien um. Der Amphibienforscher Heusser berichtet, daß in den Dolen und Ölabscheidern eines Schweizer Autobahnteilstücks bei einer Kontrolle zur Laichzeit allein 296 Kreuzkröten, 3 Erdkröten, 3 Grasfrösche, 10 Seefrösche, 24 Unken, 83 Geburtshelferkröten, 6 Laubfrösche, 14 Bergmolche und 10 Teichmolche gefunden wurden. Die Autobahn war durch ihren Lebensraum gelegt worden und hatte ihn zerschnitten.

Rasanter Tod der Amphibien.

Aber auch weit entfernt von Straßen werden Schächte zu tödlichen Amphibienfallen. Vor allem bei Flurbereinigungen in Weinbaugebieten werden Wasserableitungen aus Betonelementen erstellt, die in tiefen Sammelschächten enden. Die Wasserableitungen zerschneiden ebenso wie eine Straße die Amphibienlebensräume. Ein Feuersalamander, erst einmal in eine 40 cm tiefe Betonrinne gefallen, kann

Der heimliche Tod für viele Lebewesen. Über 32.500 Tonnen Pestizide wurden 1988 allein in der Bundesrepublik Deutschland ausgebracht. Bis 1989 wurde dieselbe Menge in den neuen Bundesländern in der Landwirtschaft eingesetzt; allerdings auf der Hälfte der Fläche (6,2 Mio. ha) als im übrigen Bundesgebiet (12,0 Mio. ha).

Unzählige Amphibien finden in Schächten und Gullys ein trauriges Ende.

ebenso wie Kröten und Molche und selbst sprungkräftige Frösche nicht mehr entkommen. Spätestens beim nächsten Regen werden die Tiere in den nächsten Schacht abgeschwemmt. Durch Zufall sind Naturschützer auf Fälle aufmerksam geworden, wo beispielsweise 295 Frösche oder 35 Feuersalamander in Schächten gefangen waren.

Eine große Gefahr sind die Bordsteine an Straßenrändern. Beim Versuch, die Straße zu überqueren, können die Tiere die Randsteine nicht überwinden und wandern an diesem Hindernis entlang bis sie im nächsten Schacht landen, wo sie elendiglich zugrunde gehen.

Neuerdings sind Amphibien selbst in naturnah erhaltenen Gartenbereichen nicht mehr sicher; viele Hausbesitzer lassen ihre Hausfundamente gegen eindringende Feuchtigkeit mit Wellplatten und ähnlich strukturierten Materialien isolieren. Wenn diese Isolation mit dem Erdboden abschließt oder nur wenige Zentimeter übersteht, können die Tiere in die Spalten fallen, aus denen es ebenfalls kein Entkommen mehr gibt.

Tod durch Umweltgifte

Ist trotz der vielen Gefahren ein Amphibienlebensraum erhalten geblieben, sind die Tiere dort dennoch bedroht. Selbst in den entlegensten Laichgewässern können heute Biozide gefunden werden. Der Laubfrosch, der einen Großteil seiner Nahrung in Form von Fluginsekten aus der Luft fängt, frißt damit oft Gift. Die meisten seiner Beutetiere haben einen größeren Aktionsradius als in und am Boden lebende Schnecken und Würmer und befördern die zur „Schädlingsbekämpfung" auf intensiv bewirtschafteten Feldern ausgebrachten Chemikalien wie Giftbomben auch in die Amphibienlebensräume. Wie sehr diese Chemikalien die Amphibien bedrohen, ist nicht bekannt. Der immer größer werdende Chemikalien- und Düngereinsatz besonders in der Landwirtschaft führt jedoch zu einer nachhaltigen Bedrohung der Lebensräume. Durch den Nährstoffeintrag eutrophieren Laichgewässer zusehends, sie können ihrer ökologischen Funktion nicht mehr gerecht werden. Die Umweltbelastungen durch Düngemittel und Chemikalien werden immer beängstigender. So schwemmt z.B. die Wulka 30 t Phosphor pro Jahr in den Schilfgürtel des Neusiedlersees. In der Bundesrepublik sind allein im Jahr 1988 17.232 t Herbizide, 11.473 t Fungizide, 1.281 t Insektizide und 2.514 t sonstige Schädlingsbekämpfungsmittel verbraucht worden.

Spezialisten haben keine Chance

Amphibien sind also vielfach gefährdet. Längst nicht alle Bedrohungen können aufgeführt werden. Doch eines wird auch so deutlich: Die Spezialisten unter den Amphibien haben keine Chance mehr. Selbst in ihren Lebensraumansprüchen nicht so wählerische Arten wie der Wasserfrosch sind ihrer Zukunft nicht sicher. Besonders drastisch wirken sich die Gefährdungen auf Arten aus, die in unserem Gebiet ihre Verbreitungsgrenze erreichen. Das beste Beispiel ist wohl die Rotbauchunke, die in Niedersachsen an ihrer westlichen Arealgrenze lebt, oder die Knoblauchkröte, die bis vor 30 Jahren knapp die Schweizer Grenze bei Basel erreichte, was heute durch Überbauung nicht mehr möglich ist.

Artenvielfalt nur noch in „Roten Listen"

Statt in ihren angestammten Lebensräumen – in Tümpeln, Weihern, Seen, Teichen, feuchten Laubwäldern, Wiesenniederungen, Mooren, usw. – finden sich die meisten Amphibien heute nur noch in der „Roten Liste" der vom Aussterben bedrohten Tierarten wieder. Artenvielfalt also nur noch auf dem Papier, das zugleich ein Zeugnis für den rasanten Abgang einer für das Gefüge des Naturhaushalts bedeutenden Tiergattung abgibt.

Von den 20 in Deutschland verbreiteten Amphibienarten sind bereits 11 Arten, also über die Hälfte, in ihrem Bestand gefährdet oder stehen kurz vor der Ausrottung. Gilt eine Art im mitteleuropäischen Raum als gefährdet, kann sie in einzelnen Regionen bereits ausgestorben sein. So sind im Bereich von Hamburg Wechselkröte, Rotbauchunke und Fadenmolch verschollen. Anderen Arten steht dasselbe Schicksal unmittelbar bevor; vierjährige Bestandserfassungen im Rahmen eines Artenschutzprogramms für Amphibien in Hamburg ergaben, daß Knoblauchkröte, Kreuzkröte und Laubfrosch nur noch in Restbeständen vorhanden sind.

Berthold Faust hat die „Rote Liste" der in Deutschland und in der Schweiz gefährdeten Amphibien grafisch umgesetzt. Hier wird noch deutlicher, wie weit der Rückgang dieser noch vor wenigen Jahren weit verbreiteten Tiere bereits vorangeschritten ist. Die Gefährdungskategorien sind Gradmesser für den Stand der Ausrottung.

So sind in die Kategorie „gefährdet" die Arten eingestuft, deren Bestände regional oder vielerorts lokal zurückgehen. Als „stark gefährdet" gelten Amphibienarten, deren Bestandsentwicklung in ihrem gesamten einheimischen Verbreitungsgebiet rückläufig ist, sowie Arten, welche regional bereits verschwunden sind. Kurz vor dem absoluten Aus stehen die Amphibienarten, welche in die Kategorie „vom Aussterben bedroht" eingestuft werden mußten. Das Überleben dieser Arten ist unwahrscheinlich, wenn die verursachenden Faktoren weiterhin einwirken oder keine bestandserhaltenden Hilfsmaßnahmen – etwa durch die Schaffung von Ersatzbiotopen – ergriffen werden. Hierzu gehören auch Amphibien mit nur geringen Bestandszahlen oder isolierten Populationen, die bei weiterem Einwirken der Gefährdungsfaktoren und bei Auftreten neuer negativer Einflüsse ebenfalls kurz vor der endgültigen Ausrottung stehen werden. Bereits endgültig verschwunden sind in der Schweiz Knoblauchkröte, Wechselkröte und der nur ganz knapp einstmals das Grenzgebiet berührende Moorfrosch. Verschollen ist auch der im Tessin seine nördliche Verbreitungsgrenze erreichende Italienische Springfrosch.

Die verschiedenen Untersuchungen der Amphibienfauna in Österreich lassen erkennen, daß dort die Zukunftsperspektiven für Amphibien und damit vieler Lebensräume genauso düster aussehen. „Rote Listen" sind also eine nüchterne Bilanz für den Exodus einer Tiergruppe, die unser Gebiet 150 Millionen Jahre bevölkerte.

„Rote Listen" müssen jedoch mehr sein als das; sie müssen als Verpflichtung zum entschiedenen Handeln gegen den weiteren Ausverkauf der Natur verstanden werden – nur dann haben sie noch einen Sinn.

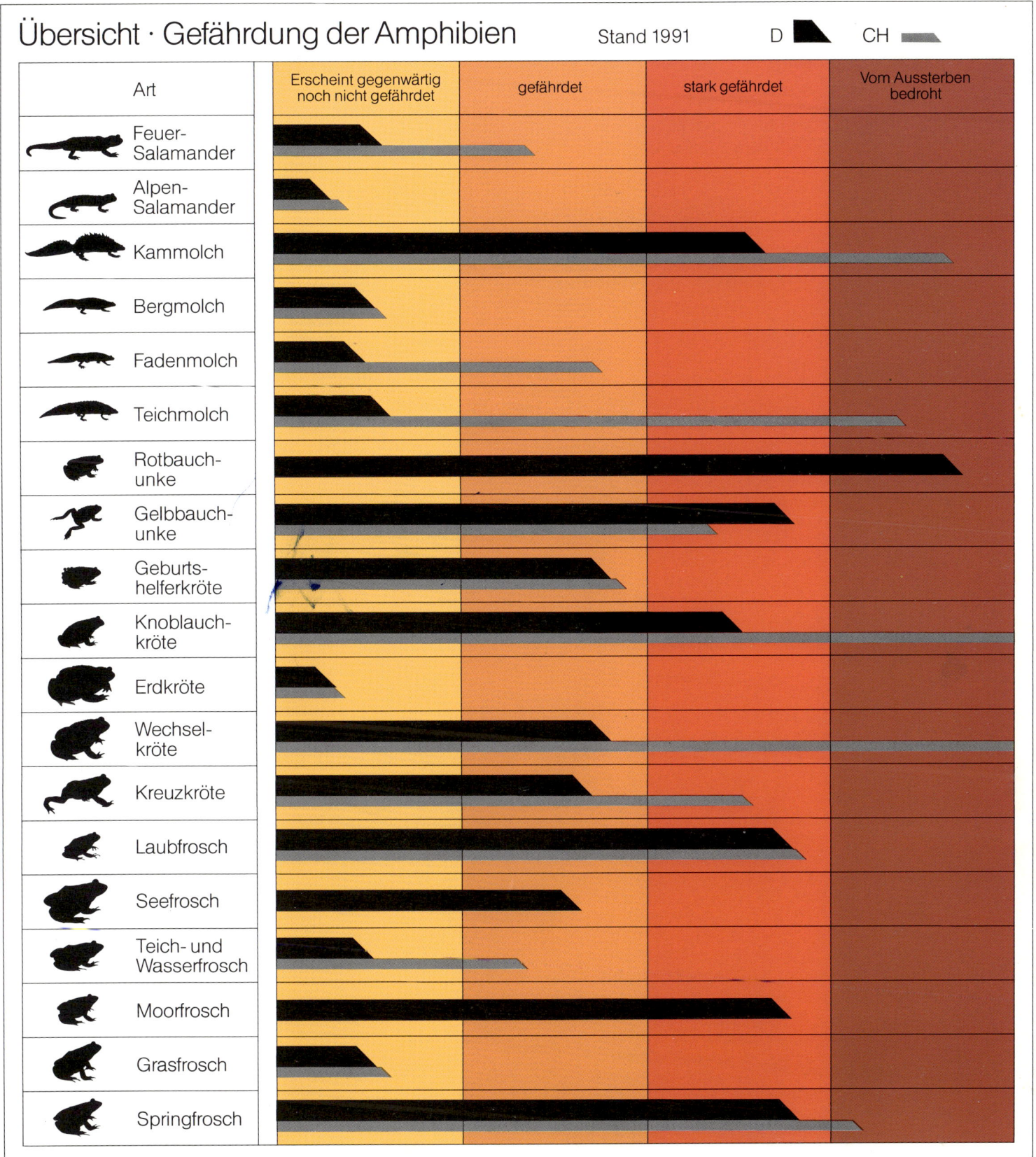

Übersicht · Gefährdung der Amphibien   Stand 1991   D ◼   CH ▬

Art	Erscheint gegenwärtig noch nicht gefährdet	gefährdet	stark gefährdet	Vom Aussterben bedroht
Feuer-Salamander				
Alpen-Salamander				
Kammolch				
Bergmolch				
Fadenmolch				
Teichmolch				
Rotbauch-unke				
Gelbbauch-unke				
Geburts-helferkröte				
Knoblauch-kröte				
Erdkröte				
Wechsel-kröte				
Kreuzkröte				
Laubfrosch				
Seefrosch				
Teich- und Wasserfrosch				
Moorfrosch				
Grasfrosch				
Springfrosch				

Amphibien kennenlernen:

Alle heimische Arten in Lebensgröße

Um Tiere und ihre Lebensräume schützen zu können, muß man Arten, deren Vorkommen, Verhalten und Biotopansprüche kennen. Mit lediglich 20 Arten und 3 Unterarten ist unsere heimische Amphibienfauna gegenüber anderen Tiergruppen recht überschaubar. So kann jeder, der sich einmal näher mit dieser faszinierenden Tiergruppe beschäftigt, in relativ kurzer Zeit die in seiner Umgebung vorkommenden Arten feststellen. Wir haben im ersten Teil dieses Buches über die Entstehungsgeschichte, die Lebensweise, die Lebensräume und die immer größer werdende Gefährdung der Amphibien berichtet.

Mit dem nachfolgenden Teil soll nun die Gelegenheit zum Kennenlernen der einzelnen Arten gegeben werden. Dabei versteht sich dieser Abschnitt nicht als Bestimmungsbuch im herkömmlichen Sinn: Es ist vielmehr ein „Amphibienbrevier", das in übersichtlicher Form und Darstellung Auskunft gibt über die in Deutschland, Österreich und der Schweiz verbreiteten Salamander, Molche, Unken, Kröten und Frösche. Mit Ausnahme der Unterarten und sich sehr ähnlicher Amphibien – wie z. B.: der Rot- und der Gelbbauchunke – ist jede Art auf einer Buchseite vorgestellt, beschrieben und in Lebensgröße dargestellt. Darüber hinaus sind besondere Kennzeichen, Vergleichsmerkmale und – sofern ein äußerer Unterschied erkennbar ist – beide Geschlechter abgebildet.

Um eine übersichtliche Orientierung zu ermöglichen, sind die Artbeschreibungen nach folgenden Gesichtspunkten eingeteilt:

Name: Für jede Art wird sowohl der deutsche als auch der wissenschaftliche Name angegeben. Zwei lateinische Namen bezeichnen den Gattungs- und den Artnamen (z. B. Triturus alpestris). Dies bedeutet: Es gibt keine geographische Unterart, oder sie kommt bei uns nicht vor. Ist ein drittes lateinisches Wort angegeben (z. B. Salamandra salamandra terrestris), so bezieht es sich auf eine vorhandene geographische Unterart. Ist der dritte Name gleichlautend (z. B. Truturus vulgaris vulgaris) dann handelt es sich um die typische Rasse (sog. Nominatform).

Abbildungen: Die jeweilige Abbildung einer Einzelart zeigt das typische Aussehen. Bei Arten, die ihr Aussehen zur Laichzeit wesentlich ändern, ist sowohl die Land- als auch die Laichtracht dargestellt. ♂ = Männchen, ♀ = Weibchen

Viele Amphibien variieren sehr stark in der Färbung. Damit dies bei der Bestimmung berücksichtigt werden kann, geben die Erläuterungen Hinweise auf die häufigsten Farbvarianten.

Größe/Länge: Maßangaben beziehen sich bei Schwanzlurchen auf die Abmessung von Schnauzenspitze bis Schwanzende und bei Froschlurchen auf den Abstand zwischen Schnauzenspitze und Aftergegend.

Kennzeichen: Hier folgen die wichtigsten Artmerkmale. Die hervorstechenden Kennzeichen sind zudem aus den Abbildungen ersichtlich.

Lebensraum: Hier werden die Landschafts- und Biotopformen, in denen die beschriebene Art vorkommen kann (sofern dies aufgrund der Gesamtverbreitung möglich ist), kurz charakterisiert.

Lebensweise: Diese Rubrik enthält in Stichworten das typische Verhalten, den gewöhnlichen Aufenthalt, Nahrung usw. der jeweiligen Art.

Fortpflanzung: Die Laichzeit und artspezifische Besonderheiten werden kurz umrissen.

Gefährdung: Als Hinweis auf die zunehmende Bedrohung der Amphibien und die Notwendigkeit eines umfassenden Schutzes sind die wesentlichen Gefährdungsursachen aufgeführt. Der Bedrohungsgrad der einzelnen Art wird außerdem durch einen Farbpunkt an der oberen, rechten Ecke der Artbeschreibung verdeutlicht. Das Farbsymbol gibt entsprechend der grafisch umgesetzten Roten Liste wieder, ob die Art gefährdet, stark gefährdet, oder vom Aussterben bedroht ist.

Verbreitungskarte: Die Verbreitungskarten berücksichtigen das Gebiet Deutschlands (mit ehem. DDR-Grenze zum Verständnis wiss. Arbeiten bis 1990), der Schweiz und Österreichs. Zur besseren Orientierung sind Elbe, Weser, Rhein, Main, Donau sowie der Bodensee und der Genfer See eingezeichnet. Bei der Darstellung der Verbreitung sind so weit wie möglich die vorliegenden Kartierungen berücksichtigt. Toleranzen in den Verbreitungsangaben sind nicht zu vermeiden. Das liegt am Maßstab der Karte und am Fehlen genauer Verbreitungsangaben in vielen Gebieten. Die Karten zeigen jedoch zumindest großflächig, ob eine Art im Gebiet vorkommt oder nicht. Mit Fragezeichen sind solche Bereiche gekennzeichnet, in denen die Art verbreitet sein könnte, aber keine Angaben vorliegen.

Die Verbreitungsdarstellungen dürfen nicht darüber hinwegtäuschen, daß viele Arten stark im Rückgang begriffen sind. So ist der Laubfrosch stark gefährdet und aus vielen Gegenden verschwunden; die Verbreitungskarte zeigt, daß er im gesamten Darstellungsgebiet angetroffen werden kann, wenn entsprechende Lebensräume vorhanden sind. Die Geburtshelferkröte kommt dagegen als westliche Art in weiten Bereichen nicht vor. Wird sie weit außerhalb ihres Verbreitungsgebietes angetroffen, so handelt es sich vielleicht um ein ausgesetztes Tier oder um eine Fehlbestimmung. Wird außerhalb des Verbreitungsgebietes eine ganze Population gefunden, sollte dies einer Kartierungsstelle mitgeteilt werden.

Im übrigen sind die Autoren für Hinweise und Ergänzungen zu den Verbreitungskarten dankbar.

Im Anschluß an die Einzelbeschreibungen der Arten sind die Amphibienlarven und der Laich dargestellt.

Noch ein Wort zur Bestimmung: Oft ist es unumgänglich, ein Tier in die Hand zu nehmen. Da Amphibien gegen Trockenheit empfindlich sind, muß vor dem Anfassen die Hand befeuchtet werden. Es versteht sich von selbst, daß hier die größte Sorgfalt am Platz ist, damit die Tiere nicht verletzt werden. Danach setzt man sie am Fundort wieder aus.

Feuersalamander *Salamandra salamandra* Fam. Salamander

Gefleckter Feuersalamander

Gebänderter Feuersalamander

FAUST

Größe / Länge: ca. 20 cm

Kennzeichen: unverwechselbar, breiter Kopf und plumper Körper, glänzende schwarze, mit dottergelben bis orangefarbenen Flecken überzogene Haut. Flecken verschmelzen oft zu Längsstreifen. Fleckenmuster nie gleich.

Zwei Rassen: Gefleckter Feuers. (Salamandra salamandra salamandra) mit unregelmäßig auf dem Rücken verteilten Flecken und Gebänderter Feuers. (Salamandra s. terrestris) bei welchem das Fleckenmuster auf Rücken zu zwei meist unterschiedlich unterbrochenen Bändern geordnet ist. Bei beiden Rassen hat jedes Einzeltier ein „individuelles" Farbmuster.

Lebensraum: Hügelland bis über 1000 m ü. M. in feuchten Laubwäldern (meist Buchenwäldern) mit klaren, sauerstoffreichen, sommerkalten Gewässern. In Süddeutschland auch Obstbaumwiesen, Weinberge usw. (Vorkommen weisen dort auf frühere Wälder hin).

Lebensweise: tagsüber und bei Trockenheit versteckt im Laub, unter Steinen und Baumstümpfen; geht bei warmem Regen auf Jagd nach Würmern, Nacktschnecken, Gliederfüßern usw.

Fortpflanzung: Paarung an Land in der warmen Jahreszeit. Meist im März des folgenden Jahres werden 20 – 50 Larven vom ♀ an flachen Wasserstellen lebend abgesetzt. Sie sind manchmal noch in der Eihülle, schlüpfen aber sofort.

Gefährdung: Umwandlung von Laub- in Nadelwald, Gewässerverschmutzung, neue Straßen und Wege in Waldgebieten, saurer Regen (Larven sterben in übersauerten Waldbächen ab), Waldsterben.

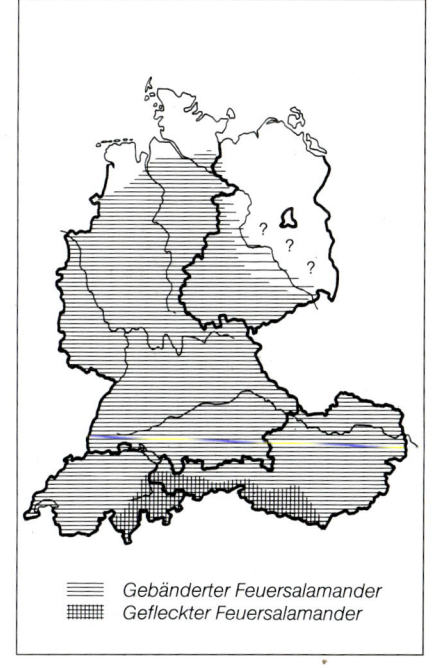

Gebänderter Feuersalamander
Gefleckter Feuersalamander

Alpensalamander *Salamandra atra* Fam. Salamander

Die Jungtiere (in der Regel zwei) werden fertig entwickelt geboren

Ähnlich dem Feuersalamander erweckt der Alpensalamander beim Vorwärtsschreiten einen „schlängelnden" Eindruck. Auffallend ist beim Alpensalamander das „gerippte" Aussehen

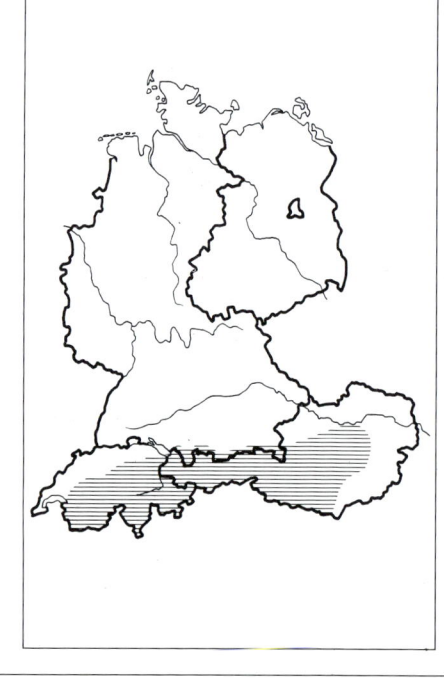

Größe / Länge: 14 – 16 cm

Kennzeichen: plumper Körper, glänzende, glatte Haut, einfarbig schwarz, ganz selten dunkel rotbraun. Schlanker als Feuersalamander, deutlich quergefurchte Rumpfseiten („geripptes Aussehen"). ♂ mit auffälligem Kloakenwulst.

Lebensraum: Gebirge zwischen 700 und 2000 m ü. M. (Schweiz teilweise bis 3000 m ü. M.), schattige Wälder, Krummholzgürtel, auch Alpenweiden und Matten oberhalb Baumgrenze.

Lebensweise: von Gewässern unabhängig. Nachtaktiv; bei Tage und Trockenheit unter Steinen, Baumstümpfen, Moospolstern und in Erdlöchern versteckt. Ansonsten wie Feuersalamander.

Fortpflanzung: Im Juli Paarung an Land, bis zu zweijähriger Tragezeit. Es werden meist zwei ca. 4 cm lange, fertig entwickelte Junge geboren (kein freies Larvenstadium). Von allen Amphibien ist diese Art am meisten an das Landleben angepaßt.

Gefährdung: Umgestaltung von Alpenregionen, touristische Erschließungsmaßnahmen, veränderte Wirtschaftsweise.

Kammolch *Triturus cristatus* Fam. Wassermolche

Kammolch in Landtracht

Kammolch in Wassertracht

Kammolch ♂ von unten (links)
Alpenkammolch ♂ von unten (rechts)

Größe / Länge: ♂ bis 14 cm, ♀ bis 18 cm

Kennzeichen: größte einheimische Molchart mit schlankem Körper und auch an Land ständig feuchter Haut. Schwanz oben und unten mit „Schneide" versehen. ♂ bildet kurz vor Paarungszeit auf Stirn, Nacken und Rückenmitte einen gezackten Hautkamm.

Zwei Rassen: „typischer" Kammolch (Triturus cristatus cristatus) und Alpenkammolch (Triturus cristatus carnifex) mit i. d. R. großen schwarzgrünen Rückenflecken.

Lebensraum: T. Cristatus cristatus: überwiegend im Flachland, Flußauen, findet sich jedoch im Alpenraum bis 2 000 m ü.M.; zur Laichzeit in kleineren, krautreichen, sonnenexponierten Gewässern, wie Stauteichen und Überschwemmungstümpeln. Saure Gewässer werden gemieden. Außerhalb der Laichzeit in der Umgebung des Laichgewässers.

Lebensweise: verstecktes Landleben in Steinhaufen, im Laub, unter Holz. Nachtaktiv. Ernährt sich hauptsächlich von Würmern, Schnecken und Gliederfüßern. Oft auch außerhalb der Laichzeit im Gewässer.

Fortpflanzung: Oft schon im Februar im Laichgewässer. Laichzeit bis etwa Mitte Mai. 100 – 250 Eier werden vom ♀ meist nachts einzeln in eingefaltete Blättchen von Wasserpflanzen gelegt, selten an Steine geklebt. Larven schlüpfen nach 2 – 3 Wochen.

Gefährdung: am stärksten bedrohte Molchart. Lebensraumvernichtung, Überdüngung der Laichgewässer, Fischbesatz, Gewässerversauerung durch sauren Regen, Pestizideintrag in Gewässer.

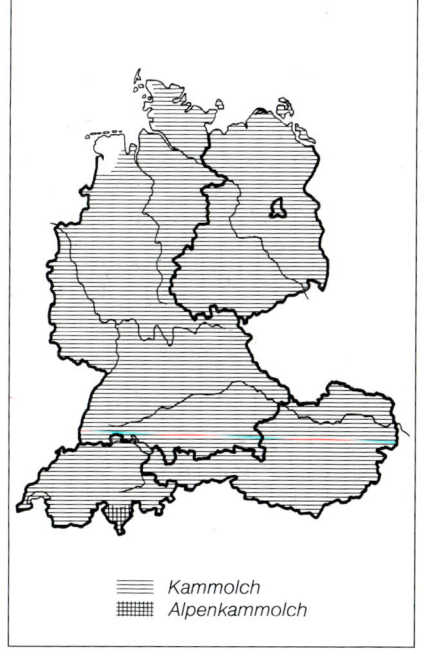

Kammolch
Alpenkammolch

Teichmolch *Triturus vulgaris* Fam. Wassermolche

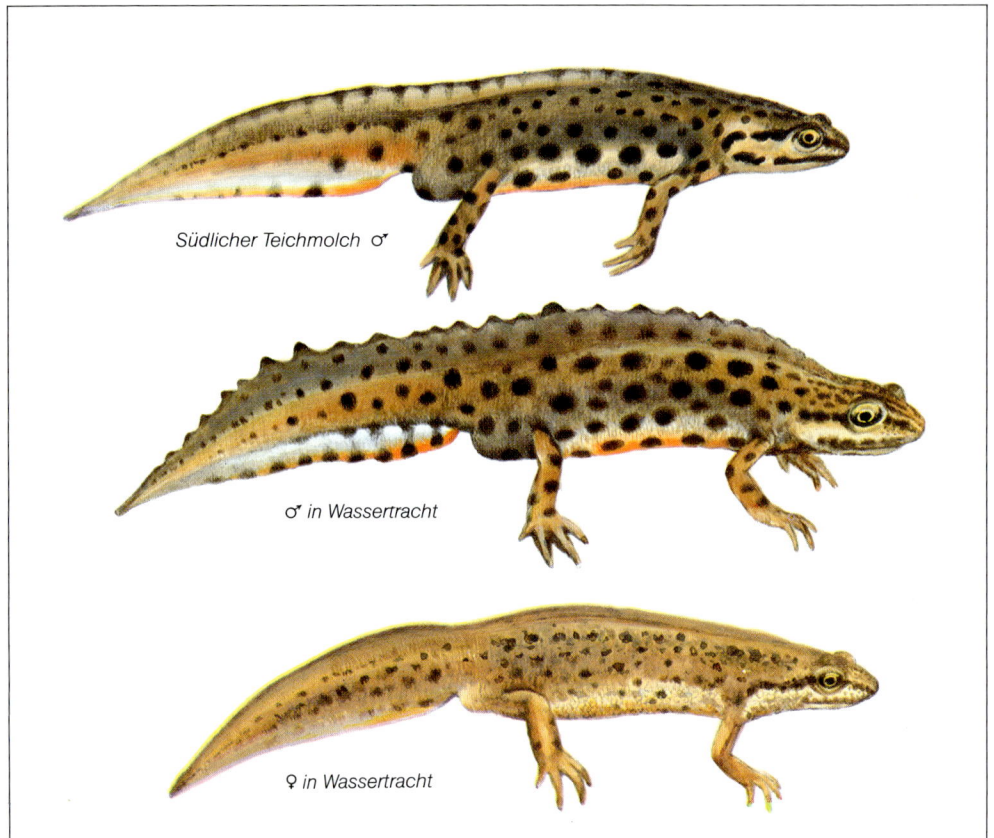

Südlicher Teichmolch ♂

♂ in Wassertracht

♀ in Wassertracht

Teichmolch von unten
links ♂, rechts ♀

Größe / Länge: ♂ bis 11 cm, ♀ bis 9,5 cm

Kennzeichen: schmaler Kopf, schlanker Körper mit glatter, „samtiger" oder schwach gekörnter, an Land trockener Haut. Das ♂ des „gewöhnlichen" Teichmolchs (Triturus vulgaris vulgaris) bildet zur Laichzeit einen gewellten Kamm, der an der Schwanzwurzel nicht unterbrochen ist; außerdem Hautsäume an den Hinterfüßen. Beim ♂ des im Tessin vorkommenden Südlichen Teichmolchs (Triturus vulgaris meridionalis) bildet sich zur Laichzeit ein ganzrandiger, niedriger Kamm und ein Schwanzfaden.

Lebensraum: offenes Kulturland, lichte Wälder, Wald- u. Feldränder, Parks, Gärten. In Flußauen, niedrigem Hügelland (i. d. R. nicht über 400 m ü. M.), selten bis 1000 m vorkommend. In der Laichgewässerwahl variabel, so zur Laichzeit in Teichen, Tümpeln, Wassergräben, mitunter in Quelltöpfen. Besiedelt auch Sekundärbiotope wie Ton-, Sand- und Kiesgruben.

Lebensweise: An Land bei Wärme und Feuchtigkeit aktiv. Verstecktes Leben in Steinhaufen, Ritzen von Steinmauern, unter Holz im Laub usw. Entfernt sich nicht zu weit vom Gewässer. Nahrung wie Kammolch.

Fortpflanzung: Laichzeit April bis Mai, bei warmer Witterung oft schon Ende Februar. ♀ legt 200 – 300 Eier einzeln in eingeknickte Blättchen von Wasserpflanzen. Alttiere verlassen bald nach der Eiablage das Wasser.

Gefährdung: Auffüllung von Kleingewässern, stellenweise Fang, Fischbesatz von Laichgewässern.

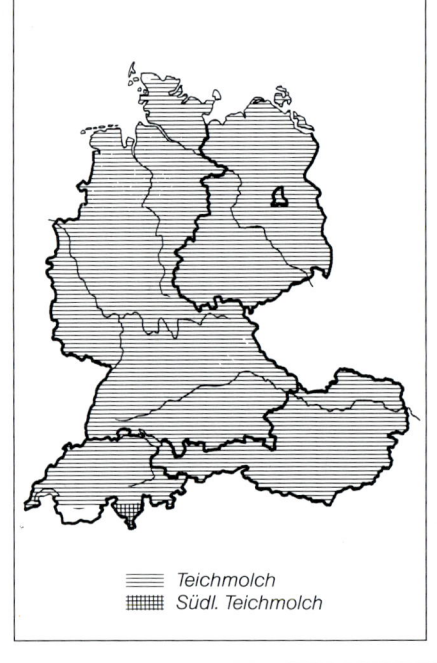

Teichmolch
Südl. Teichmolch

Fadenmolch *Triturus helveticus* Fam. Wassermolche

Während der Laichzeit bilden sich beim ♂ dunkle Schwimmflossen an den Hinterfüßen

♂ in Wassertracht, Unterseite

Größe / Länge: ♂ ca. 6 cm, ♀ bis 9 cm

Kennzeichen: kleiner, schmaler Molch mit flachem Kopf und glatter, an Land trockener, samtartiger Haut. Beim ♀ verläuft in der Landtracht oftmals auf dem Rücken eine rötliche Mittellinie. Zur Laichzeit bildet sich beim ♂ ein leistenartiger, glattrandiger Hautsaum auf dem Rücken und ein 5 – 10 mm langer dunkler Schwanzfaden.

Lebensraum: vorwiegend in lichten, bodensauren Laub- oder Mischwäldern im Hügelland. In Niedersachsen auch in natürlichen Nadelwaldgebieten. Als Laichgewässer werden schattige, kühle, kleinere Tümpel, Weiher und Wassergräben — oft auch wassergefüllte Wagenspuren — aufgesucht. Im Laichgewässer oft vergesellschaftet mit Bergmolch, wobei dessen Individuenzahl übertroffen werden kann. Mit zunehmender Höhe (ca. 500 m ü. M.) löst der Fadenmolch den Teichmolch ab.

Lebensweise: ähnlich wie Teichmolch.

Fortpflanzung: nach 2 Jahren geschlechtsreif. Laichzeit von Ende März bis Anfang Juni. Eier werden wie bei den anderen Molchen einzeln an Wasserpflanzen abgelegt.

Gefährdung: Umwandlung von Laub- in Nadelwald, Intensivierung der Forstwirtschaft, insbesondere Ausbau von Waldwegen, Gewässerversauerung.

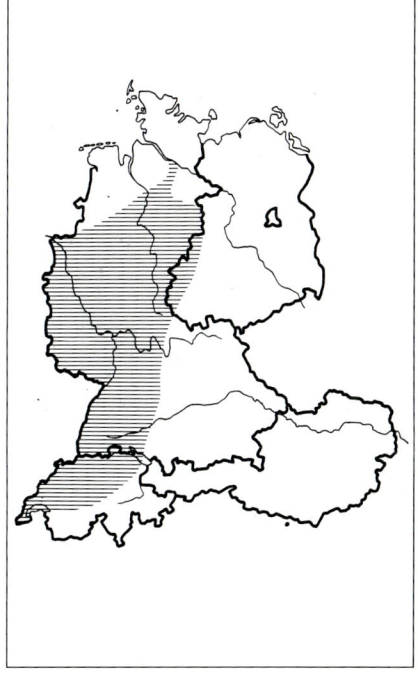

Bergmolch *Triturus alpestris* Fam. Wassermolche

♂ in Landtracht

♂ in Wassertracht

♀ in Wassertracht

Im Gegensatz zum Kammolch ist die Bauchseite beim Bergmolch ungefleckt

<u>Größe / Länge:</u> ♂ ca. 8 cm, ♀ bis 11 cm

<u>Kennzeichen:</u> farbenfreudigster einheimischer Molch mit gedrungenem Körper. Die Haut erscheint an Land samtartig; im Wasser eher körnig. Zur Paarungszeit bildet sich beim ♂ eine niedrige, ca. 2 mm hohe ungezackte, glattrandige Rückenleiste.

<u>Lebensraum:</u> überwiegend in lichten Laubwäldern und hügeligem Gelände. Kommt bis ca. 2500 m ü. M. vor. Die norddeutschen, meist inselartigen Vorkommen sind ebenfalls auf Laubwaldgebiete beschränkt. Laichgewässer sind kleinere stehende, selten langsam fließende Gewässer. Es werden sowohl verkrautete als auch vegetationsarme Tümpel, Wassergräben, wassergefüllte Wagenspuren, abgeschnürte Bachmäander und Stauteiche aufgesucht.

<u>Lebensweise:</u> nachtaktiv, tagsüber versteckt an feuchten, kühlen Stellen unter Moosen, im Laub usw.

<u>Fortpflanzung:</u> Laichzeit Mitte März bis Ende Mai. Eiablage wie Kammolch. ♂♂ erscheinen verschiedenen Untersuchungen zufolge früher als ♀♀ am Laichgewässer und sind zahlenmäßig überlegen. Bei dieser Art ist häufiger Neotenie zu beobachten (vgl. S. 24).

<u>Gefährdung:</u> Waldwegebau, Anlage von Nadelwaldmonokulturen, Verfüllung von Kleingewässern, stellenweise Fang, saurer Regen.

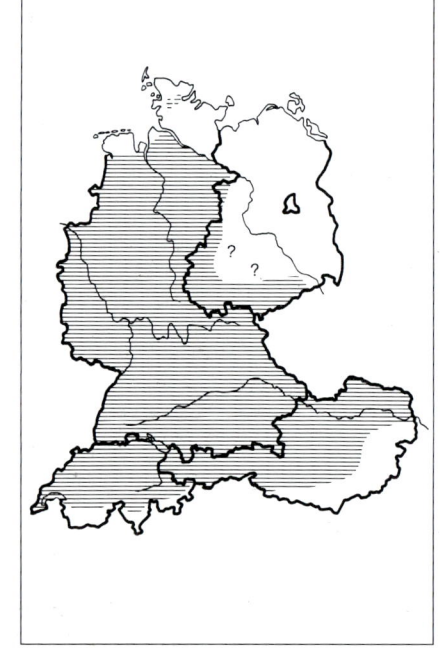

Gelbbauchunke *Bombina variegata* Fam. Scheibenzüngler
Rotbauchunke *Bombina bombina* Fam. Scheibenzüngler

Gelbbauchunke

Zur Fortpflanzung bilden sich beim ♂ bei der Arten hornige „Brunftschwielen" an Fingern und Zehen. Bei der Rotbauchunke auch am Vorderarm (Abb.)

Größe/Länge: bis 5 cm (meist um 4,5 cm)

Kennzeichen: Gelbbauchunke mit gedrungenem, warzigem Körper und runder Schnauze. Herzförmige Pupille, warzige, körnige Haut mit Hornhöckern. ♂ hat keine Schallblase. Gräuliche bis dunkelbräunliche, selten olive Färbung. Auffallend ist das gelbe Fleckenmuster auf der Bauchseite. Rotbauchunke in der Regel etwas kleiner und schlanker. Oberseite schwarzgrau bis gräulichbraun oder grünlichgrau mit dunkleren Flecken, ♂ mit inneren Schallblasen. Ansonsten wie Gelbbauchunke.

Lebensraum: Gelbbauchunke meist im Hügel- und Bergland, Mittelgebirge (steigt max. bis 1800 m ü. M.). Ganzjährig in und an flachen, vegetationsarmen, besonnten Tümpeln, wassergefüllten Wagenspuren usw. Oft auf Sekundärlebensräume in Kies- und Sandgruben und in Steinbrüchen angewiesen. Rotbauchunke ganzjährig in und an stehenden, klaren, sonnenexponierten Gewässern mit üppiger Vegetation. Im Tiefland,

offene Landschaft (feuchte Wiesenniederungen, Überschwemmungsgebiete), oft vergesellschaftet mit Laubfrosch.

Lebensweise: Beide Arten überwintern in Bodenverstecken, gut an Wasser angepaßt. Unke taucht bei Störung unter und gräbt sich im Schlamm ein. An Land bei Störungen Schreckstellung (siehe Seite 20), meist tagaktiv.

Fortpflanzung: Laichzeit von Anfang Mai bis Mitte Juni. Ca. 100 Eier werden einzeln oder in kleinen Gruppen an Wasserpflanzen oder am Gewässergrund abgelegt.

Gefährdung: Gelbbauchunke: Lebensraumzerstörung, Verfüllung von Wagenspuren, Wegebau, Motorisierung im Wald, Zerstörung von Sekundärstandorten. Rotbauchunke: gefährdetste Amphibienart, die in Niedersachsen und Schleswig-Holstein ihre westl. Verbreitungsgrenze findet. Bedroht durch Lebensraumzerstörung, wie Gewässervernichtung, Wiesenumbruch, Intensivierung in der Landwirtschaft.

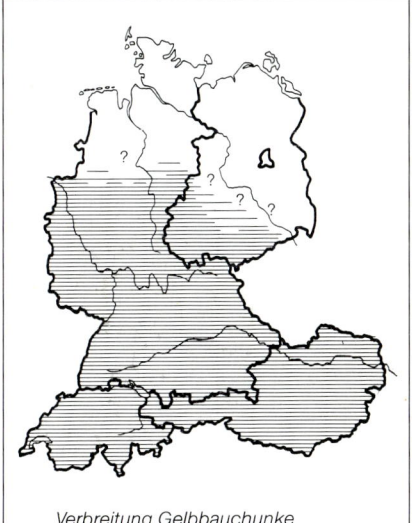

Verbreitung Gelbbauchunke

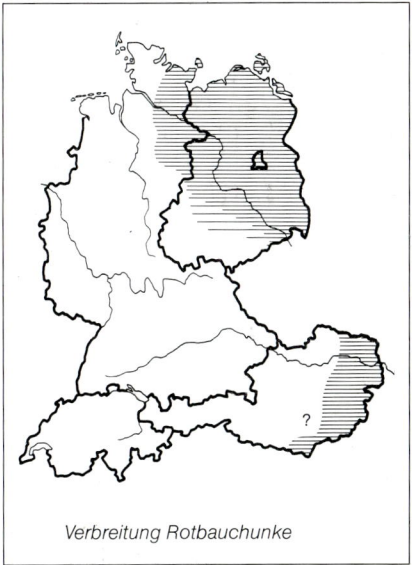

Verbreitung Rotbauchunke

Geburtshelferkröte *Alytes obstetricans* Fam. Scheibenzüngler

♀

♂ mit Eischnüren um die Hinterbeine gewickelt

Geburtshelferkröten können geschickt „klettern"

Größe / Länge: 4 – 5 cm

Kennzeichen: kleiner Froschlurch mit gedrungenem Körper und zugespitzter Schnauze. Senkrechte Pupillen. Körperoberseite dunkel getupft, bläulichgrau bis bräunlich oder oliv (manchmal dunkel schwärzlichbraun) mit kleinen, rundlichen Warzen. Typische Geschlechtsmerkmale fehlen. ♂ hat keine Schallblase und bildet zur Laichzeit keine Brunftschwielen aus.

Lebensraum: bevorzugt Hügelland und bewohnt sonnenexponierte, mit lockerem Gestein durchsetzte, unvollständig mit Vegetation bestandene Böschungen, Trockenmauern, Ruinen usw., kleinflächiger Aktionsradius. Zum Laichen werden flache, schlammige, vegetationsarme und sonnige Wasserstellen aufgesucht. Geeignete Lebensräume finden sich heute fast nur noch in Sekundärbiotopen wie Ton-, Kies-und Sandgruben.

Lebensweise: nachtaktiv, tagsüber versteckt in Trockenmauern, Steinhaufen; oft in Erdlöchern sowie unter flachen Steinen, morschem Holz usw. Ruft aus Versteck. Mehrere Individuen klingen von weitem wie Glockenläuten.

Fortpflanzung: Tiere paaren sich an Land. 50 – 80 Eier werden beim Austreten aus der Kloake des ♀ vom ♂ gleich besamt. ♂ wickelt sich Eischnüre um Hinterbeine. Larven schlüpfen nach etwa 3 Wochen, und werden vom ♂ in ein entspr. Gewässer „abgesetzt". Larven werden bis 9 cm lang und überwintern meistens.

Gefährdung: Zerstörung von Sekundärlebensräumen, Freizeitbetrieb in Kiesgruben, fehlender Biotopverbund.

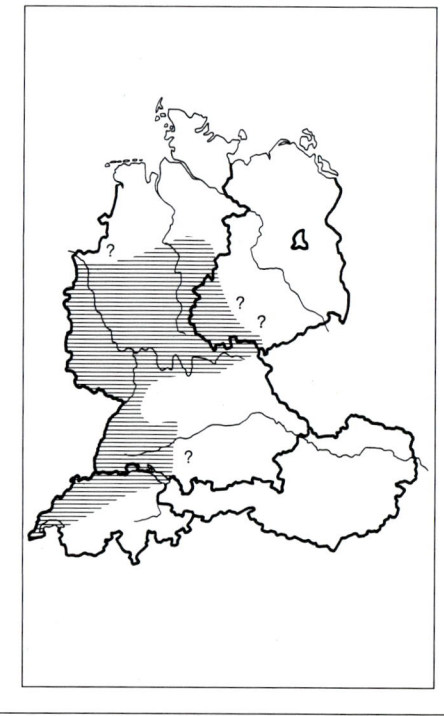

Knoblauchkröte *Pelobates fuscus* Fam. Krötenfrösche

Typisch bei der Knoblauchkröte ist die senkrecht stehende Pupille

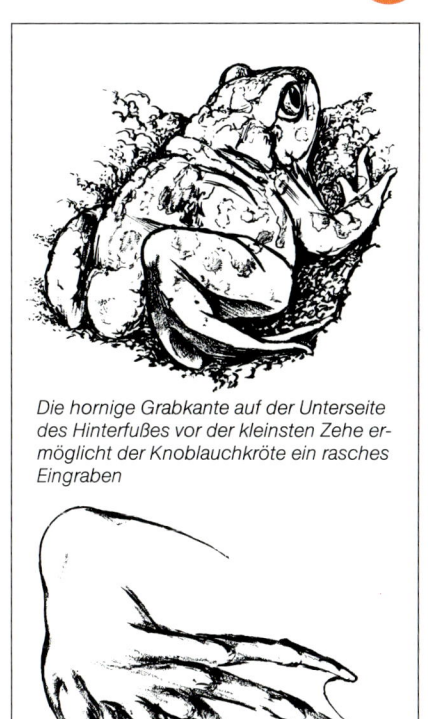

Die hornige Grabkante auf der Unterseite des Hinterfußes vor der kleinsten Zehe ermöglicht der Knoblauchkröte ein rasches Eingraben

Hinterfuß mit Grabkante

Größe / Länge: ♂ bis 6,5 cm, ♀ bis 8 cm

Kennzeichen: „plumper" Froschlurch mit gedrungenem Körper und nach vorn abfallendem Kopf. „Buckel" zwischen den stark vorstehenden Augen. Glatte und glänzende Haut mit kaum sichtbaren flachen Aufwölbungen. ♂ hat keine Schallblase; Oberseite hellbraun mit olivbraunen großen Flecken. Oberseite des ♀ hellgrau mit großen, oliv bis kastanienbraunen Flecken und dunkelroten Punkten. Bauchseite meist einfarbig grauweiß; manchmal dunkel gefleckt.

Lebensraum: Flachland, Flußniederungen, sandige Ebenen, sandige Ackerbereiche (Spargelanbaugebiete), Sandgruben. Meidet Hügel- und Bergland sowie Waldinneres. Laichgewässer flach, vegetationsarm und sonnenexponiert. Tiefere Teiche, Tümpel und Gräben werden bevorzugt; Kleinstgewässer wie wassergefüllte Wagenspuren werden dagegen nicht benutzt.

Lebensweise: wird erst nach Einbruch der Dunkelheit aktiv, insbesondere bei feuchtwarmer Witterung. Tagsüber versteckt in selbstgegrabenen Löchern. Ernährt sich von Würmern, Schnecken und erbeutet vor allem Käfer.

Fortpflanzung: Laichzeit von April bis Ende Mai, mitunter bis in den August hinein. Ruft unter Wasser. Der Laich wird vom ♀ in mehreren je 15 – 30 cm langen dicken Schnüren abgegeben (insgesamt ca. 1 000 Eier). Sehr große Larven; meist 12,5 cm lang. Manchmal überwintern Larven und entwickeln sich erst im nächsten Frühjahr zum „fertigen" Tier.

Gefährdung: intensivierte Landwirtschaft, insbesondere Düngung, Anwendung von Chemikalien, Lebensraumzerstörung (Vernichtung von Laichgewässern).

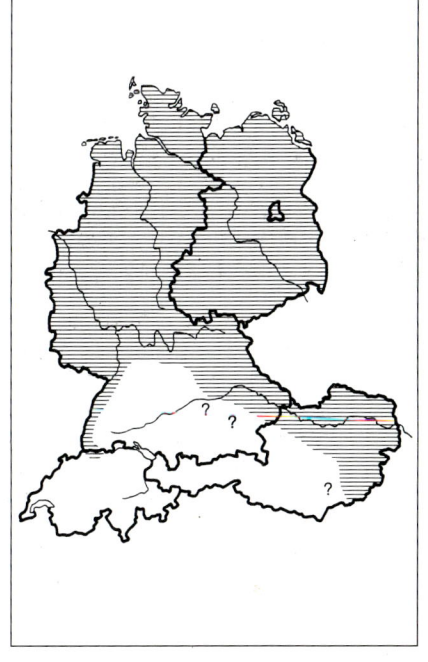

Erdkröte *Bufo bufo* Fam. Kröten

♂

♀

Oberseite ist dicht mit zahlreichen größeren und kleineren Warzen bedeckt

Größe / Länge: ♂ ca. 8 cm, ♀ bis 13 cm

Kennzeichen: größte einheimische Kröte, gedrungener Körper, breiter Kopf mit gerundeter Schnauze, Oberseite bräunlich oder gräulich, zuweilen dunkel schwarzbraun oder oliv. Schwimmhäute bis zur Hälfte der längsten Zehe. ♂ hat keine Schallblase; zur Laichzeit mit hornigen, schwärzlichen (Brunft-)Schwielen an der Innenseite der ersten 3 Finger (gutes Unterscheidungsmerkmal von nicht ausgewachsenen ♀♀).

Lebensraum: Laubwald, Gärten, Weinberge, Steinbrüche, Kies- und Sandgruben mit stärkerer Vegetation, Parks, Ruinen, feuchte Keller, Streuobstgebiete, Heckenzonen. Ebene und Gebirge (kommt bis 2 000 m ü. M. vor). Laicht an Ufern größerer und kleiner Teiche, Tümpel und Weiher in Zonen mit ca. 50 cm Wassertiefe. Erdkrötenlaichplätze finden sich auch im vom Salzwasser beeinflußten Nordseevorland.

Lebensweise: überwintert in Erdhöhlungen, unter Wurzeln, in Holzstapeln, Steinhaufen usw. Meist dämmerungs- und nachtaktiv. Bei warmer, schwüler und feuchter Witterung mitunter auch tagsüber auf Beutesuche. Großer Aktionsradius! Nahrungstiere sind Würmer, Gliederfüßer, Nacktschnecken, Spinnen usw.

Fortpflanzung: Die Laichgewässer werden von Ende Februar bis Anfang März, bei kühler Witterung bis Anfang Mai aufgesucht. Oft ausgedehnte Laichwanderungen. Vom ♀ werden bis 6 000 Eier in 2- bis 4-reihigen, ca. 5 m langen Gallertschnüren abgegeben und an Wasserpflanzen „verankert". Larven schlüpfen nach 12 – 18 Tagen. 3 – 4 Monate Umwandlungszeit. Frisch umgewandelte Jungkröten nur 1 cm lang.

Gefährdung: häufigste Krötenart. Stellenweise jedoch stark bedroht durch Straßenverkehr, Lebensraumzerstörung wie z. B.: Umwandlung von Laub- in Nadelwald.

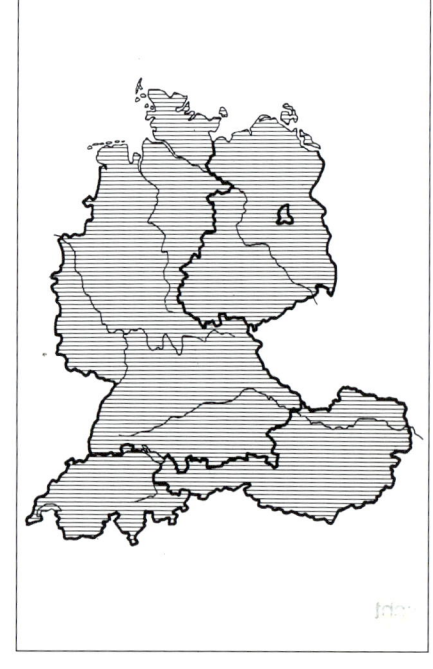

Wechselkröte *Bufo viridis* Fam. Kröten

Fleckenmuster und Färbung können sehr stark variieren

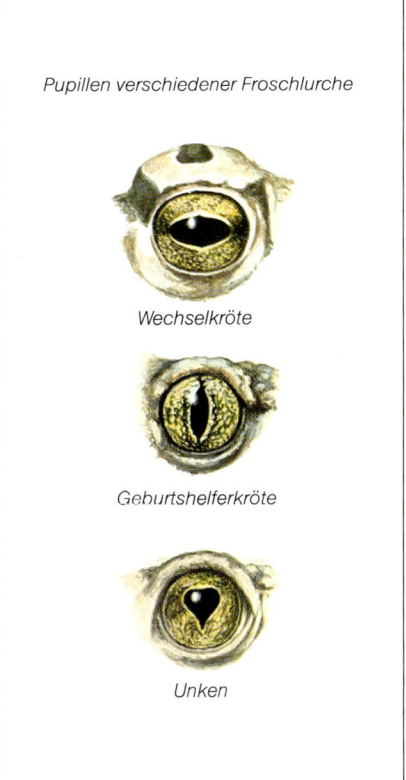

Pupillen verschiedener Froschlurche

Wechselkröte

Geburtshelferkröte

Unken

Größe / Länge: 7 bis 9 cm

Kennzeichen: „robuste" Kröte, schlanker als Kreuzkröte. Rücken ist mit vielen jedoch nicht zu stark ausgeprägten Warzen bedeckt. ♂ hat kehlständige Schallblase und zur Laichzeit an Innen- und Oberseiten der ersten drei Finger Brunftschwielen. Ansonsten sind Geschlechter gleich.

Lebensraum: östliche Art, die aus Steppen Zentralasiens stammt. Dementsprechend in trockenen, sonnenexponierten, steppenartigen Lebensräumen wie sandigen Ackerflächen, Flußniederungen, Ton-, Sand- und Kiesgruben sowie in Steinbrüchen vorkommend. In Baden-Württemberg manchmal auch in Weinberggebieten mit Trockenmauern. Flache, vegetationslose oder vegetationsarme Laichgewässer wie flache Tümpel, Pfützen usw. Bei Laichgewässerwahl nicht standorttreu.

Lebensweise: großer Aktionsradius. Läuft selten, sondern bewegt sich meist hüpfend vorwärts. Erträgt ziemlich gut Trockenheit und ist außerhalb der Laichzeit von allen Kröten am wenigsten auf Feuchtigkeit angewiesen. Meist nachtaktiv. Nahrung wie Erdkröte.

Fortpflanzung: Laichzeit von Anfang April bis Juni. Eischnüre sind 2 – 4 m lang. Die bis zu 12 000 Eier sind zwei- oder vierreihig angeordnet. Das „Trillern" des ♂ ist 200 – 500 m weit zu hören. Gelegentlich Bastardierungen zwischen Wechsel- und Kreuzkröte, selten auch mit Erdkröte.

Gefährdung: besonders durch Lebensraumzerstörung bedroht. Vernichtung von Sekundärstandorten, Talraumzerstörung in Flußauen, Kultivierung, Düngung, Biozideinsatz.

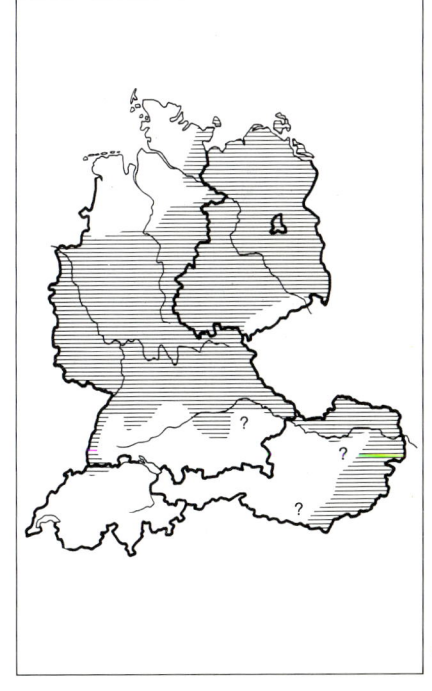

Kreuzkröte *Bufo calamita* Fam. Kröten

Kreuzkröte hüpft nicht, sondern läuft (mitunter sehr schnell) und kann daher bei Nacht leicht mit einer Maus verwechselt werden

Rufendes ♂. Kennzeichnend ist die große, kehlständige Schallblase

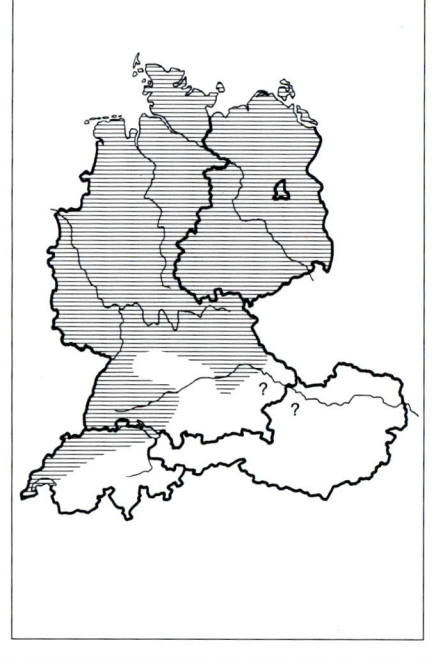

Größe / Länge: bis 8 cm

Kennzeichen: „robuste" kurzbeinige Kröte mit gedrungenem Körper. Nach vorn abfallender Kopf und rundliche Schnauze. Körperoberseite grau bis gelblichgrün, bräunlich oder dunkelgrau mit hellen, unregelmäßigen Flecken und meist rötlich getupften Warzen. Bauch mit dunklen, unregelmäßigen Flecken auf weißlichgrauem Grund. ♂ mit kehlständiger Schallblase und zur Laichzeit mit Brunftschwielen wie Wechselkröte.

Lebensraum: mehr westliche Art, die auf der Alpennordseite ihre südliche Verbreitungsgrenze findet und vorwiegend in Ebenen, Talbereichen – in Norddeutschland auch in Dünengebieten – vorkommt. Sofern entspr. Biotope vorhanden sind, wird Hügelland bis 1200 m ü. M. nicht gemieden. Meist in sonnigem, vegetationsarmen Gelände, so in Sand- und Kiesgruben, Steinbrüchen, Heide- und Ruderalflächen und in Feldern.

Laichgewässer wie bei Wechselkröte.

Lebensweise: überwiegend nacht-, aber auch tagaktiv. Versteckt sich unter Steinen, Baumstümpfen usw. oder wühlt sich ähnlich wie Knoblauchkröte in Sandboden ein. Lauteste Kröte! Rufe der ♂♂ sind bis 1 km weit hörbar.

Fortpflanzung: Laichzeit Ende März / Anfang April, manchmal noch bis Juni. Laichschnüre sind 1 – 2 m lang und enthalten 3000 – 4000 Eier. Larven schlüpfen 4 – 6 Tage nach Eiablage.

Gefährdung: Lebensraumvernichtung durch Bodenrekultivierungs- und Flußregulierungsmaßnahmen, Zerstörung von Sekundärstandorten, Düngung, Biozideinsatz.

Laubfrosch *Hyla arborea* Fam. Laubfrösche

Färbung kann schnell wechseln

„Albino" mit Blaufärbung

Finger und Zehen sind an den Enden zu Haftscheiben erweitert

rufendes ♂

Größe / Länge: bis 5 cm

Kennzeichen: kleinster einheimischer Frosch. Langbeinig, gerundeter Kopf, ovaler Körper mit glatter Hautoberseite und gekörntem Bauch (unverwechselbar!). Grasgrüne Oberseite, die in hellgrün, grau, braun, gelblich oder schwarzgrau wechseln kann.

Lebensraum: im Flachland und in hügeligem Gelände (nicht im Hochgebirge). Vorkommen hauptsächlich in buschreichem Gelände, Grünland, an Waldrändern. Im Frühjahr in der Nähe von Gewässern im Gras und Schilf. Nach der Laichzeit auf Büschen, Stauden und Sträuchern; oft auf der Ober- und Unterseite von Brombeerblättern. Als Laichgewässer dienen sonnenexponierte wasserpflanzenreiche Weiher, Teiche und Tümpel, zuweilen auch Wassergräben.

Lebensweise: einziger einheimischer Frosch, der klettert. Überwiegend nachtaktiv. Sonnt sich tagsüber gern und schmiegt sich dabei eng an Unterlage (Blatt, Röhrichtstengel o. ä.). Ernährt sich hauptsächlich von Fluginsekten, die manchmal im Sprung gefangen werden.

Fortpflanzung: Die Laichgewässer werden im März oder April aufgesucht. Bevorzugt werden Wasserstellen bis ca. 20 cm. Vom ♀ werden 150 – 300 Eier in kleinen Häufchen abgesetzt. Die Eier sinken auf Gewässergrund bzw. „kleben" an Pflanzen im seichten Wasser. Die ca. 1 cm großen Jungfrösche verlassen ca. Ende Juli bis Anfang September das Laichgewässer.

Gefährdung: Beseitigung von Kleingewässern, Umwandlung von Flurstrukturen, Intensivierung der Landwirtschaft, Grundwasserabsenkung, Fischbesatz, Gewässereutrophierung durch Düngereintrag, Biozideinsatz, Freizeitbetrieb.

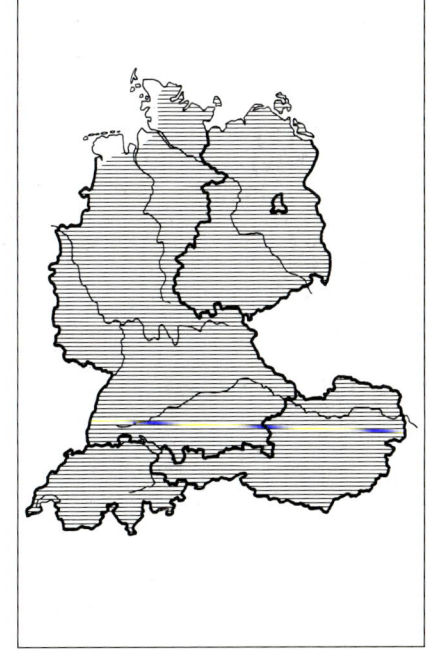

Teichfrosch *Rana lessonae* Fam. Frösche
Wasserfrosch *Rana esculenta* Fam. Frösche

Färbung kann stark variieren

Teichfrosch

Wasserfrosch

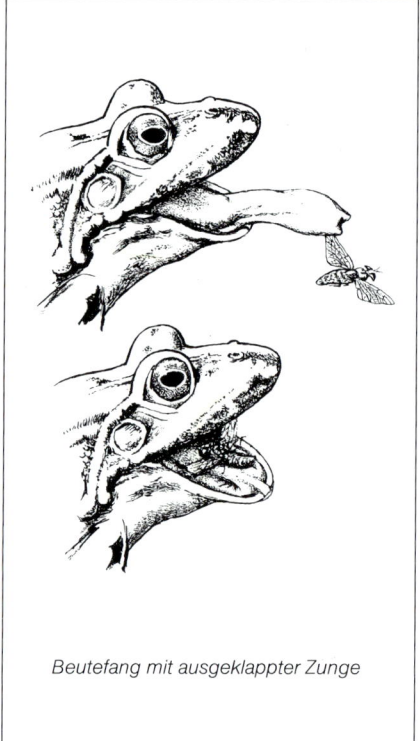

Beutefang mit ausgeklappter Zunge

Größe/Länge: Teichfrosch meist 6, selten bis 9 cm, Wasserfrosch bis 12 cm

Kennzeichen: Teichfrosch: „robuster" Frosch mit spitziger Schnauze. Relativ kurze Hinterbeine und kräftiger, fester, scharfkantiger Fersenhöcker auf der Unterseite des Fußes vor der innersten Zehe. Große Farbvariabilität; überwiegend hellgrün, dunkelgrün bis hin zu unterschiedlicher Braunfärbung, in der Regel mit schwärzlichen Flecken und gelblichen oder hellgrünen Rückenstreifen. Oberschenkel meistens gelb und braunschwärzlich marmoriert. 2 äußere, weißliche Schallblasen. Wasserfrosch: vermutlich keine eigene Art, sondern Hybridform von See- und Teichfrosch (vgl. Seite 31). Von Teichfrosch nur schwer zu unterscheiden und ähnlich variabel wie dieser gefärbt. Längere Beine als Teichfrosch und kleinerer Fersenhöcker.

Lebensraum: sehr variabel, an fast allen kleineren und größeren Gewässern mit stärkerer Vegetation vorkommend; mitunter auch an langsam fließenden Gewässern. Hauptaufenthaltsgebiet ist der Uferbereich.

Lebensweise: stark an Gewässer gebunden, weitgehend tagaktiv, sonnt sich oft an Uferböschung. Beute wird im Sprung oder durch rasches Zuschnappen gefangen; Nahrung sind Würmer, Schnecken, Gliederfüßer, Insekten usw. Überwintert im Schlamm des Gewässergrunds. Überwinterungen in Landverstecken wurden schon beobachtet. Sehr ruffreudig.

Fortpflanzung: Laichzeit hauptsächlich Mai, Laichballen enthalten 600 – 1500 Eier und sinken auf Gewässergrund oder haften an Pflanzen unter Wasser.

Gefährdung: noch häufig; stellenweise jedoch bereits stark gefährdet durch Lebensraumzerstörung.

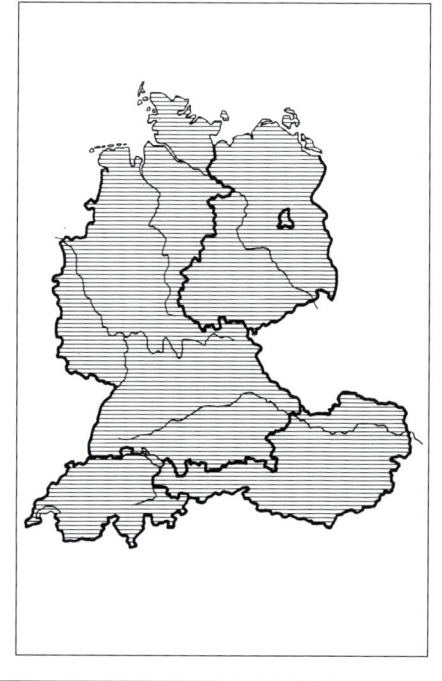

Seefrosch *Rana ridibunda* Fam. Frösche

♂ *hat schwärzliche Schallblasen und zur Laichzeit Brunftschwielen auf dem ersten Finger*

Größe / Länge: bis 16 cm

Kennzeichen: größter einheimischer Frosch. Plumpe, kräftige Gestalt, gedrungener Körper mit breitem Kopf und zugespitzter Schnauze. Oberseite olivgrün bis bräunlich gefärbt, oft mit hellem Rückenstreifen und nur regelmäßiger dunkler Fleckung. Schwierig zu unterscheiden von Teich- und Wasserfrosch. Seefrosch ist jedoch nie grasgrün gefärbt, Oberschenkel sind nie hellgelb marmoriert. Lange muskulöse Beine und wie Wasser- und Teichfrosch bis zu den Zehenspitzen reichende Schwimmhäute. Fersenhöcker ist klein und weich.

Lebensraum: wie Wasser- und Teichfrosch, jedoch mehr an größeren stehenden Gewässern mit seichten, sonnigen Ufern. Zuweilen auch an Ufern langsam fließender Wasserläufe, die aber als Laichgewässer ohne Bedeutung sind (Abschwemmen des Laichs). Bevorzugt Gewässer in Ebenen und Flußniederungen.

Lebensweise: wie Wasser- und Teichfrosch; erjagt jedoch auch größere Beutetiere, wie Säuger (Mäuse), selten auch kleinere Vögel.

Fortpflanzung: Wie bei Wasser- und Teichfrosch schlüpfen auch beim Seefrosch die Larven 5 – 8 Tage nach dem Laichen. Wandlung zum „fertigen" Frosch erfolgt zwischen August und September. Die Jungfrösche sind ca. 2 cm groß.

Gefährdung: Flußregulierungen und Talraumverbau, Zerstörung von Gewässern, Uferverbau, Erschließung von Wasserflächen, Touristikbetrieb.

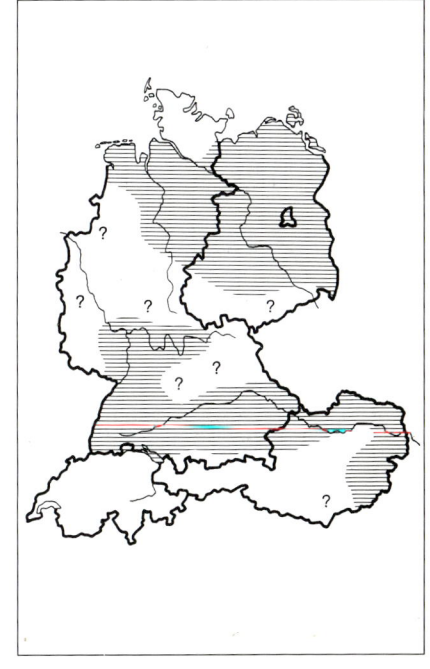

Grasfrosch *Rana temporaria* Fam. Frösche

Alle Braunfrösche haben einen auffallen-den dunklen Schläfenfleck

Färbung kann sehr stark variieren

♂

♀

Rana esculenta. Stark ausgebildete Schwimmhäute – „aquatischer Frosch"

Rana temporaria. Weniger ausgeprägte Schwimmhäute und starke Ferse – „Land-frosch"

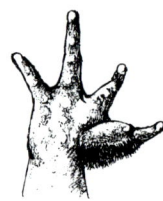

Hand zur Laichzeit mit Brunftschwielen (Grasfrosch)

Größe / Länge: bis 10 cm

Kennzeichen: gedrungener Körper und ge-rundete Schnauze. Sehr unterschiedliche Färbung von hellbraun bis dunkel-, rot- oder schwarzbraun oder gelblich. Zuweilen dun-kel gefleckt. ♂ hat zwei innere, nicht aus-stülpbare Schallblasen und zur Paarungs-zeit eine aufgedunsene, von Lymphe ange-füllte Haut. Unterscheidung Grasfrosch und Springfrosch oft sehr schwierig. Im Gegen-satz zum Springfrosch ist die Kehl- und Bauchseite immer gefleckt oder weist zu-mindest kleine Fleckchen auf.

Lebensraum: Flach-, Hügel- und Bergland (bis 2 500 m ü. M.) in feuchten Gebieten mit dichter Vegetation und nicht allzu sauren Böden. Laubwaldgebiete, Waldränder, Waldlichtungen, Riedbereiche, Heideflä-chen, mitunter auch Moore. Als Laichplätze kommen nahezu alle stehenden oder lang-sam durchflossenen Gewässer in Frage.

Lebensweise: Stark an Landleben ange-paßt. Überwinterung im Schlamm des Gewässergrunds oder in Verstecken an Land. Tag- und nachtaktiv, besonders bei feuchter Witterung. Nahrung wie bei ande-ren Fröschen.

Fortpflanzung: Erster Froschlurch am Laich-gewässer, oft schon Anfang Februar. (Laich-wanderungen!) Laichballen enthalten bis zu 3 500 Eier und werden in Flachwasserstel-len abgesetzt. Laich schwimmt an Wassero-berfläche.

Gefährdung: noch häufigste Froschart, stel-lenweise stark bedroht durch Waldumwand-lung, Wiesenumbruch, Straßentod, Entwäs-serung, Pestizideinsatz.

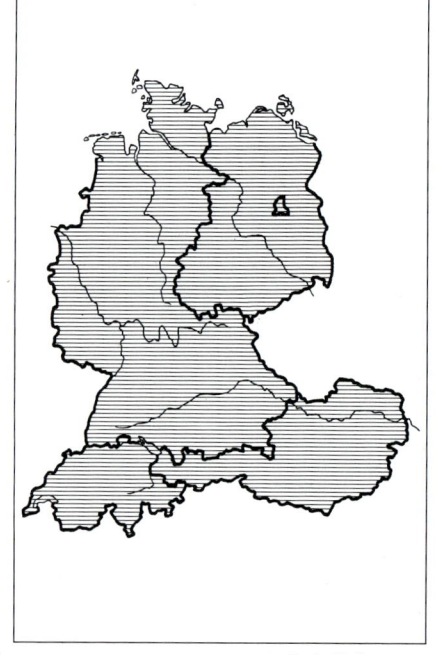

Moorfrosch *Rana arvalis* Fam. Frösche

♂ außerhalb Laichzeit

♀

Zur Laichzeit sind ♂♂ gelegentlich blau gefärbt

Größe / Länge: 6 bis 7,5 cm

Kennzeichen: schlanker Körper, zugespitzter Kopf. Meist glatte Haut auf Oberseite, die manchmal zwei die Rückenlinie säumende Warzenreihen aufweist. Schwimmhäute sind unvollständig entwickelt und reichen nicht bis zur Spitze der längsten Zehe. Große Farbvariabilität von hellbraun bis dunkelbraun, manchmal dunkel gefleckt. ♂ hat zwei innere, nicht ausstülpbare Schallblasen, ist zur Laichzeit manchmal bläulich gefärbt und bekommt am ersten Finger schwärzliche Brunftschwielen.

Lebensraum: bevorzugt Flachland, feuchte Wiesen, Wälder, Hochmoorränder, Niedermoore, auch anmooriges Grünland, Erlenbrüche. Als Laichgewässer dienen meist nährstoffarme, flache Weiher, Tümpel, Wassergräben, Stausenken, extensiv bewirtschaftete Teichanlagen. In sehr sauren Hochmoortümpeln stirbt Laich oft ab.

Lebensweise: ähnlich Grasfrosch. Ernährt sich von Fliegen, Käfern, Schnecken und Würmern. Nahrung wird meistens im Sprung erbeutet, aber auch durch plötzliches Zuschnappen.

Fortpflanzung: Laichzeit von Ende März bis Anfang Mai. Lockruf des ♂ klingt wie das Gluckern einer unter Wasser gehaltenen Flasche. ♀ legt 1000 – 2000 Eier in 1 – 2 Laichballen, die auf den Gewässergrund sinken.

Gefährdung: Lebensraumzerstörung, besonders durch Abtorfung, Moorentwässerung, Nutzungswandel in der Landwirtschaft.

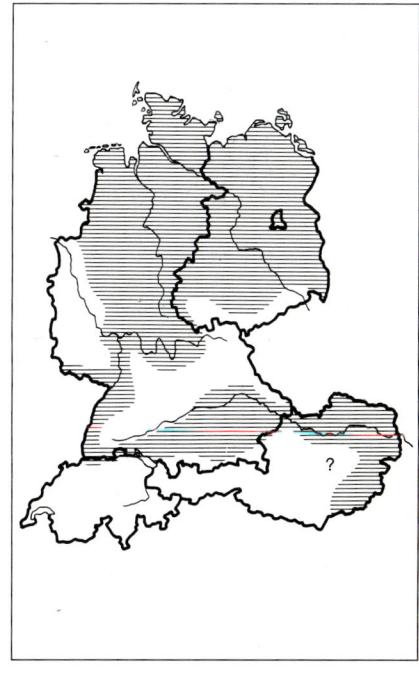

Springfrosch *Rana dalmatina* Fam. Frösche
Italienischer Springfrosch *Rana latastei* Fam. Frösche

Italienischer Springfrosch

Springfrosch

Grasfrosch von unten (Bauchseite mind. stellenweise gefleckt)

Springfrosch von unten (keine Fleckung)

Größe / Länge: ♂ bis 6 cm, ♀ bis 8 cm
Ital. Springfrosch bis 6,5 cm

Kennzeichen: ähnlich wie Grasfrosch, zugespitzte Schnauze, Körper jedoch schlank. Unterschiedliche Färbung: lehmgelb, „farblos" hellbraun oder rötlichbraun, einfarbig oder leicht gefleckt. Schwimmhäute reichen nicht bis zur Spitze der ersten Zehe. Stark hervorstehender Höcker auf Unterseite des Hinterfußes vor kürzester Zehe.
♂ hat keine Schallblasen und bekommt zur Paarungszeit graue Brunftschwielen am ersten Finger. Im Gegensatz zum Grasfrosch ist die helle Bauchseite nie gefleckt. Der im Tessin seine nördl. Verbreitungsgrenze erreichende Italienische Springfrosch hat ein kleineres Trommelfell und eine dunklere Kehle als der Springfrosch.

Lebensraum: Flach- und Hügelland, überwiegend in lichten Laubwäldern (insb. Buchen- und Eichenhochwälder). Laichgewässer ähnlich Grasfrosch.
Italienischer Springfrosch mehr auf Flachland beschränkt, selten über 800 m ü. M.

Lebensweise: ähnlich Grasfrosch, springt über 2 m weit.

Fortpflanzung: Laichzeit etwa 2 Wochen später als Grasfrosch, meist Anfang März bis April. Laichklumpen schwimmen „untergetaucht" und enthalten bis 1000 Eier. Diese sind auf Oberseite dunkel, auf Unterseite hell gefärbt.

Gefährdung: Ursachen wie bei Grasfrosch, jedoch stärker bedroht, da Vorkommen seltener (Springfrosch urspr. mediterrane Art und Ital. Springfrosch am Rand des Verbreitungsgebietes).

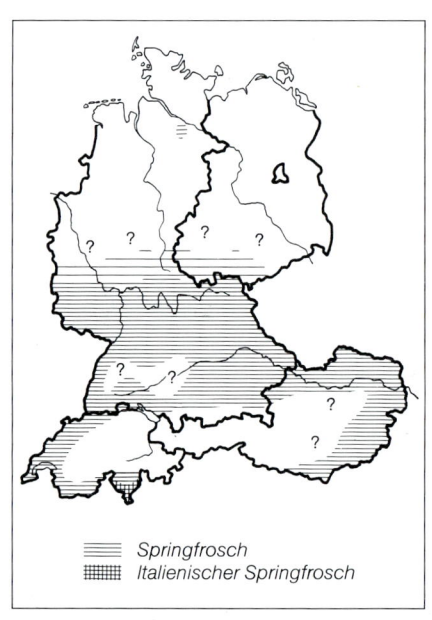

≡ Springfrosch
▦ Italienischer Springfrosch

In Gallerthüllen eingebettet – Amphibieneier

Die in eine Gallerthülle eingeschlossenen Eier der Amphibien sind bei der Ablage noch sehr klein. Da die Gallerthülle im Wasser aufquillt, nimmt der Umfang erheblich zu. Mit Ausnahme des in auffälligen Klumpen an der Wasseroberfläche schwimmenden Laichs der Braunfrösche und der meistens an Wasserpflanzen „verspannten" Laichschnüre der Kröten sind Amphibieneier schwieriger aufzufinden als die Larven. Molche legen ihre Eier meistens einzeln in eingeknickte Blättchen der Wasserpflanzen, wo sie kaum sichtbar sind. Bei vielen Arten sinken die Eier einzeln in größeren oder in kleineren Klumpen auf den Gewässergrund, wo man sie ebenfalls kaum entdeckt. Laichklumpen dürfen keinesfalls umgedreht und angeklebte Eier nicht von ihrer Unterlage abgenommen werden, da sie sonst absterben. Verschiedene Amphibieneier sind auf Seite 76 in natürlicher Größe abgebildet.

Wie bei den Larven bietet auch hier die Beschaffenheit des Laichgewässers eine wichtige Bestimmungshilfe.

Amphibienlarven – sie leben noch wie Fische

Eine Amphibienart, die sich schwer beobachten läßt, kann vielfach durch deren Larven in einem Gewässer nachgewiesen werden. Die Artbestimmung ist dann jedoch nicht immer einfach, zumal sich die Larven einiger Arten ziemlich ähnlich sind. Am ehesten können die Larven der Schwanzlurche von denen der Froschlurche unterschieden werden. Schwanzlurchlarven haben einen länglichen Körper mit äußerlich sichtbaren gefiederten Kiemenbüscheln, die erst kurz vor der endgültigen Metamorphose abgebaut werden. Die Larven der Froschlurche – oft auch als Kaulquappen bezeichnet – haben einen runden Körper, der sich im Gegensatz zur Entwicklung der Schwanzlurche erheblich vom umgewandelten Tier unterscheidet. Die zunächst recht kleinen äußeren Kiemen der Froschlurchlarven verschwinden bald und werden durch innere ersetzt. Die Hinterbeine entwickeln sich bei den Froschlurchlarven zuerst; bei den Larven der Schwanzlurche sind dagegen die Vorderbeine als erstes sichtbar. Eine Ausnahme bildet der Alpensalamander. Bei ihm vollzieht sich ja die gesamte Entwicklung der Jungtiere im Mutterleib. Alle anderen Amphibienlarven sind zur Umwandlung auf Wasser angewiesen.

Auf Seite 77 sind neben den Entwicklungsschemata für Schwanz- und Froschlurche die Larven der einzelnen Arten auch in Lebensgröße abgebildet. Am meisten Schwierigkeiten wird das Bestimmen einiger Froschlurchlarven bereiten. So sehen sich die Larven von Erdkröte und Grasfrosch sehr ähnlich. Die Larven der Erdkröte können jedoch aufgrund ihres eigentümlichen Verhaltens erkannt werden. Sie säumen meist in großen Mengen das Ufer und ziehen beim Aufsuchen eines neuen Nahrungsplatzes prozessionsartig in einem breiten geschlossenen Band durch das Wasser. Sehr ähnlich sind sich auch die Larven von Wasser- und Seefrosch, während z. B. die Larven der Knoblauchkröte mit keiner anderen Art verwechselt werden können. Sie sind etwa 12,5 cm lang, wobei man aber auch schon bis 16 cm lange (!) Exemplare gefunden hat. Winzig sind dagegen die frisch entwickelten jungen Knoblauchkröten. Recht groß und damit kaum zu verwechseln sind auch die Larven der Geburtshelferkröte.

Bei der Bestimmung von Schwanz- oder Froschlurchlarven gibt das Gewässer eine gewisse Hilfe: In einer flachen, vegetationsarmen Pfütze laichen andere Arten als in einem krautreichen Weiher. Auch aufgrund der Verbreitung können Amphibienlarven bestimmt werden. Schwierigkeiten gibt es lediglich bei sich überschneidenden Verbreitungsgebieten ähnlicher Arten; so etwa an der Grenze des Verbreitungsareals von Rot- und Gelbbauchunke.

Die Abbildung zeigt die Larven der verschiedenen Amphibienarten in typischer Färbung. Wie bei den Alttieren können aber auch sie unterschiedliche Farbvarianten tragen.

Zur Feststellung der Art gibt man eine Larve am besten in ein wassergefülltes Glas oder in einen wassergefüllten Plastikbeutel. Gleich anschließend nach der Bestimmung müssen die Larven am Fundort vorsichtig wieder ins Wasser gelassen werden.

Amphibieneier (Laich)

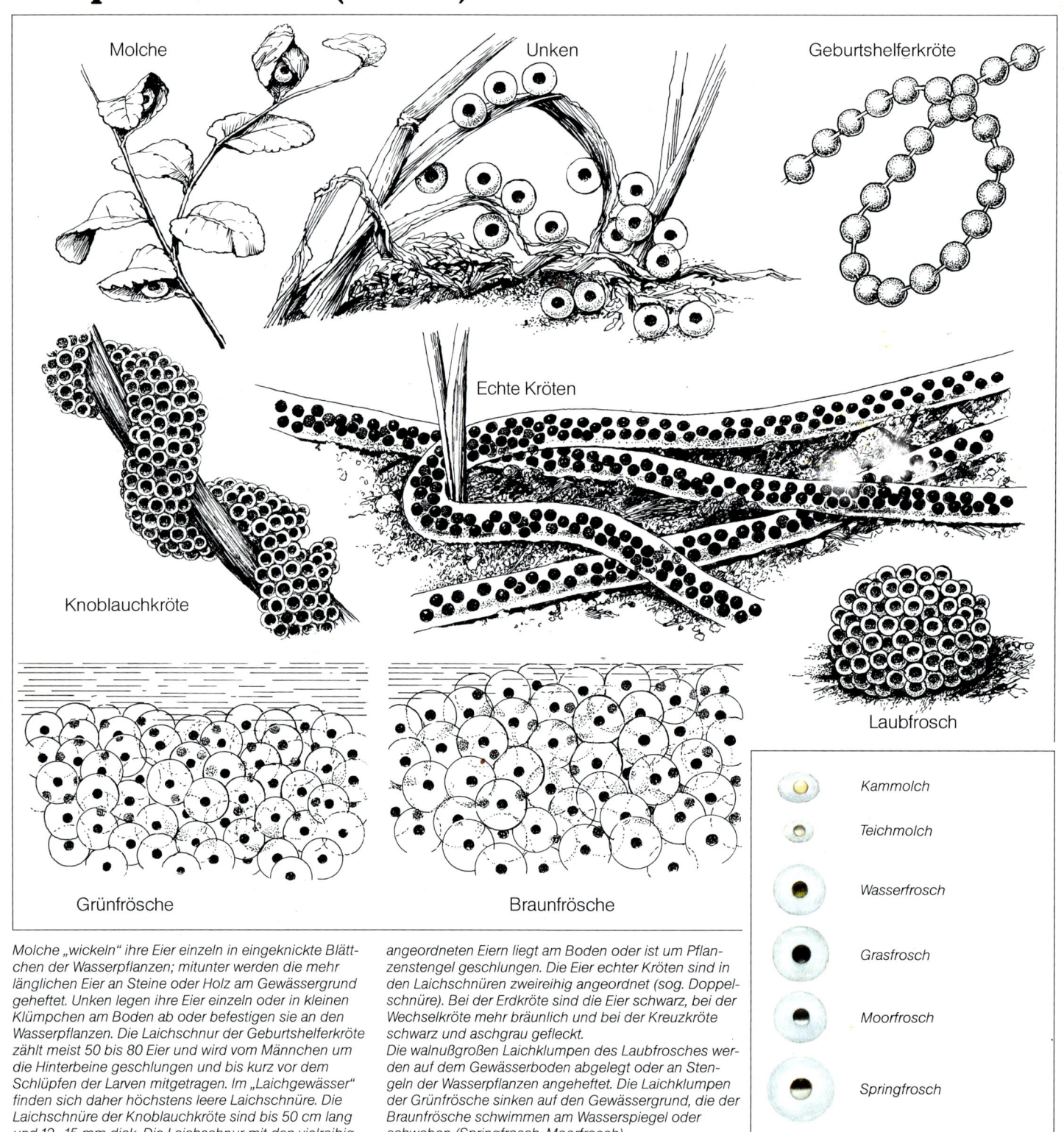

Molche

Unken

Geburtshelferkröte

Knoblauchkröte

Echte Kröten

Laubfrosch

Grünfrösche

Braunfrösche

Kammolch

Teichmolch

Wasserfrosch

Grasfrosch

Moorfrosch

Springfrosch

Molche „wickeln" ihre Eier einzeln in eingeknickte Blättchen der Wasserpflanzen; mitunter werden die mehr länglichen Eier an Steine oder Holz am Gewässergrund geheftet. Unken legen ihre Eier einzeln oder in kleinen Klümpchen am Boden ab oder befestigen sie an den Wasserpflanzen. Die Laichschnur der Geburtshelferkröte zählt meist 50 bis 80 Eier und wird vom Männchen um die Hinterbeine geschlungen und bis kurz vor dem Schlüpfen der Larven mitgetragen. Im „Laichgewässer" finden sich daher höchstens leere Laichschnüre. Die Laichschnüre der Knoblauchkröte sind bis 50 cm lang und 12–15 mm dick. Die Laichschnur mit den vielreihig

angeordneten Eiern liegt am Boden oder ist um Pflanzenstengel geschlungen. Die Eier echter Kröten sind in den Laichschnüren zweireihig angeordnet (sog. Doppelschnüre). Bei der Erdkröte sind die Eier schwarz, bei der Wechselkröte mehr bräunlich und bei der Kreuzkröte schwarz und aschgrau gefleckt.
Die walnußgroßen Laichklumpen des Laubfrosches werden auf dem Gewässerboden abgelegt oder an Stengeln der Wasserpflanzen angeheftet. Die Laichklumpen der Grünfrösche sinken auf den Gewässergrund, die der Braunfrösche schwimmen am Wasserspiegel oder schweben (Springfrosch, Moorfrosch).

Amphibienlarven in natürlicher Größe

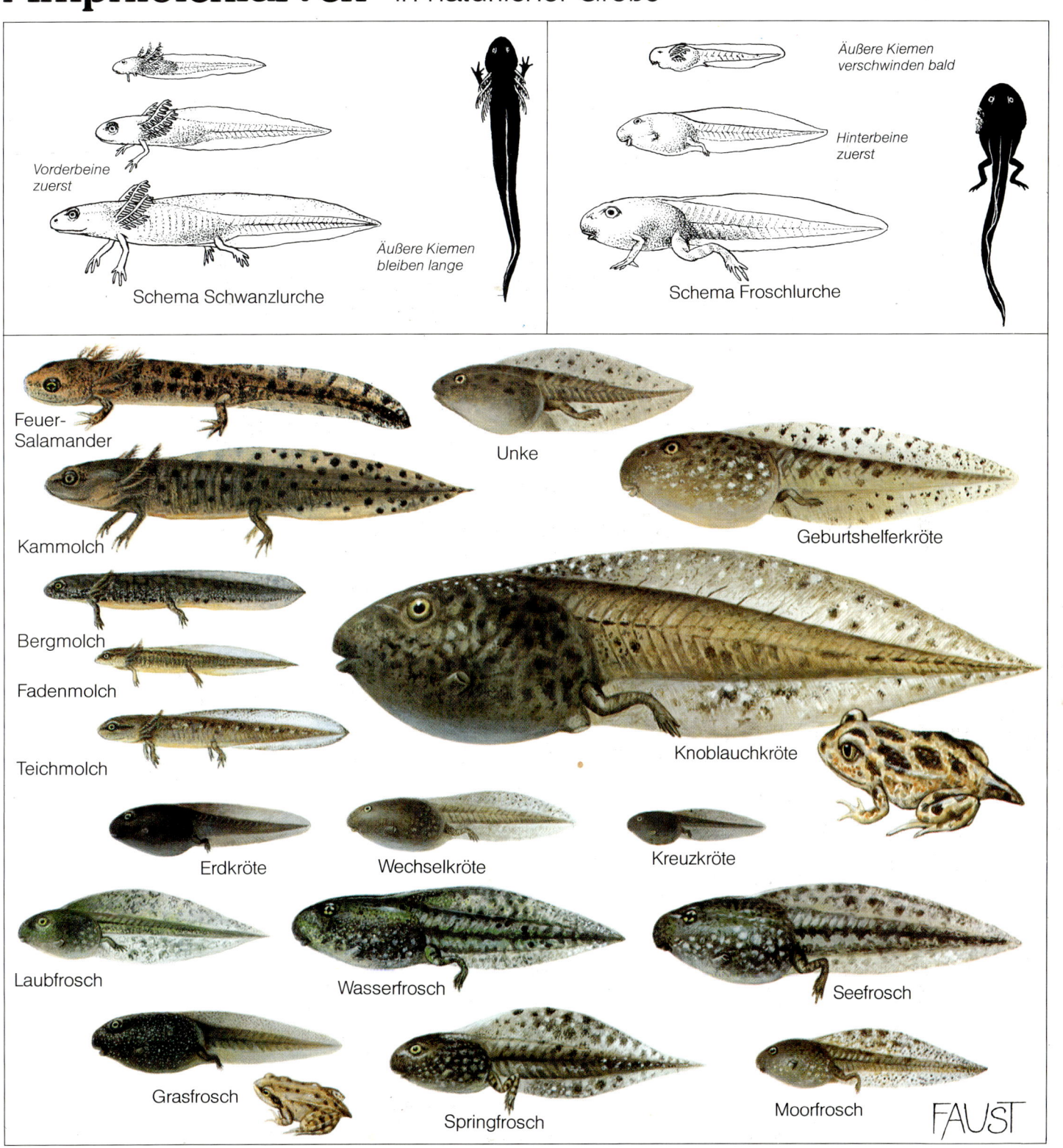

Vorderbeine zuerst

Äußere Kiemen bleiben lange

Schema Schwanzlurche

Äußere Kiemen verschwinden bald

Hinterbeine zuerst

Schema Froschlurche

Feuer-Salamander

Kammolch

Bergmolch

Fadenmolch

Teichmolch

Unke

Geburtshelferkröte

Knoblauchkröte

Erdkröte

Wechselkröte

Kreuzkröte

Laubfrosch

Wasserfrosch

Seefrosch

Grasfrosch

Springfrosch

Moorfrosch

FAUST

Rettet die Frösche – Rettet die Natur!

Was wollen wir?

Naturschützern wird gerne unterstellt, sie wollten das Rad der Geschichte zurückdrehen und jene Verhältnisse wieder einführen, bevor der Mensch anfing in die Natur einzugreifen. Wollen wir das? Ist das überhaupt möglich? Und wenn es möglich ist, wünschen wir uns diese Verhältnisse überhaupt?

Der Botaniker Heinz Ellenberg hat die geschichtlichen Veränderungen in einem Satz zusammengefaßt: „Mitteleuropa ist eine alte Kulturlandschaft, in der buchstäblich kein Fleckchen unverändert seinen Naturzustand bewahren konnte."

Wir wollen versuchen, diese vom Menschen initiierte Entwicklung nachzuvollziehen und beginnen zu einer Zeit, in der der Mensch nur ein Spielball der Natur war – in der Eiszeit.

Bevor der Mensch eingriff

Während der letzten Eiszeit, die ungefähr von 120.000 bis 10.000 vor Christi Geburt dauerte, gab es in Mitteleuropa keinen Wald. Unsere Landschaft muß damals ähnlich ausgesehen haben wie heute die Tundra in Skandinavien nördlich der Baumgrenze: Der Boden war nur mit wenigen Pflanzenarten von niedrigem Wuchs bedeckt. Es gab eine vielfältige Tierwelt, ähnlich wie sie heute in der Tundra vorkommt. Aber nur wenige Menschen konnten hier auf Dauer leben. Eine wünschenswerte Alternative zur heutigen Landschaft Mitteleuropas ist die Tundra sicher nicht. Davon abgesehen dürfte es gar nicht möglich sein, eine solche Pflanzengesellschaft bei uns „herzustellen".

Nach dem Ende der Eiszeit vor rund 12.000 Jahren „wanderten" Bäume nach Mitteleuropa ein, Birken und Kiefern, die am besten mit dem damals immer noch rauhen Klima fertig wurden. 2.000 Jahre später folgte ihnen der Hasel. Als es dann vor fast 8.000 bis 5.000 Jahren um etwa drei Grad wärmer war als heute – was sehr viel ist – besiedelten Eichen, Ulmen, Linden, Erlen und Fichten große Teile Europas. In der kühleren Zeit danach fand die Buche besonders günstige Lebensbedingungen bei uns, so daß sie in einem riesigen Gebiet der vorherrschende Baum wurde. Mitteleuropa war also vor 5.000 Jahren ein riesiges Waldland.

In den Flußtälern wurden nach der Schneeschmelze große Flächen überschwemmt, Inseln wurden von der starken Strömung fortgerissen, Kies- und Sandbänke entstanden und vergingen. Nach dem Hochwasser blieben Altwässer und Tümpel zurück. In den Flußauen gab es Lebens-

Unsere Landschaft hat während der letzten Eiszeit ähnlich ausgesehen wie heute die Tundra in Skandinavien nördlich der Baumgrenze.

raum für eine vielfältige Tierwelt, die in heute für uns unvorstellbaren Mengen vorkam.

Theodor Fontane hat den Reichtum einer solchen Landschaft, des Oderbruchs, geschildert, bevor die Oder in einen Kanal umgewandelt wurde: „Alle noch vorhandenen Nachrichten stimmen darin überein, daß das Oderbruch vor seiner Urbarmachung eine wüste und wilde Fläche war, die, sehr wahrscheinlich unsrem Spreewalde verwandt, von einer unzähligen Menge größerer und kleinerer Oder-Arme durchschnitten wurde. Viele dieser Arme breiteten sich aus und gestalteten sich zu Seen, deren manche, wie der Liepesche bei Liepe, der Kietzer- und der Kloster-See bei Friedland, noch jetzt, wenn auch in sehr veränderter Gestalt, vorhanden sind.

Das Ganze hatte, dementsprechend, mehr einen Bruch- als einen Waldcharakter, obwohl ein großer Teil des Sumpfes mit Eichen bestanden war. Alle Jahre stand das Bruch zweimal unter Wasser, nämlich im Frühjahr um die Fastenzeit, nach der Schneeschmelze an Ort und Stelle, und um Johanni, wenn der Schnee in den Sudeten schmolz und Gewitterregen das Wasser verstärkten. Dann glich die ganze Niederung einem gewaltigen Landsee, aus welchem nur die höher gelegenen Teile hervorragten; ja selbst diese wurden bei hohem Wasser überschwemmt.

Wasser und Sumpf in diesen Bruchgegenden beherbergten natürlich eine eigne Tierwelt, deren Reichtum, über den die Tradition berichtet, allen Glauben übersteigen würde, wenn nicht urkundliche Belege diese Traditionen unterstützten. In den Gewässern fand man: Zander, Fluß- und Kaulbarse, Aale, Hechte, Karpfen, Bleie, Aland, Zärten, Barben, Schleie, Neunaugen, Welse und Quappen. Letztere waren so zahlreich (zum Beispiel bei Quappendorf), daß man die fettesten in schmale Streifen zerschnitt, trocknete und statt des Kiens zum Leuchten verbrauchte. Die Gewässer wimmelten im strengsten Sinne des Wortes von Fischen; ohne viele Mühe, mit bloßen Handnetzen, wurden zuweilen in Quilitz an einem Tage über 500 Tonnen gefangen. In den Jahren 1693, 1701 und 1715 gab es bei Wriezen der Hechte, die sich als Raubfische diesen Reichtum zunutze machten, so viele, daß man sie mit Keschern fing und selbst mit Händen greifen konnte. Die Folge davon war, daß in Wriezen und Freienwalde eine eigne Zunft der Hechtreißer existierte. An den Markttagen fanden sich aus den Bruchdörfern Hunderte von Kähnen in Wriezen ein und verkauften ihren Vorrat an Fischen und Krebsen an die dort versammelten Händler. Ein bedeutender Handel wurde getrieben, und der Fischertrag des Oderbruchs ging bis Böhmen, Bayern, Hamburg, ja die geräucherten Aale bis nach Italien.

Kein Wunder deshalb, daß in diesen Gegenden unter allem Haus- und Küchengerät der Fischkessel obenan stand und so sehr als wichtigstes Stück der Ausstattung betrachtet wurde, daß er, nach gesetzlicher Anordnung, beim Todesfalle der Frau, wenn andres Erbe zur Verteilung kam, dem überlebenden Gatten verblieb.

In großer Fülle lieferte die Bruchgegend Krebse, die zuzeiten in solchem Überfluß vorhanden waren, daß man zu Colerus' Zeiten, ausgangs des 16. Jahrhunderts, sechs Schock schöne große Krebse für sechs Pfennige meißnerischer Währung kaufte. Zu Küstrin wurde von 100 Schock durchgehender Krebse ein Schock als Zoll abgegeben, bei welcher Gelegenheit der vorerwähnte Colerus versichert, daß dieser Zoll in einem Jahre 325.000 Schock Krebse eingetragen habe. Danach wären denn bloß in dieser einen Stadt in einem Jahre 32 1/2 Millionen Schock Krebse versteuert worden. Im Jahre 1719 war das Wasser der

Feuchte Wälder sind für viele Amphibien fürs Überleben wichtig.

Oder, bei der großen Dürre, ungewöhnlich klein geworden; Fische und Krebse suchten die größten Tiefen auf, und diese wimmelten davon. Da das Wasser aber von der Hitze zu warm wurde, krochen die Krebse aufs Land ins Gras oder wo sie sonst Kühlung erwarteten, selbst auf die Bäume, um sich unter das Laub zu bergen, von welchen sie dann wie Obst herabgeschüttelt wurden. Auch die gemeine Flußschildkröte war im Bruch so häufig, daß sie von Wriezen fuhrenweise nach Böhmen und Schlesien versendet oder vielmehr abgeholt wurde.

Ein so lebendiges Gewimmel im Wasser mußte notwendigerweise sehr vielen anderen Geschöpfen eine mächtige Lockspeise sein. Schwärme von wilden Gänsen bedeckten im Frühjahr die Gewässer, ebenso Tausende von Enten, unter welchen letzteren sich vorzugsweise die Löffelente, die Quackente und die Krickente befanden. Zuweilen wurden in einer Nacht so viele erlegt, daß man ganze Kahnladungen voll nach Hause brachte. Wasserhühner verschiedener Art, besonders das Bleßhuhn, Schwäne und mancherlei andre Schwimmvögel belebten die tieferen Gewässer, während in den Sümpfen Reiher, Kraniche, Rohrdommeln, Störche und Kiebitze in ungeheurer Zahl fischten und Jagd machten. Im Dorfe Letschin trug jedes Haus drei, auch vier Storchnester.

Rings um das Bruch und in den Gebüschen und Horsten im Innern desselben fand man Trappen, Schnepfen, Ortolane und andre zum Teil selten gewordene Vögel; über dem allen aber schwebte, an stillen Sommerabenden, ein unermeßlicher Mückenschwarm, der besonders die Gegenden von Freienwalde und Küstrin in Verruf brachte. 'Sie schwärmten' – so erzählt Bekmann – 'in solcher Menge, daß man in der Luft dicke Säulen von Mücken beobachtete, und gaben ein solches Getöse von sich, daß es, wenn man nicht scharf darauf achtete, klang, als würden in der Ferne die Trommeln gerührt.' Biber und Fischotter bauten sich zahlreich an den Ufern an, und es wurden die ersteren als große Zerstörer der später errichteten Dämme, die anderen als große Fischverzehrer fleißig gejagt. Jeder konnte auf sie Jagd machen, wodurch sie gänzlich ausgerottet wurden.

Die Vegetation stand natürlich mit dem ganzen Charakter dieser Gegenden in Einklang: Alle Wasser- und Sumpfpflanzen kamen reichlich vor, breite Gürtel von Schilf und Rohr faßten die Ränder ein, und Eichen und Elsen überragten das Ganze.

Im Spätsommer, wenn sich die Wasser endlich verlaufen hatten, traten für den Rest des Jahres fruchtbare Wiesen zutage, und diese Wiesen, die ein vortreffliches Futter gaben, sicherten, nebst dem Fischreichtum dieser Gegenden, den Bewohnern des Bruchs ihre Existenz."

Von Amphibien ist in Fontanes 1863 erschienenem Bericht nicht die Rede, aber man darf sicher sein, daß in der Oderaue wie in den anderen Flußauen riesige Mengen von Fröschen vorkamen, die dort im Frühjahr ein ohrenbetäubendes Konzert veranstalteten.

Wald bedeckte also vor 5.000 Jahren weit mehr als 90 Prozent der Fläche Mitteleuropas. Waldfrei waren nur Seen, Flüsse mit ihren Kies- und Sandbänken, die vom Salzwasser der Nordsee beeinflußten Salzwiesen, die Dünen an der Küste, Lawinenbahnen und Schutthalden im Gebirge, steile Felsen, die Höhen oberhalb der Baumgrenze und sehr nasse und nährstoffarme Moore. Das war also die Landschaft, die Heinz Ellenberg meint, wenn er sagt: „Kein Fleckchen unserer Landschaft konnte seinen Naturzustand bewahren."

Sicher hätte diese Landschaft für den Naturfreund (mit unserer technischen Ausrüstung) große Reize, aber wünschen könnten wir uns den Naturzustand vor 5.000 Jahren auch als Naturschützer nicht, denn er würde nur ganz wenigen Menschen eine Überlebenschance bieten.

„Herstellen" ließe sich bei uns ein Waldland: Der Mensch müßte nur seine Eingriffe in seine Umwelt unterlassen. Nach 100 Jahren wäre alles Acker- und Weideland wieder Wald. Lediglich Straßen und Betonbauten würden der Wiederbewaldung widerstehen. Dieser Wunsch nach dem Naturzustand vor 5.000 Jahren ist also Utopie. Denn bis vor 4.000 Jahren wurde Mitteleuropa nur von ganz wenigen Menschen bewohnt, die sich von gejagten, gefangenen oder gesammelten Säugetieren, Fischen, Muscheln und Pflanzenfrüchten ernährten.

Wenn wir als Naturschützer den Naturzustand nicht wollen, was ist dann eigentlich das Ziel unserer Bemü-hungen? Wie soll Mitteleuropa nach den Vorstellungen der Naturschützer aussehen? Vielleicht ist uns die Geschichte unserer Länder in Mitteleuropa seit der Zeit vor 4.000 Jahren hilfreich für eine Antwort auf diese Fragen.

Der Mensch als Förderer der Vielfalt

In der Zeit vor 4.000 bis vor 2.800 Jahren begannen unsere Vorfahren in Nordwestdeutschland und in einigen Lößgebieten Mittel- und Süddeutschlands mit Ackerbau und Viehzucht. Vermutlich trieben sie ihre Rinder, Schafe, Ziegen und Pferde – so wie das später im Mittelalter auch üblich war – das ganze Jahr über in die Wälder zum Weiden, was die Wälder sehr nachhaltig beeinflußt hat. Wahrscheinlich ringelten sie Bäume, um nach deren Absterben mehr Weideland zur Verfügung zu haben, und rodeten Wald mit Hilfe des Feuers.

Mit Beginn der Eisenzeit vor 2.800 Jahren und der Herstellung eiserner Pflüge wurde das Ackerland ausgedehnt. Mit eisernen Spaten wurden in feuchten Gebieten Netze von Gräben zum Entwässern angelegt, und eiserne Sicheln ermöglichten den Grasschnitt und damit die Entstehung von Wiesen, die ebenso wie Äcker und Weiden von Menschen geschaffen sind.

Während des Mittelalters drangen die Menschen weiter in den Wald vor. Der Waldanteil dürfte damals ungefähr dem heutigen entsprochen haben. Er nimmt im Bundesgebiet 29% der Gesamtfläche ein, während 57% landwirtschaftlich genutzt werden.

Der Mensch schuf mit seiner Bewirtschaftung zahlreiche Landschaften, die es vorher nicht gegeben hatte: Verschiedene Formen von Heiden wie die Lüneburger Heide oder die Wacholderheiden der Schwäbischen Alb sowie die Streuwiesen in Süddeutschland, die durch Umwandlung aus Bruchwald hervorgegangen sind. Ganze Landschaften

Hecken sind durch den Menschen entstanden. Ganze Landschaften erhielten durch Hecken ihr Gepräge.

erhielten ihr Gepräge durch Hecken, so durch die Knicks in Schleswig-Holstein und die Wallhecken in Teilen Oldenburgs.

Die mit Obstbäumen bepflanzten Flächen um die Ortschaften Süddeutschlands prägten diese Landschaft in besonderer Weise.

Kleine Torfstiche, Fischteiche, Viehtränken auf Weiden sowie Teiche und Tümpel in kleinen Kies- und Lehmgruben trugen wesentlich zur Bereicherung der Landschaft bei. Sie waren und sind für Amphibien gerne angenommene sekundäre Naturlandschaften. In manchen Gebieten wie in Franken wurden riesige Teichanlagen geschaffen, die nicht nur von Menschen, sondern auch von vielen freilebenden Tieren genutzt wurden.

Durch das Zurückdrängen des Waldes war also im Verlauf von Jahrtausenden eine Kulturlandschaft entstanden, die sich durch große Vielfalt und kleinparzellierten Wechsel auszeichnete. Wenn man auf alten Karten die Grenzlinien zwischen verschiedenen Biotopen ausmißt, sieht man, daß es viel längere Linien sind als auf Karten derselben Gebiete heute. Das ist einer der Gründe, warum es bei uns früher fast überall mehr Arten und viel mehr Individuen gab. Denn gerade die langen Grenzlinien und die

In manchen Gebieten — wie in Franken — hat der Mensch riesige Teichanlagen geschaffen.

artenreichen Pflanzengesellschaften – etwa an den Übergängen zwischen Wiesen und Hecken oder zwischen Moor und Grünland – sind dafür wichtige Voraussetzungen.

Entscheidend für die Artenvielfalt der Kulturlandschaft war aber auch die Erhaltung von rund 110 verschiedenen ursprünglichen Biotop-Typen, denen nur 20 bis 25 vom Menschen „erfundene Kulturbiotop"-Typen gegenüberstehen. Gäbe es nur die Kulturbiotope, wäre das eine Katastrophe, denn ein großer Teil unserer heimischen Arten würde mit den ursprünglichen Lebensräumen verschwinden.

Das Ziel der Naturschützer

Wir haben geschildert, wie eine Naturlandschaft bei uns aussähe, welche Bereicherungen durch die Eingriffe des Menschen in die Landschaft eingebracht wurden und wie sich die Eingriffe in den letzten Jahrzehnten bedrohlich für die Natur ausgewirkt haben. Die Folge sind die Roten Listen wildwachsender Pflanzen und freilebender Tiere, die einen beängstigenden Umfang angenommen haben.

Oberstes Ziel der Naturschützer ist die Sicherung des Fortbestandes möglichst vieler heimischer Pflanzen- und Tierarten. Da diese vor allem durch Veränderungen oder Vernichtung ihrer Lebensräume aussterben oder gefährdet sind, muß hier der Naturschutz zuallererst ansetzen. Das Bundesnaturschutzgesetz gibt dafür den klaren Auftrag: Pflanzen- und Tierwelt sowie Vielfalt, Eigenart und Schönheit von Natur und Landschaft sind als Lebensgrundlage für den Menschen zu schützen, zu pflegen, zu entwickeln und nachhaltig zu sichern.

Gefährdete Landschaften gefährden Arbeitsplätze

Wälder drohen zu verschwinden. Das Ökosystem Wald kapituliert vor dem Menschen. Dies ist keine Vision, sondern spielt sich vor unseren Haustüren ab. Weit über 65 Prozent der Wälder in Mitteleuropa sind krank und sterben infolge des sauren Regens ab. Ganze Bergkuppen sind z. B. in Thüringen schon kahl. Doch der Autoverkehr – als einer der Hauptverursacher des Waldsterbens und der globalen Klimaveränderung – nimmt weiter drastisch zu, während sowohl regionale als auch internationale Konzepte für einen effizienten Einsatz der umweltfreundlichen Bahn fehlen. Längst haben sich die ersten Folgen eingestellt: nach Schätzungen des Verbands Deutscher Waldbesitzer beträgt der Schaden in Deutschland schon jetzt mehrere Milliarden Mark, wenn nur die direkt bewertbaren Holzschäden gerechnet werden. Alleine im Stadtwald Freudenstadts (Schwarzwald) werden die Einnahmenausfälle in den kommenden 10 Jahren auf etwa 5 Millionen Mark geschätzt.

So zeigt sich am Beispiel Waldsterben: Wenn der Mensch nicht sorgsam mit der Natur umgeht, muß er dafür enorme ökonomische Verluste hinnehmen, die niemand ausgleichen kann. Oder anders gesagt: Die Ökologie hat die Ökonomie eingeholt.

Durch das Waldsterben droht der Wald in Mitteleuropa vollständig zu verschwinden.

Dazu kommen die Verluste von Arbeitsplätzen, die durch die Waldvernichtung zwangsläufig zu erwarten sind. In der Forstwirtschaft sind 100.000 Menschen ständig und 800.000 zeitweise beschäftigt, und in der holzverarbeitenden Industrie haben 750.000 einen Arbeitsplatz. Die Ursachen des Waldsterbens sind weitgehend bekannt: Schwefeldioxid, Stickoxide und Schwermetalle. Zwar wurden in den letzten Jahren in der Bundesrepublik Deutschland verstärkt Entschwefelungs- und Entstickungsanlagen in Kohle- und Ölkraftwerke eingebaut, doch es besteht ein immenser Handlungsbedarf für die Altanlagen in den neuen Bundesländern. Außerdem fehlen in vielen europäischen Ländern – etwa in Polen und in der CSFR, entsprechende technische Umweltschutz-Vorkehrungen. Die Schadstoffe aber machen vor Ländergrenzen nicht halt.

Zu den Schadstofffrachten aus den Kraftwerken und den Haushalten kommt der schleichende aber sichere Tod für den Wald aus den Auspuffrohren der Kraftfahrzeuge. Allein in Deutschland waren 1990 30.665.000 Personenkraftwagen zugelassen. Und damit ist noch lange nicht Schluß. Bis zum Jahr 2010 wird der Pkw-Bestand nach Schätzungen auf 42.200.000 ansteigen. Damit wird die (ebenfalls noch zu zögerliche) Ausrüstung mit geregelten Katalysatoren wieder zunichte gemacht, denn die Zunahme der Fahrzeuge führt unweigerlich zu einem immensen Anstieg der Luftschadstoffe. Längst ist ja auch erwiesen, daß der Fahrzeugverkehr zum größten Teil Ursache für die Ozonbelastung der Luft ist und damit ganz wesentlich die globale Klimaveränderung verursacht.

Generell würde die Belastung der Wälder auch mit einer allgemeinen Verminderung des Energieverbrauchs zurückgehen. Jeder kann dazu einen Beitrag leisten. Der Umstieg auf öffentliche Verkehrsmittel, bewußterer Einsatz des eigenen Autos und damit öfteres „Stehenlassen" gehören ebenso zu den Möglichkeiten jedes einzelnen, wie Energiesparmaßnahmen in den Wohnungen und Häusern durch Isolationsmaßnahmen, gedrosselte Heizungen und moderne Heizungsanlagen mit wenig Schadstoffausstoß.

Gegenüber dem Waldsterben sind die Auswirkungen der Waldbewirtschaftung auf freilebende Tiere weniger schwerwiegend, aber keineswegs zu vernachlässigen. An erster Stelle des für viele Arten schädlichen Waldbaus steht die Umwandlung von immer mehr Laubwäldern in Nadelwälder. Gerade Amphibien werden durch Entwässerungen von feuchten Wäldern und die Aufforstung von Feucht- und Waldwiesen bedroht.

Die Möglichkeiten, mit geringen Mitteln für Amphibien neue Lebensräume zu schaffen oder vorhandene zu verbessern, sind erst von wenigen Förstern genutzt worden.

Moore

Moore sind bereits zu einem so großen Anteil vernichtet, daß ihre Reste vor jedem weiteren Eingriff bewahrt werden müssen. Das betrifft vor allem die Absenkung des Grundwasserspiegels und die Entwässerung zur Erschließung für die Landbewirtschaftung, aber auch wieder die Zerschneidung von Mooren für den Straßenbau. Neue Konzessionen für den Torfabbau und Genehmigungen für Aufforstungen mooriger Flächen dürften nicht mehr erteilt und alte Aufforstungen sollten beseitigt werden. Um die Moore sollten sich extensiv genutzte Grünländer oder Wälder ausdehnen,

Bestimmte Moore müssen gepflegt werden, damit sie gefährdeten Tieren als Lebensraum dienen können. Die Moorschnucken sind über jahrhundertelange Züchtung ideal an die harten Bedingungen im Moor angepaßt.

Natürliche Flußauen – hier ein Nebenlauf des Rheins im Naturschutzgebiet Taubergießen – gehören heute zu den großen Raritäten unserer Landschaft.

und die touristische Erschließung muß zwingend vor den Mooren halt machen.

Flüsse und Bäche

Fließgewässer sind in Mitteleuropa fast überall durch Einzwängung zwischen Dämmen grundlegend verändert und damit ihrer natürlichen Vielfalt beraubt worden. „Halbnatürliche" Flußauen auf kurzen Flußabschnitten gehören heute zu den ganz großen Raritäten unserer Landschaft. Diese Reste einer einst hochleistungsfähigen Naturlandschaft müssen vor allen Beeinträchtigungen geschützt werden. Sie dürfen nicht ausgebaut werden, und ihre Umgebung sollte frei von Straßen sein. Wo immer möglich, sollten Bäche und Flüsse renaturiert werden. Ihr Wasser wird dann nicht in einem eingezwängten Bett abgeführt, sondern „arbeitet" zwischen möglichst weit auseinanderliegenden Dämmen. Auf diese Weise würden Auen wieder regelmäßig überschwemmt, an Prallhängen der Ufer käme es zu Abbrüchen, Kiesbänke würden sich bilden, das Flußbett könnte sich verlagern, und die für Amphibien besonders wichtigen Altwässer würden entstehen.

Dort, wo für ein solches Konzept kein Platz ist, sollte land- und forstwirtschaftliche Nutzung nicht unmittelbar an Bäche und Flüsse heranreichen, und an ihren Ufern sollten die natürlich vorkommenden Gehölze gepflanzt werden.

Kleingewässer

Stehende Kleingewässer sind natürlich gewachsen oder künstlich entstanden. Das sind Weiher, Teiche, Tümpel, kleine Handtorfstiche und wassergefüllte Wagenspuren, die für Amphibien unersetzliche Laichgewässer sind. Als selten gewordenen Lebensräumen gebührt ihrer Erhaltung

Vorrang vor jeglichen Eingriffen. Es genügt jedoch nicht, nur die Kleingewässer zu erhalten, vielmehr muß auch die Umgebung „in Ordnung sein", das heißt, in ihrer Nähe dürfen keine Straßen gebaut werden, weil sie Amphibienpopulationen vernichten können. Um die Kleingewässer sollten sich Zonen ohne oder nur mit extensiver Nutzung anschließen, damit sie nicht mit Dünger und Schädlingsbekämpfungsmitteln belastet werden. Und die Kleingewässer sollten auf keinen Fall mit Fischen besetzt werden, und schon gar nicht mit Raubfischen.

Als Ersatz für die vielen zugeschütteten Kleingewässer lassen sich neue Teiche und Tümpel mit relativ geringen Mitteln anlegen und in Biotopverbund-Planungen integrieren.

Bodenentnahme–Flächen

Bodenentnahme-Flächen für den Abbau von Kies, Sand, Lehm, Steinen und Torf können zu wertvollen sekundären Naturlandschaften werden. Damit soll nun keineswegs einem rücksichtslosen Abbau in besonders schönen oder im Sinne des Naturschutzes wertvollen Landschaften das Wort geredet werden. Tatsache ist aber, daß jährlich allein in Deutschland mehr als 5.000 ha Land für die Gewinnung von Kies und Sand in Anspruch genommen werden. Wenn von den ausgebeuteten Gruben ein erheblicher Anteil für den Naturschutz zur Verfügung gestellt würde, wäre das ein, wenn auch bescheidener, Ersatz für verlorengegangene naturnahe Flächen.

Amphibien nehmen Tümpel und Teiche in Gruben, die durch Trockenbaggerung entstanden sind, besonders gerne an. Für einige Arten sind sie sogar in vielen Landstrichen die einzigen Lebensräume, die für sie noch übriggeblieben sind.

Grünland

Wiesen und Weiden sind für einige Amphibien, für viele andere Tiere und Pflanzen notwendige Lebensräume. Leider nehmen auch sie zugunsten von Ackerland und Siedlungsfläche immer mehr ab. Das noch vorhandene Grünland ist infolge von Entwässerungen und modernen Landbewirtschaftungsmethoden für Amphibien nicht mehr oder nur noch bedingt bewohnbar.

Der Fortbestand der meisten wiesenbewohnenden Tiere ist von der Erhaltung ausreichend großer und möglichst vieler extensiv bewirtschafteter Wiesen und Weiden abhängig, auf denen weder Mineraldünger noch Herbizide eingesetzt werden dürfen.

Hecken

Hecken sind vom Menschen geschaffene sekundäre Biotope, die mit 30 Straucharten, 12 Baumarten, 100 Pflanzenarten der Krautschicht und über 1.200 Tierarten, darunter auch einigen Amphibienarten, Vielfalt in die Feldflur bringen. Hecken wurden früher regelmäßig für die Beschaffung von Brennholz genutzt, indem sie auf den Stock gesetzt, das heißt, direkt über dem Boden oder bis zu einer Höhe von 1 m abgesägt oder abgehauen wurden. Am besten lassen sich Hecken dort erhalten, wo sie für die Brennholzbeschaffung benötigt werden. Mit steigenden Ölpreisen ist die Heckennutzung regional wieder interessant geworden, eine Entwicklung, die nur begrüßt werden kann.

Mit der Neupflanzung von Hecken kann dazu beigetragen werden, die aus der Landschaft vertriebene Vielfalt wieder zurückzuholen.

Gartenteiche bringen Kinder dazu, Natur zu beobachten. Dies ist die Voraussetzung für Verstehen und Schützen unserer Mitlebewesen.

Siedlungen

Siedlungsbereiche nehmen mit über 5% der Fläche des Bundesgebietes – das ist eine Fläche etwa in der Größe von Schleswig-Holstein – einen erheblichen Anteil der Gesamtfläche ein. Bei den großen Verlusten an Natur- und Kulturlandschaft kann es uns nicht gleichgültig sein, wie dieser Teil unserer Länder gestaltet ist. In Randbereichen der Städte und in Dörfern sowie in öffentlichen Grünanlagen können mit Gartenteichen Laichplätze für Amphibien geschaffen werden und mit naturnah gestalteten Hecken und Wiesen Aufenthaltsplätze für den Sommer.

Solche Teiche regen auch Kinder zum Beobachten der Tiere an. Die Beobachtung ist die Voraussetzung für das Verständnis und den Schutz unserer Mitlebewesen.

Das Naturschutzprogramm

Von der alten Natur- und Kulturlandschaft haben sich 110 Naturbiotop-Typen und zwischen 20 bis 25 Kulturbiotop-Typen bis heute in Mitteleuropa halten können. In diesen Lebensräumen kommen mindestens 45.000 Tierarten und 3667 Arten höherer Pflanzen vor. Die 110 Naturbiotope sind mit etwa 3–4% Fläche als „ökologische Fetzen", wie der Ökologe Berndt Heydemann sagt, auf 96 – 97% Flächen der Kultur-, Stadt- und Straßenlandschaft verstreut. Und diese 3 – 4% Naturbiotope wurden bisher nur unvollständig kartiert und werden immer weiter eingeengt.

Wenn wir die heute in Mitteleuropa noch vorkommenden wildwachsenden Pflanzen- und freilebenden Tierarten erhalten wollen, müssen wir folgendes tun:

1. Das Ökosystem Wald muß durch drastische Verminderung des Schadstoffausstoßes aus Fahrzeugen, Kraftwerken und Privatheizungen vor dem Zusammenbruch bewahrt werden.

2. Naturnahe Flächen dürfen nicht umgewandelt oder intensiv genutzt werden. Das gilt besonders für einen Teil der Wälder, für alle Moore, Fließgewässer, stehende Gewässer, Feuchtwiesen, Trockenwiesen und Hecken.

3. Beeinträchtigte Landschaften müssen in großem Umfang renaturiert werden, vor allem die genannten Biotope, aber auch Teile von Bodenentnahmeflächen und Teile der Siedlungsbereiche.

4. Zur Erhaltung bestimmter Lebensgemeinschaften sind Landschaftspflege-Maßnahmen notwendig.

5. Für bestimmte Arten oder besser Artengruppen müssen besondere Schutzprogramme entwickelt, weiterentwikkelt und auch durchgeführt werden. Die BUND-Aktion „Rettet die Frösche" ist ein solches Programm.

Entscheidend für die Wirksamkeit des Naturschutzes sind die Größe und die Art der Verteilung naturnaher Flächen in der übrigen Landschaft. Wünschenswert sind sehr viele, sehr große Naturschutzgebiete, wie es sie z. B. in den dünn besiedelten Ländern USA und UdSSR gibt. Im dicht besiedelten Mitteleuropa lassen sich nur in Ausnahmefällen sehr große Naturschutzgebiete einrichten.

Es wird also bei uns darauf ankommen, das vorhandene Netz der Schutzgebiete planmäßig auszubauen. Dabei spielen Naturschutzgebiete und flächenhafte Naturdenkmäler eine besondere Rolle. Je dichter dieses Verbundsystem ist, um so besser. Es muß ergänzt werden durch Feldgehölze, Hecken, von chemischen Spritzmitteln freigehaltene Wegraine, extensiv bewirtschaftete Feucht- und Trockenwiesen sowie Weiden. Feldgehölze und Hecken können in Deutschland und in Österreich mit dem Status eines Landschaftsschutzgebietes gesichert werden oder durch private Vereinbarungen zwischen Naturschutzverbänden und Grundeigentümern – ein in der Schweiz oft eingeschlagener Weg.

Biotop-Verbund: Soll und Haben

Wissenschaftler sind der Ansicht, daß mindestens 10% der Fläche unter Naturschutz stehen müssen, wenn erreicht werden soll, daß die Mehrzahl unserer Lebewesen der Nachwelt erhalten bleibt. Von diesem Ziel sind wir noch meilenweit entfernt: So stehen in Deutschland nur 0,9% der Fläche unter Naturschutz. Nicht mitgerechnet sind die sehr kleinen, in der Regel unter 5 ha großen Naturdenkmäler.

Es bedarf also ganz großer Anstrengungen des Staates, der Länder, der Gemeinden und der Bürger, um dieses Ziel zu erreichen.

Die Herausforderung an die Gemeinden

In der Bundesrepublik gibt es rund 15.000 Gemeinden. Im Schnitt kommen auf eine Gemeinde 2.400 ha. 10% davon sind 240 ha, die durchschnittlich in jeder Gemeinde unter Naturschutz stehen müßten. Tatsächlich hat nur jede siebte Gemeinde ein Naturschutzgebiet von 110 ha, das ist die durchschnittliche Größe der Naturschutzgebiete. Man sollte es nicht glauben, aber in sechs von sieben Gemeinden gibt es gar kein Naturschutzgebiet!

Dies ist wohl die größte Herausforderung an die Gemeinden. Aber woher sollen sie die Naturschutzgebietsfläche nehmen? Grundlage für den Schutz sollte die Biotopkartierung sein, die von den meisten Bundesländern bereits durchgeführt wurde.

Ein Teil der als schützenswert kartierten Flächen ist Eigentum des Staates oder der Gemeinden, Flächen also, die problemlos und schnell geschützt werden könnten. Wenn schützenswerte Biotope in Privatbesitz sind und die Herausnahme aus der Nutzung Schwierigkeiten macht, sollten Staat und Gemeinden Fläche aus ihrem Besitz zum Tausch anbieten. Auf diese Weise könnten 10% Naturschutzgebietsfläche in wenigen Jahren gewonnen werden. Voraussetzung ist dafür allerdings der politische Wille, die Naturreste unserer Heimat wirksam für die nächsten Generationen zu sichern. Für die Schweiz liegt dafür ein vorbildlicher Leitfaden vor, das Buch von Hansruedi Wildermuth „Natur als Aufgabe".

Betreuung und Pflege

Es genügt nicht, Flächen unter Schutz zu stellen und sie ihrem Schicksal zu überlassen. Sie müssen betreut und gepflegt werden. Staat und Gemeinden sind hier gefordert, ökologische Verantwortung zu zeigen.

Sehr viele Bürger in unseren Ländern, die sich in Naturschutzverbänden zusammengeschlossen und die Betreuung und Pflege von Schutzgebieten übernommen haben, brauchen Unterstützung.

Wir brauchen einen Zukunftsminister

Wenn die Parlamentarier in Bund, Kantonen, Ländern und Gemeinden alljährlich die Haushalte diskutieren und beschließen, werden damit auch die Weichen für Naturveränderungen in großem Umfang gestellt.

Wir können bisher keine wirksame und sichtbare Kontrolle über die Umweltverträglichkeit der vom Staat und den Gemeinden geförderten Projekte feststellen, obwohl seit langem bekannt ist, daß viele dieser Vorhaben böse Folgen für die Natur unserer Heimat haben. Während die für Finanzen zuständigen Volksvertreter in den Regierungen und Parlamenten mit ihrem Vetorecht den Wildwuchs von Forderungen ihrer Kollegen rigoros beschneiden können, gibt es bisher niemanden, der entsprechende Vollmachten für die Erhaltung unserer Lebensgrundlage Natur hätte. Der für Naturschutz zuständige Minister ist einer unter vielen, der jederzeit überstimmt werden kann, und der es in der Regel unterläßt, sich mit seinen Amtskollegen anzulegen, um deren umweltunverträgliche Ausgaben zu beschneiden.

Wenn neben dem Naturschutz auch noch die Landwirtschaft zu seinem Ressort gehört, müßte er bei der Abstimmung über einzelne Haushaltitel vom Standpunkt des Naturschutzes oft gegen seine eigenen Vorlagen stimmen. Um aus dieser Klemme herauszukommen, brauchen wir „Zukunftsminister", die gegen umweltunverträgliche Gesetze und Vorhaben ihr Veto einlegen können. Ein derar-

tiger Minister müßte die Unterstützung kompetenter Ausschüsse erhalten, die sich nur mit Naturschutz befassen.

Wie auch immer die Lösungen aussehen, die Ausgabenpolitik von Bund, Ländern, Kantonen und Gemeinden muß sich grundsätzlich ändern, wenn wir den Wettlauf mit den Naturzerstörungen gewinnen wollen.

Gesetze

Im § 1 des Bundesnaturschutzgesetzes steht: „Die Anforderungen sind untereinander und gegen sonstige Anforderungen der Allgemeinheit an Natur und Landschaft abzuwägen." In der Praxis sieht das dann so aus, daß immer noch zu Lasten letzter Naturreste entschieden wird.

Dazu ein Beispiel: Der Flugsportverein Blumberg in der Region Schwarzwald-Baar-Heuberg reicht Pläne für die Erweiterung seines Hobbyflugplatzes ein, und das Regierungspräsidium Freiburg genehmigt diese Pläne, die die Auffüllung eines Teils des Zollhausrieds zur Folge haben.

Das Zollhausried wurde mit Genehmigung des Regierungspräsidiums Freiburg teilweise zugeschüttet.

Trotz des engagierten Einsatzes des baden-württembergischen Umweltministers gegen die Auffüllung, war der Eingriff nicht mehr rückgängig zu machen, weil der Staat sonst hohe Ersatzansprüche hätte zahlen müssen.

Würde es in Baden-Württemberg ein Klagerecht für Naturschutzverbände geben, – in der Schweiz, in Hessen und Bremen sind bestimmte Naturschutzverbände klageberechtigt – hätten diese gegen den Planfeststellungsbeschluß Klage eingereicht. Das angerufene Gericht hätte die Rechtmäßigkeit des Planfeststellungsbeschlusses überprüft und wäre wahrscheinlich zu dem Ergebnis gekommen, daß vom Regierungspräsidium fehlerhaft abgewogen worden sei. Die überschüttete Moorfläche wäre erhalten geblieben.

Vergleichbare Fehlentscheidungen gibt es viele im Land. Deshalb fordern die Naturschutzverbände das Klagerecht gegen Behördenentscheidungen und eine Änderung der Abwägungsverpflichtung. Die Erhaltung seltener Lebensräume muß gegen andere Anforderungen Vorrang erhalten.

Für Flurbereinigung gab der Bund zwölfmal so viel aus wie für Naturschutz, für andere Eingriffe zur besseren Nutzung der Landschaft sogar das Fünfundvierzigfache.

Naturschutz

Flurbereinigung

Entwässerung
Dränung
Landbautechnik
Wildbachverbauung
Flußregulierung
Binnendeiche
Wege und anderes.

Die Aktion

Konkrete Maßnahmen, Notwendigkeiten
und praktische Ratschläge

Wer kann was tun?

Was tut der Staat?

Die Anzeichen für den Ausverkauf der Natur sind allerorts erkennbar, und jeder müßte sich der Umweltkatastrophe, die sich da zusammenbraut, bewußt werden. Wir meinen, daß es noch nicht zu spät ist und der Natur noch geholfen werden kann. Es gibt viele Möglichkeiten, und niemand sollte sagen, er könne für die Natur nichts tun. Nehmen wir nur das Beispiel der immer mehr bedrohten Frösche, Kröten, Unken, Molche und Salamander. In unserer unmittelbaren Umgebung, ja oft buchstäblich direkt vor der Haustüre, kann den Amphibien geholfen werden; es bedarf nur der Initiative des einzelnen. Wer Frösche schützen hilft, der trägt mit dazu bei, auch den Lebensraum vieler anderer Tierarten zu retten. Denn intakte Lebensräume sind Grundvoraussetzung für das Funktionieren des Naturhaushaltes und Grundlage für das Leben des Menschen.

Wir müssen also die Natur retten, weil wir sie brauchen. Die in jüngster Zeit durchgeführten Schutzmaßnahmen zeigen uns auch, daß es noch nicht zu spät ist. Aber es muß noch viel mehr getan werden, um mit den Fröschen einen Teil unserer Natur zu retten. Was können wir für diese Tiergruppe tun? Wir geben konkrete Tips für den Amphibienschutz, berichten von nachahmenswerten Schutzmaßnahmen und fordern gleichzeitig zum entschiedenen Handeln auf.

Wenn vom Amphibienschutz und vom Naturschutz schlechthin die Rede ist, so stellt sich auch die Frage, was der Staat unternimmt. Nun ist der Staat ja nicht irgendwer: Jeder einzelne ist ein Teil von ihm. Deshalb ist letztlich auch jeder für den Schutz der Natur mitverantwortlich. Dennoch ist der Staat als Organisation und Gemeinwesen für den Naturschutz zuständig.

Im Gegensatz zu verschiedenen Landesverfassungen findet sich im Grundgesetz der Bundesrepublik Deutschland keine Verpflichtung des Staates zum Schutz der Natur und Landschaft. Verschiedene Verfassungsrechtler vertreten jedoch die Ansicht, daß das Grundgesetz – dessen Grundrechte auch als Abwehrrechte gegen Eingriffe des Staates zu sehen sind – den Anspruch auf eine gesunde Umwelt darstellt.

So sagt der von Ingo von Münch herausgegebene Grundgesetzkommentar zu den Artikeln 1 bis 20 des Grundgesetzes: „Ausgehend vom Wandel im hergebrachten negatorischen Grundrechtsverständnis ergibt sich, daß der einzelne einen Anspruch auf Schaffung derjenigen Bedingungen hat, unter denen ein freies, menschenwürdiges Leben möglich ist, d. h. er hat ein Recht auf reines Wasser, reine Luft, lärmfreie Stille und erholsame Landschaft." Verschiedentlich wurde schon versucht, in die Verfassung eine Verpflichtung des Staates zum Schutz der Natur aufzunehmen, die bislang aber ohne Erfolg geblieben ist.

Ausdrücklich erwähnt wird diese Verpflichtung in verschiedenen Landesverfassungen. So heißt es in Artikel 86 der baden-württembergischen Landesverfassung: „Die natürlichen Lebensgrundlagen, die Landschaft sowie die Denkmäler der Kunst, der Geschichte und der Natur sowie die Landschaft genießen öffentlichen Schutz und die Pflege des Staates und der Gemeinden". Ähnliche Bestimmungen sind z. B. enthalten in Art. 62 der hessischen Verfassung, Art. 18 II nordrhein-westfälische Verfassung und in Art. 141 der bayerischen Verfassung.

Wenngleich die Verpflichtung des Staates für den Naturschutz im Grundgesetz nicht ausdrücklich festgelegt ist, so wurde wenigstens die Zuständigkeit geregelt. Nach Art. 75 des Grundgesetzes hat der Bund auf dem Gebiet des Naturschutzes die Rahmengesetzgebungskompetenz. Der Bund gibt also den rechtlichen Rahmen vor, der von den Ländern ausgefüllt werden soll.

Die Rechtsmaterie des Naturschutzes hat erst mit dem Erlaß des Bundesnaturschutzgesetzes im Jahre 1976 eine bundeseinheitliche Regelung erfahren. Das Bundesnaturschutzgesetz enthält als Rahmengesetz nur wenige Bestimmungen mit unmittelbarer Wirkung. Entscheidend für die unmittelbare Geltung von Naturschutzbestimmungen sind die Naturschutzgesetze der Länder.

Wie sind die Amphibien geschützt?

Nach der Bundesartenschutzverordnung aus dem Jahre 1980 sind alle europäischen Amphibienarten besonders geschützt. Es ist verboten, diesen Arten nachzustellen, sie zu fangen, zu verletzen, zu töten oder ihre Eier, Larven oder sonstigen Entwicklungsformen wegzunehmen, zu zerstören oder zu beschädigen. Vom Aussterben bedrohte Arten dürfen nach den Naturschutzbestimmungen an ihren „Wohn-und Zufluchtstätten" auch nicht durch Aufsuchen, Fotografieren, Filmen oder ähnliche Handlungen gestört werden. Lebende oder tote Amphibien, ihre Eier und Larven und unterschiedliche Entwicklungsformen dürfen auch nicht in Besitz genommen, erworben, abgegeben, feilgehalten, veräußert oder in den Verkehr gebracht werden. Wenn heute noch in Tierhandlungen einheimische Amphibien auftauchen, ist das schlichtweg ein Rechtsverstoß, der als Ordnungswidrigkeit mit empfindlichen Geldbußen geahndet werden kann. Weitergehende Regelungen enthalten die Landesnaturschutzgesetze und die Landesartenschutzverordnungen. Nach den Bestimmungen des baden-württembergischen Naturschutzgesetzes dürfen geschützte Amphibienarten – auch wenn sie aus anderen Ländern stammen – nicht ein- oder ausgeführt werden.

Auch in der Schweiz und in Österreich sind alle heimischen Amphibien geschützt. Letztlich nützt es jedoch wenig, wenn die Tiere selbst unter Schutz stehen, ihre Lebensräume aber Zug um Zug vernichtet werden. Artenschutz hat nur zusammen mit einem effektiven Biotopschutz Sinn.

Volkszählung bei Fröschen
Um Frösche, Kröten, Unken, Molche und Salamander wirkungsvoll schützen zu können, muß zunächst die Arealverbreitung und die Dichte der Vorkommen bei den

einzelnen Arten festgestellt werden. Trotz verschiedener Untersuchungen, die in den letzten Jahren durchgeführt wurden, wissen wir über die Amphibienverbreitung noch zu wenig. Im Gegensatz zum Vorkommen von Pflanzen oder von Vögeln und Säugetieren fehlen bei den Amphibien vielfach regionale, flächendeckende Untersuchungen. Ursächlich für die „Abseitsstellung" dieser Tiergruppe ist nicht etwa wissenschaftliches Desinteresse, denn über die Lebens- und Verhaltensweise der Frösche und ihrer Verwandten wurden schon zur Jahrhundertwende umfangreiche Studien erstellt. So mancher Zoologe und viele Umweltschützer haben ihre ersten Naturbeobachtungen beim sich alljährlich in Tümpel und Weiher wiederholenden Schauspiel des Wandels vom kiemenatmenden „Wassertier" zum lungenatmenden „fertigen" Lurch gemacht. Wegen der einstigen Vielfalt von Kleingewässern und dem damit überall verbundenen Auftreten von Amphibien konzentrierten sich zoologische Bestandserfassungen zunächst auf die Feststellung seltener Vogelarten. Erst mit dem rapiden Rückgang der Amphibienbestände begann man auf private oder staatliche Initiative an verschiedenen Stellen mit der Erfassung von Amphibien.

Gab es zu Anfang der 80er Jahre in Deutschland, Österreich und der Schweiz noch keine flächendeckenden Amphibien-Bestandsaufnahmen, so liegen heute für alle Länder und Regionen zumindest Rasterkartierungen vor. Daraus ist die aktuelle Verbreitung der einzelnen Amphibienarten ersichtlich, und es können Rückschlüsse auf Gefährdungen und erforderliche Schutzmaßnahmen gezogen werden. Auch wenn für manche Gebiete noch intensivere Bestandsuntersuchungen wünschenswert wären, wissen wir heute genug über die zahlreichen Gefährdungen der Amphibien und ihrer Lebensräume.

In vielen Fällen ist es heute zweckmäßiger, ökologisches Engagement in Maßnahmen zum Naturschutz-Management und zur Lebensraumsicherung zu lenken, anstatt Zeit mit der Klärung der allerletzten Fragen der Amphibien-Populationsdynamik zu verlieren.

Viele zweifellos wichtigen wissenschaftlichen Fragestellungen können intensiver angegangen werden, wenn naturnahe Landschaften erst einmal durch Unterschutzstellung und ein entsprechendes Management gesichert sind. Alle am Naturschutz Beteiligten sollten auch ein neues Selbstbewußtsein erlangen, bei dem davon Abstand genommen wird, stets alle ökologischen Faktoren im kleinsten Detail beweisen zu wollen, denn welche Entscheidungsträger, die in intakte Landschaften eingreifen wollen, bringen Beweise, daß ihre Maßnahmen nicht zu Schäden führen?

Jeder kann helfen

Damit Bestandsschwankungen erfaßt und mögliche weitere Gefährdungsursachen erkannt werden, ist eine laufende Fortschreibung der Amphibienkartierungen notwendig. Jeder der sich mit Amphibien auskennt, kann durch Erfassungen in seiner unmittelbaren Umgebung dazu beitragen, daß die Verbreitung der Amphibien bekannt wird und bei Bestandsrückgängen Schutzprogramme durchgeführt werden.

In vielen Regionen gibt es lokale Arbeitsgemeinschaften für die Amphibienkartierung. Fast in allen Ländern bzw. Kantonen sind Koordinationsstellen für die Erfassung und Fortschreibung der Amphibienvorkommen eingerichtet. Die Adressen sind über die Naturschutzministerien der Länder erhältlich.

Darüber hinaus gibt es jeweils für Deutschland, Österreich und die Schweiz für das gesamte Staatsgebiet Koordinations- und Erfassungsstellen, an die man sich ebenfalls wenden kann:

Bundesrepublik Deutschland:	Kontaktadressen werden über die Naturschutzabteilungen der einzelnen Umweltministerien der Länder vermittelt.
Österreich:	Dr. F. Tiedemann Naturhistorisches Museum, Burgring 7 A-1014 Wien
Schweiz:	Silvia Zimbach und Ulrich Hofer Koordinationsstelle für Amphibien- und Reptilienschutz in der Schweiz (KARCH) Naturhistorisches Museum Bernastraße 15 CH-3005 Bern

Von den einzelnen Koordinationsstellen werden auch spezielle Erfassungsbögen zur Kartierung der Laichgewässer und der Jahreslebensräume zur Verfügung gestellt.

Eine sehr wertvolle „Anleitung zur Amphibienkartierung" hat die Hessische Landesanstalt für Umwelt in Wiesbaden erarbeitet. Für die Mitarbeiter bei den Erfassungsarbeiten wurde eine ausweißähnliche Bescheinigung entworfen.

Kooperation zwischen Staat und Bürgern

Die bisher größte Aktion des Staates zur Erhaltung und Neuanlage von Kleingewässern kam auf Anregung der privaten „Arbeitsgemeinschaft für biologisch-ökologische Landesforschung" in Münster zustande. Die Mitglieder dieser Arbeitsgemeinschaft haben die Amphibien-Vorkommen in ganz Westfalen mustergültig kartiert, sehr viel über die Biologie der Amphibien zusammengetragen, Vorschläge für die Erhaltung von Laichgewässern gemacht und Gutachten erstellt. Im Kreis Unna wurden alle Kleingewässer kartiert.

Aufgrund der Vorarbeiten und auf Anregung dieser Arbeitsgemeinschaft hat der Regierungspräsident von Münster bereits 1980 eine Modellaktion durchgeführt, bei der 220 Kleingewässer angelegt oder wiederhergestellt wurden. Dieses Modell machte schnell Schule: Das Land Nordrhein-Westfalen stellte 1981 für die drei westfälisch-lippischen Regierungsbezirke je 500.000 DM für Neuanlage oder Pflege von Laichgewässern zur Verfügung. Insgesamt wurden in Westfalen bei dieser Aktion 938 Projekte verwirklicht. Es ist zu wünschen, daß andere Länder dem guten Beispiel Westfalens folgen werden.

Von der hessischen Naturschutzbehörde wurden teilweise gemeinsam mit der Forstverwaltung 339 Wasserflächen mit

343 ha und 401 Flachwasserteiche oder Sumpfflächen mit rund 245 ha neu angelegt. Dafür wurden 1980 und 1981 850.000 DM eingesetzt.

Neben der Biotopkartierung sind in Hessen seit 1979 über 400 freiwillige Helfer in Zusammenarbeit mit der Hessischen Landesanstalt für Umwelt dabei, alle Laichgewässer und Wanderwege der Amphibien zu kartieren. Auch dieses Vorhaben kann als gutes Beispiel den anderen Bundesländern empfohlen werden.

Was tun die Landkreise?

Mit über 436.000 Einwohnern steht der Landkreis Ludwigsburg an zweiter Stelle in der Besiedlungsdichte unter den 35 Landkreisen von Baden-Württemberg. Der Fläche nach nimmt er jedoch im Südweststaat nur den 27. Platz ein, was deutlich macht, wie dicht dieser Raum besiedelt ist. Hier haben es die Amphibien besonders schwer; viele Lebensräume sind zerstört, beeinträchtigt oder zerschnitten. Wo eine große Anzahl von Menschen lebt, sind auch die Ansprüche an die Landschaft groß. Und so kommt gerade den Kreis-, Bezirks- und Regionalverwaltungen als Planungs- und Entscheidungsträgern auf verschiedenen Gebieten eine große Bedeutung hinsichtlich der Lebensraumsicherung zu. Im Landkreis Ludwigsburg hat man – so scheint es – die Notwendigkeit der Erhaltung von Natur und Landschaft als Grundlage der Zukunftssicherung noch gerade rechtzeitig erkannt. 33% der Landkreisfläche sind in den letzten Jahren unter Landschaftsschutz gestellt worden. Aber auch kleinen Lebensräumen und besonders Feuchtgebieten gilt die Aufmerksamkeit der Landkreisverwaltung.

Sämtliche Kleingewässer wie Teiche, Tümpel, Gräben, Feuchtwiesen und Röhrichte wurden – sofern solche Landschaftselemente nicht schon als Naturschutzgebiete ausgewiesen waren – als flächenhafte Naturdenkmale geschützt. Über 800 solcher Naturdenkmale (zu denen auch Feldgehölze, Trockenrasen und andere ökologische Bausteine der Landschaft gehören) hat der Landkreis Ludwigsburg bereits ausgewiesen. Die Naturschutzbehörde wurde durch einen Ökologen verstärkt, der im Zusammenwirken mit den Städten und Gemeinden sowie den Naturschutzverbänden und den Naturschutzbeauftragten die Gebiete überwacht und notwendige Pflegemaßnahmen koordiniert. Darüber hinaus wurden zusammen mit der Naturschutzverwaltung des Landes Baden-Württemberg zahlreiche Feuchtgebiete neu angelegt oder renaturiert. Auch als Straßenbaulastträger hat der Landkreis Ludwigsburg Verantwortung gegenüber den bedrohten Amphibien übernommen:

Auch als Straßenbaulastträger hat der Landkreis Ludwigsburg Verantwortung gegenüber den bedrohten Amphibien übernommen: Als BUND-Mitglieder entdeckt hatten, daß auf einer Kreisstraße, die durch ein Waldgebiet führt, zahlreiche Grasfrösche und Erdkröten überfahren wurden, ließ die Landkreisverwaltung spontan zwei Krötentunnel einbauen und finanzierte die Erstellung eines zweimal 900 m langen Schutzzaunes.

Was tun die Gemeinden?

Gemeinden und Städte erschließen Wohn-, Gewerbe- und Industriegebiete, bauen Straßen, Rathäuser, Kindergärten und Sportanlagen, befestigen Feldwege, sind direkt oder indirekt beteiligt an Flurbereinigungen, Grundwasserabsenkungen, Bachkorrekturen und -verdolungen, Hecken- und Baumrodungen und vielem mehr. Anscheinend haben aber nur wenige Bürgermeister und Gemeinderäte ihre besondere Verantwortung zur Bewahrung von Natur und Landschaft erkannt. Das mag auch daran liegen, daß die Leistung und der Erfolg von Kommunalpolitikern bislang nur daran gemessen wurde, wieviele Baumaßnahmen – egal welcher Art – in einer Amtsperiode verwirklicht werden konnten. Was bedeutet da schon ein Laichplatz für Frösche, den man ohnehin ungestört lassen sollte und der sich für Repräsentationszwecke wenig eignet.

Nicht so in der 4000 Einwohner zählenden, bei Vaihingen/Enz am Rande des Verdichtungsraumes um Stuttgart gelegenen, Gemeinde Sersheim. In dem früher durch Landwirtschaft geprägten und heute zunehmend als Arbeiterwohngemeinde strukturierten Ort hat man sich der Verantwortung für die Natur auf der 1.148 ha großen Gemarkung erinnert und eine umfassende Kampagne zur Rettung der Feuchtgebiete gestartet.

Bürgermeister Noak ist stolz auf die Feuchtgebiete in seiner Gemeinde.

Sersheims Bürgermeister Peter Noak sagte auf einer Veranstaltung des „Bund für Umwelt und Naturschutz": „Feuchtgebietsschutz ist für uns keine Pflicht, sondern verpflichtende Notwendigkeit." Dies sind hier keine leeren Floskeln, mit denen im Zuge wachsenden Umweltbewußtseins versucht wird, bei Vertretern eines Naturschutzverbandes einen guten Eindruck zu erwecken, während doch weiterhin Natur zerstört wird. Vielerorts ist das noch so. Durch die Sanierung, den Aufkauf und die Neuanlage von Laichgewässern hat die Gemeinde Sersheim aber ein nachahmenswertes Beispiel für kommunales Naturschutzengagement gesetzt. In enger Zusammenarbeit mit amtlichem und privatem Naturschutz wurden in Sersheim in den letzten 10 Jahren 4 Laichgewässer – darunter ein kleines Moor – durch Ausbaggerung saniert, 2 Weiher neu angelegt. Die insgesamt 8 stehenden Gewässer auf der Gemarkung bilden mit dem naturnah gepflegten Bachlauf einen regelrechten Feuchtgebietsverbund, so daß ein Artenaustausch zwischen diesen Lebensräumen noch möglich ist. Die beste Sicherung von Biotopen ist der Aufkauf. Und so hat diese Gemeinde mit Hilfe von Naturschutzmitteln des Landes Baden-Württemberg alle Laichgewässer auf der Gemarkung aufgekauft. Außerdem hat man daraufhingewirkt, daß die Feuchtgebiete unter Schutz gestellt wurden. Dabei soll es jedoch nicht bleiben. Im Rahmen eines anstehenden Flurbereinigungsverfahrens will die seit Sommer 1982 auf einstimmigen Beschluß des Gemeinderates dem BUND angehörende Gemeinde dafür sorgen, daß ein vom „Reichsarbeitsdienst" in den 30er Jahren rücksichtslos entwässertes und heute landwirtschaftlich genutztes Moorgelände wieder vernäßt wird. Mit der Flurbereinigung will man auch der Ausräumung der Landschaft vorbeugen und Flächen zur Anlage von Feldgehölzen, Hecken und Baumgruppen bereitstellen. Dadurch werden auch die Jahreslebensräume der Amphibien erhalten und dort, wo sie verschwunden sind, wieder hergestellt.

Polizeiverordnung für ein Laichgewässer

Ein Beispiel für kommunales Verantwortungsbewußtsein gegenüber der einheimischen Tier- und Pflanzenwelt setzte auch die 9.000 Einwohner zählende Stadt Steinheim im Landkreis Ludwigsburg, bekannt durch den 1933 aufgefundenen 250.000 Jahre alten Schädel des „homo steinheimensis".

Die Stadt hatte die Möglichkeit einer Flurbereinigung genutzt und zur Bereicherung der landschaftlichen Vielfalt und als Lebensraum für Tiere und Pflanzen den sog. „Rohrbachtalweiher" anlegen lassen. Nun befindet sich dieser Weiher in einem landschaftlich sehr reizvollen Gebiet, und es bestand die Gefahr, daß der neu geschaffene Biotop schnell durch Erholungsuchende beeinträchtigt und seiner eigentlichen Bestimmung entfremdet wird. Ohne auf Naturschutzgesetze zurückgreifen zu müssen, wußte sich da der auf die Lebensraumerhaltung sehr bedachte Bürgermeister Steinheims, Alfred Ulrich, selbst zu helfen. Gleich nach Fertigstellung des neugeschaffenen Feuchtgebietes erließ er eine „Polizeiverordnung über die Benutzung des Rohrbachtalweihers". Damit wurden alle Handlungen, die das Gewässer beeinträchtigten, verboten. Eine aufklärende Tafel am Weiher, verbunden mit der entsprechenden Pflege des Gewässers und intensiver Öffentlichkeitsarbeit, bewirkte, daß sich der künstlich angelegte „Rohrweiher" innerhalb weniger Jahre zu einem wertvollen Laichgewässer für Wasserfrosch, Grasfrosch und Erdkröte entwickeln konnte. Sogar durch eine Polizeiverordnung können also Gemeinden sehr viel für Amphibien und damit für die Natur überhaupt tun.

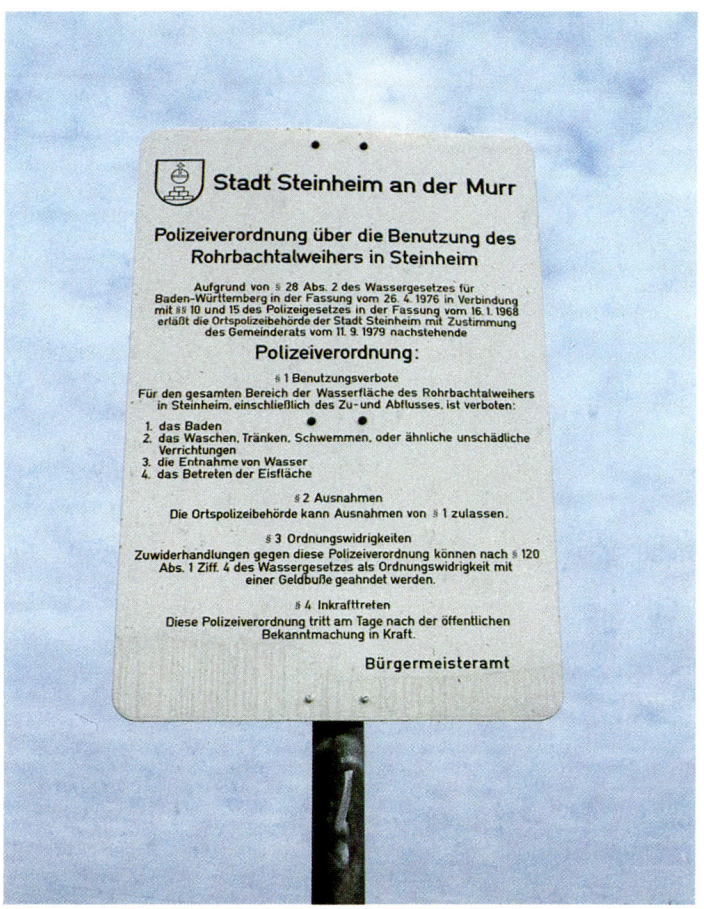

Eine Stadt leistet sich Naturschutz-Fachleute

Die Großstadt Linz mit 200.000 Einwohnern liegt in Oberösterreich, und zwar in einer Region, in der ein Drittel der Einwohner Österreichs auf 10% seiner Fläche leben. Linz liegt also in einem Ballungsraum, und in Ballungsräumen steht es um die Natur durchweg besonders schlecht; so war das auch im Raum Linz.

Magistrat und Stadträte von Linz zogen daraus eine beispielhafte Folgerung: Sie richteten in einer Villa eine „Naturkundliche Station der Stadt Linz" ein, in der Magister Gerhard Pfitzner und sieben weitere Angestellte beschäftigt sind. Ihre Aufgabe ist die Verteidigung der Naturreste und die Information der Bevölkerung über Belange des Naturschutzes. Sie gibt eine eigene Zeitschrift mit dem Titel „Öko L" heraus mit einer Auflage von immerhin 4.000 Stück.

Bisher wohl spektakulärster Erfolg der Station ist die Erhaltung des Weidingerbachs. Dieser Mühlbach, der durch die Stadt Linz fließt, sollte zugeschüttet werden. Die Mitarbeiter der Station haben die Gehölze und die Vögel am Bach kartiert und seinen Wert als Erholungsraum dargestellt. Das Ergebnis: Der Bach nimmt eine ökologische Spitzenstellung in der Linzer Stadtlandschaft ein. Die Stadträte taten das Richtige: Der Bach blieb erhalten.

Wenn Feldfluren zu reinen Agrarflächen werden und Biotope dadurch isoliert sind, können sie ihrer Funktion für den Naturhaushalt nicht mehr gerecht werden.

Was tun Flurbereiniger?

Durch die Ausräumung der Landschaft und die grundlegende Umgestaltung ganzer Gegenden haben viele Flurbereinigungen zum völligen Verschwinden oder zur starken Dezimierung von Amphibienpopulationen geführt.

Naturverarmung oder völlige Naturvernichtung durch die Flurbereinigung kann vermieden werden, wenn die Flurbereinigungsverwaltungen nur ihrem gesetzlichen Auftrag nachkommen. Nach den Bestimmungen des Flurbereinigungsgesetzes der Bundesrepublik Deutschland in der Fassung vom 16. 3. 1976 ist das Flurbereinigungsgebiet „unter Beachtung der jeweiligen Landschaftsstruktur neu zu gestalten, wie es den gegeneinander abzuwägenden Interessen der Beteiligten sowie den Interessen der allgemeinen Landeskultur entspricht und wie es das Wohl der Allgemeinheit erfordert". Bei der Durchführung von Flurbereinigungsmaßnahmen hat die Behörde die öffentlichen Interessen zu wahren und „. . . vor allem den Erfordernissen der Raumordnung, der Landesplanung und einer geordneten städtebaulichen Entwicklung, des Umweltschutzes, des Naturschutzes und der Landschaftspflege, des Denkmalschutzes, der Erholung, der Wasserwirtschaft einschließlich der Wasserversorgung und Abwasserbeseitigung, der Fischerei, des Jagdwesens, der Energieversorgung, des öffentlichen Verkehrs, der landwirtschaftlichen Siedlung, der Kleinsiedlung, des Kleingartenwesens und der Gestaltung des Orts- und Land-

schaftsbildes" Rechnung zu tragen. Es ist für Flurbereiniger sicher nicht einfach, alle diese Gesichtspunkte gleichermaßen zu berücksichtigen; doch fällt auf, daß gerade die Belange Landschaftsstruktur, Umweltschutz, Naturschutz, Landschaftspflege, Orts- und Landschaftsbildgestaltung bei den meisten bisherigen Flurbereinigungen völlig unbeachtet blieben. Den Beweis dafür liefern die in flurbereinigten Gebieten verschwundenen Tiere und Pflanzen.

Es geht auch anders

Daß es mit gutem Willen und vor allem mit der Einsicht in die Notwendigkeit eines intakten Naturkreislaufs auch anders geht, zeigen einige (leider noch wenige) neuere Flurbereinigungen.

Vielfach ist ja nicht nur die Landschaft ausgeräumt worden, sondern es wurden für Tiere zusätzlich neue unnatürliche Gefahrenquellen geschaffen.

Sehr groß sind die Ausfälle unter Amphibienvorkommen, wenn technisch anglegte Wasserableitungen die Wanderwege zu den Laichgewässern kreuzen oder den Sommerlebensraum zerschneiden. In Süddeutschland befinden sich Weinberge oftmals unterhalb einer Waldkuppe, so daß nach einer Flurbereinigung der gesamte Lebensraum von solchen Amphibienfallen umgeben ist.

Die Außenstelle Besigheim des Flurbereinigungsamtes Schorndorf (Baden-Württemberg) wollte dieser Gefahr begegnen. Als Modellprojekt entwickelte man zusammen mit Wasserwirtschaftsleuten und amtlichen Naturschützern für die Rebflurbereinigung „Pfefferberg" in Sachsenheim-Hohenhaslach eine Wasserableitung nach ökologischen Kriterien. Man ging dabei von den Steinriegeln in alten Weinbergen aus und baute eine 3 m breite Mulde aus Natursteinbrocken. Diese Mulde bereichert im Gegensatz zu den sterilen Betonrinnen die Landschaft und bietet mit vielen Fugen und Ritzen Lebensmöglichkeiten für manche Wildpflanzen und Kleintiere in ansonsten intensiv bewirtschafteter Umgebung. In Ergänzung hierzu werden die sich anschließenden Regenrückhaltebecken als naturnahe Biotope mit Flachwasserzonen angelegt. Künstliche Bauwerke müssen also nicht zu Tierfallen werden, sondern können auch ein Beitrag für eine vielfältig gestaltete Landschaft sein.

Es geht auch anders – in naturnaher Weise hergestellte Wasserableitung in einem Flurbereinigungsgebiet.

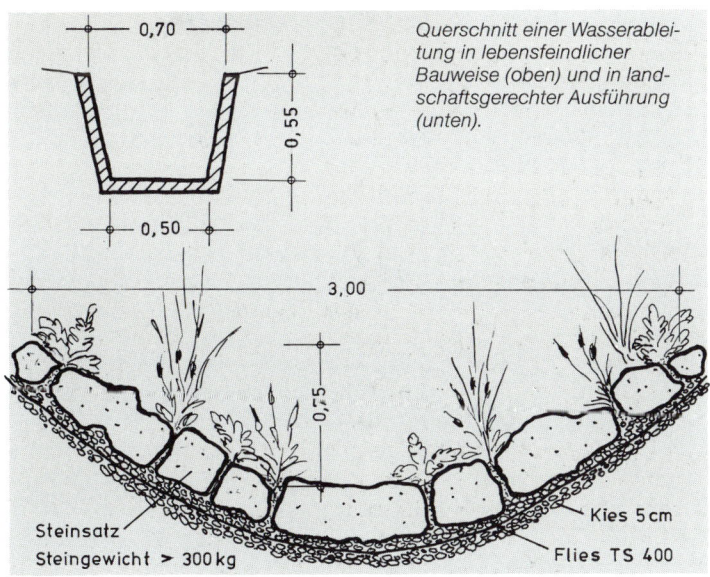

Querschnitt einer Wasserableitung in lebensfeindlicher Bauweise (oben) und in landschaftsgerechter Ausführung (unten).

0,70

0,55

0,50

3,00

0,75

Steinsatz
Steingewicht > 300 kg

Kies 5 cm

Flies TS 400

Was sollen die Flurbereiniger noch tun?

Im Rahmen von Flurbereinigungsverfahren sollten mindestens 10% des Geländes als Vorrangfläche für Naturschutz in Form von Kleingewässern, Hecken, Wegrainen, Feldgehölzen und Brachflächen bereitgestellt werden.

Was tun Wasserbauer?

Jahrzehntelang wurde Wasser aus der Landschaft getrieben, als ob es eine Seuche sei. Dies geschah neben Grundwasserabsenkungen und Entwässerungen auch durch die Einzwängung von Flüssen und Bächen in sterile Wasserrinnen. An vielen Orten können heute Fließgewässer nicht mehr, wie in Jahrtausenden vorher geschehen, über die Ufer treten.

Die Gewässer sind nicht mehr der natürlichen Flußdynamik unterworfen, womit sich auch die Umgebung vollkommen ändert. Viele Kleingewässer verdanken ihre Entstehung den Hochwässern. Sie hinterließen Wasserlachen und regelrechte Überschwemmungstümpel, die den Amphibien als Laichgewässer dienten. Röhrichtbestandene Uferbereiche, Sumpfzonen, Auwälder sowie Kies-, Schlick- und Sandbänke waren Jahreslebensraum für Molche, Kröten und Frösche. Im Bereich von betongesäumten Fließgewässern können aber Amphibien nicht leben.

Deshalb sind die Wasserbauer dazu aufgerufen, aus den bisherigen Fehlern zu lernen und unvermeidbare Ausbaumaßnahmen nur noch unter ökologischen Kriterien zu planen und zu bauen. Das Wasserwirtschaftsamt Besigheim gehört zu jenen (leider noch zu wenigen) Ämtern in der Bundesrepublik, die für den ökologischen Gewässerbau Pionierarbeit leisteten. Seit 1974 wird durch verschiedene Ausbau- und Sicherungsmaßnahmen versucht, eine noch höhere ökologische Vielfalt zu erreichen. Dies wurde z. B. an mehreren Gewässern durch die Anlage regelrechter Verlandungsbereiche, die sich völlig selbst überlassen sind, erreicht. Müssen Uferbereiche geschützt werden, so geschieht das im Bereich des Besigheimer Wasserwirtschaftsamtes durch die Anpflanzung von Rohrglanzgras, Schwertlilie, Igel-, Rohrkolben und Wasserschwaden. Bei Gewässern mit stärkerer Strömung nimmt man noch Bruchsteinschüttungen und Weidenanpflanzungen zu Hilfe. Hinter den so naturnah gestalteten Uferbereichen bilden sich stehende Wasserstellen, wo sich schon bald Amphibien ansiedeln. Dort, wo in früheren Jahren Uferbereiche kahl geschlagen wurden, pflanzt man wieder Auwaldgehölze an und gibt damit Hilfestellung für das Wiederentstehen natürlicher Vielfalt. „Wir lassen die Natur für uns arbeiten, die besser, kostengünstiger und umweltgerechter diese Aufgaben erfüllt als es die Technik allein kann", meint dazu Amtsrat Günther Schade vom Wasserwirtschaftsamt Besigheim. Für seine fortschrittlichen Initiativen wurde er mit einem Naturschutzpreis einer Gruppe des „Bund für Umwelt und Naturschutz" ausgezeichnet.

Was können Planer tun?

Vielfach sind innerhalb kurzer Zeit die Hälfte der einstmals vorhandenen Laichgewässer verschwunden. So wurden im Jahre 1976 die vorhandenen Kleingewässer der Gemeinde Heikendorf im Kreis Plön (Schleswig-Holstein) mit den Angaben der Karte von 1890 verglichen. Von den einstmals vorhandenen 291 Kleingewässern waren 119 (40,9%) völlig verschwunden. Darüber hinaus waren 159 (54,6%) beeinträchtigt, und nur noch 13 Kleingewässer (4,5%) konnten als biologisch intakt angesehen werden (RAABE, 1979). Ähnliche Ergebnisse brachte eine Untersuchung des Landesamts für Naturschutz und Landschaftspflege Schleswig-Holstein. Innerhalb eines Gebietes von ca. 550 km² waren zwischen 19 und 42% der Tümpel nicht mehr vorhanden.

Viele der in den letzten 20 Jahren vernichteten Kleingewässer verschwanden durch umweltfeindliche Planungen. Dabei wäre es durchaus möglich gewesen, im Rahmen gebietsbezogener Planungen – seien dies nun Flurbereinigungspläne oder Flächennutzungspläne – ein Netz intakter Feuchtgebiete zu erhalten oder zu schaffen. Ja, selbst unweit menschlicher Siedlungen hätten durch Festlegungen in Bebauungsplänen Amphibienbiotope gesichert werden können.

Das Baugesetzbuch gibt hierfür eine wichtige rechtliche Grundlage, die jedoch bislang weitgehend unbeachtet blieb. Nach dem Baugesetzbuch sollen Bauleitpläne (das sind Flächennutzungspläne für die gesamte Markung einer Gemeinde und Bebauungspläne für die Nutzung einzelner Bereiche) nicht nur eine geordnete städtebauliche Entwicklung und eine dem Wohl der Allgemeinheit entsprechende sozial-gerechte Bodennutzung gewährleisten, sondern auch dazu „. . . beitragen, eine menschenwürdige Umwelt zu sichern." Neben anderen Bereichen sollen bei der Aufstellung der Bauleitpläne die natürlichen Gegebenheiten, die Landschaft als Erholungsraum, die Gestaltung des Orts-und Landschaftsbildes, die Belange des Umweltschutzes, die Erhaltung und Sicherung der natürlichen Lebensgrundlagen und die Belange des Naturschutzes und der Landschaftspflege berücksichtigt werden. Alle Planer, Planungsbüros und Planungsträger, die mit Bauleitplanungen befaßt sind, können also sehr viel für Amphibien und die Naturbewahrung tun. Da sie die Aufgabe haben, ganze Bereiche zu überplanen, kommt ihnen die große Verantwortung zu, behutsam mit den Naturreserven umzugehen. Planer haben gleichzeitig die Möglichkeit, neue Lebensräume zu schaffen. Das ist bislang viel zu wenig geschehen.

Planung – das bedeutet Verpflichtung und Chance zugleich. Das zeigt sich immer wieder auch bei Abbauvorhaben. Für die meisten Lehm-, Sand- und Kiesgruben sowie Steinbrüche wird heute die anschließende Rekultivierung durch Wiederverfüllung geplant. Dabei könnten an vielen Stellen ideale Lebensräume aus zweiter Hand entstehen. So gleichen vor allem Kies- und Sandgruben den fast nirgends mehr vorhandenen natürlichen Flußauen. Für viele Tierarten sind sie letztes Rückzugsgebiet. Manche Amphibienarten können heute nur noch in Grubenbiotopen Lebensmöglichkeiten finden. Die Kreuzkröte kommt z. B. im schweizerischen Mittelland nur noch dort vor. Bei Abbauplanungen müssen daher wertvolle Sekundärbiotope geschaffen werden. Voraussetzung dafür ist, daß keine grundlegende Änderung des Landschaftsbildes erfolgt und andere wertvolle Lebensräume – wie vorhandene Feuchtgebiete, Heideflächen, naturnahe Wälder usw. – zerstört werden. Die für Abbaugenehmigungen zuständigen Behörden sind aufgerufen, wo immer die landschaftlichen Verhältnisse es erlauben, eine ökologische Rekultivierung zu verlangen. Die Vorgaben für die späteren Biotope sind dann in den Rekultivierungsplänen darzustellen. Ein breites Betätigungsfeld für Planer! Außerdem müssen mindestens 20% der bereits vorhandenen Kies-, Sand-, Lehmgruben und Steinbrüche unter Naturschutz gestellt werden. Durch Biotopgestaltungs-, Entwicklungs- und Pflegepläne ist die langfristige Erhaltung eines Gebietes als Amphibienlebensraum sicherzustellen.

Die Erfordernisse hinsichtlich künftiger Abbauvorhaben hat Hubert Weinzierl folgendermaßen umrissen:

Wo höherwertige Natur mit Abbauvorhaben konkurriert, muß endlich das hervorragende Instrumentarium der bundesdeutschen Naturschutz- und Wasserhaushaltsgesetzgebung vollzogen werden.

Bei den Folgefunktionen von Abbaugebieten ist die bisher übliche Rangordnung zugunsten der Natur zu überdenken, also zuerst die ökologische Zelle, dann das Fischwasser und erst zuletzt der Sport- und Badesee zu gestalten, wobei gerade bei den bereits überzähligen Erholungsgebieten die Kommunen immer wieder vor den hohen Folgelasten gewarnt werden müssen, die bei naturgemäßer Rekultivierung allerdings wegfallen.

Chance genutzt

Ein nachahmenswertes Beispiel für die Lebensraumerhaltung durch gezielte Planung zeigte eine Studentengruppe des Instituts für Landschaftspflege und Naturschutz der Universität Hannover im Jahr 1980. Unter Betreuung von Professor Dr. Uwe Schlüter entwickelten die Studenten eine Gestaltungsplanung für ein durch Grundwasserschwankungen gefährdetes Feuchtbiotop. Es handelt sich dabei um ein ca. 44.000 m² umfassendes ehemaliges Kiesabbaugelände linksseitig der Obererft im Bereich des „Reuschenberger Büschken" in der Nähe der 150.000 Einwohner zählenden Stadt Neuss. Wegen des Verlustes an ökologischen Ausgleichsräumen im südlichen Neusser Raum hielt es die Studentengruppe bei ihrer Projektplanung für erforderlich, hier neue Möglichkeiten im Bereich des Naturschutzes zu finden. Eine der Zielvorgaben für die Biotopplanung galt dem Erhalt spezifischer Feuchtbiotope zur Sicherung der Lebensräume der im Gebiet durch Grundwasserabsenkungen stark zurückgegangenen Amphibienpopulationen. In seinem bisherigen Zustand stellte das Feuchtgebiet bei Neuss keinen gesicherten Biotop dar, weil es durch menschliche Einflüsse (Feuerstellen, Lagerplätze usw.) und durch stark wechselnde Feuchtigkeitsverhältnisse – vor allem durch Grundwasserschwankungen, die häufig ein völliges Austrocknen zur Folge hatten, gefährdet war.

Mit einer eingehenden Untersuchung über die im Gebiet vorkommenden oder bei besseren Bedingungen voraussichtlich wieder auftretenden Tier- und Pflanzenarten, schuf die Studentengruppe eine Grundlage für die Biotopplanung. Das Planungsprojekt „Neusser Feuchtgebiet" berücksichtigt nun auch die Lebensraumansprüche der vorhandenen und zu erwartenden Amphibienarten.

Die Planung wurde in verschiedene Bereiche eingeteilt, die nun schrittweise verwirklicht werden können.

Geplant wurde die Anlage eines größeren Sees, die Anlage und Entwicklung eines Wassergrabensystems, die ökologische Optimierung eines vorhandenen Sees, die Anlage von Kleingewässern und die Schaffung von wechselfeuchten Zonen und Trockenbereichen.

Die Studentengruppe hat mit ihren Vorschlägen eindrucksvoll dokumentiert, was Planer für die Naturerhaltung tun können. Es ist zu hoffen, daß alle Planer ihre Chance erkennen, bevor es zu spät ist.

Was tun Förster?

Viele Amphibienarten sind auf Wald angewiesen. So leben Feuersalamander, Fadenmolch, Bergmolch, Erdkröte, Moorfrosch, Grasfrosch und Springfrosch überwiegend in Wäldern. Darüber hinaus können auch Teichmolch, Gelbbauchunke, Teich- und Wasserfrosch sowie Laubfrosch im Wald oder an Waldrändern vorkommen.

Die Schaffung und Erhaltung naturnaher Waldgebiete mit entsprechenden Feuchtlebensräumen ist also für den Amphibienschutz von großer Bedeutung.

„Unsere Wälder liefern nicht nur den wertvollen Rohstoff Holz, sondern sie spielen auch im Rahmen des Umweltschutzes eine bedeutende Rolle. Genauso stetig wie in ihnen Holz nachwächst, erfüllen sie ihre Schutzfunktion für Boden, Wasser, Klima und Luft", so die Schutzgemeinschaft Deutscher Wald. Ob unsere Wälder diese Funktionen in Zukunft noch erfüllen können, ist ungewiß. Allzu groß sind die Gefahren für diesen Lebensraum. Forstleute selbst sind zwar gegen den sauren Regen machtlos, doch könnten sie sehr viel für einen an Tier- und Pflanzenarten reichen Wald tun. Ein Beispiel dafür gibt das Forstamt Großbottwar im Kreis Ludwigsburg, dem waldärmsten Kreis des Landes Baden-Württemberg. In engem Zusammenwirken mit den waldbesitzenden Gemeinden, den Naturschutzbehörden und der Wasserwirtschaftsverwaltung hat Oberforstrat Joachim Weber zusammen mit seinen Förstern im ca. 1.300 ha großen Hardtwald, einem Teilbereich des Forstamtsbezirks, seit 15 Jahren zahlreiche Kleingewässer und Weiher angelegt oder durch Sanierungsmaßnahmen erhalten. Da wurden früher entwässerte Erlenbrüche wieder vernäßt, verlandete Dolinen ausgebaggert, Kleingewässer mit umgebender riedartiger Fläche angelegt und neue Weiher geschaffen. Die Luftaufnahme des Hardtwaldes mit den Fotos dieser Feuchtgebiete macht deutlich,

wie hier für Amphibien ein regelrechter Biotopverbund entwickelt wurde. Man beläßt es jedoch nicht bei der Sicherung von Laichgewässern.

Durch entsprechende Planung beim Forstamt wird darauf geachtet, daß auch die Umgebung der Laichgewässer so erhalten oder entwickelt wird, daß tatsächlich Amphibien dort leben können.

In monotonen Fichtenkulturen ist das allerdings nicht möglich. Das heißt aber nicht, daß es im Hardtwald des Forstamts Großbottwar keine Fichten gibt. Die Fichtenkulturen sind jedoch kleinflächig und nicht in der unmittelbaren Umgebung von Feuchtgebieten angelegt. Dies gilt auch für die klaren Bachläufe im Hardtwald, die allesamt dem Feuersalamander als Laichgewässer dienen. Damit es so bleibt, werden entlang den Waldbächen keine Nadelgehölze gepflanzt.

Man braucht also nicht gleich einen Urwald anzulegen und auf die Waldbewirtschaftung zu verzichten, um den Amphibien und vielen anderen von Feuchtgebieten abhängigen Tierarten zu helfen. Wenn jedoch – wie in Großbottwar – beachtet wird, daß Wald mehr ist, als Holzerzeugung, dann leben in unseren Wäldern auch künftig Amphibien.

Den Schutz und die Anlage von Laichgewässern hat sich auch Forstrat Johann Schmidle vom Forstamt Sigmaringen zur Aufgabe gemacht. Unter seiner Regie und der von anderen Forstleuten sind im vergangenen Jahrzehnt im Kreis Sigmaringen durch die waldbesitzenden Gemeinden, Straßenbauer, Flurbereiniger, Wasserwirtschaftler, Naturschutzverbände, Bundeswehr, von Jägern und naturbewußten Privatleuten rund 200 Tümpel wieder hergestellt oder neu gebaut worden. Durch Aufklärungsarbeit und Beratung können Forstleute nicht nur im Wald, sondern auch außerhalb sehr viel für Amphibien tun.

Vorbildlichen Feuchtgebietsschutz betreibt das Staatl. Forstamt Großbottwar (Baden-Württemberg). Auf nur 1300 ha Waldfläche wurden 12 Feuchtgebiete angelegt.

Auf der folgenden Doppelseite zeigt eine Luftaufnahme das Gebiet; die eingefügten Fotos geben einen Eindruck von den wertvollen Laichgewässern unterschiedlicher Ausprägung. ▶

Natürlicher Bachlauf
für den Feuersalamander

Regeneriertes
Laichgewässer

„Wehrbachsee"
1974 neu angelegt

5

6

7

Erlenbruch

8

Freigegeben durch Reg.-Präs. Stuttgart Nr. 050/1959

Was tun Straßenbauer?

Selbst auf Straßen mit geringem Verkehrsaufkommen wird bei Amphibienwanderungen ein Großteil der Tiere getötet. Eine Untersuchung von Georg Heine am Röhrenmoos im Landkreis Ravensburg hat ergeben, daß bei einer Verkehrsdichte von nur 8 Kraftfahrzeugen pro Stunde 50% der wandernden Erdkröten umkommen. Bei zunehmender Verkehrsdichte ist eine Amphibienpopulation schnell ausgelöscht, da sich die Tiere eines ganzen Lebensraumes bei der Wanderung zum Laichgewässer auf engstem Raum konzentrieren.

Gutwillige Straßenbauer sind bei Neubauvorhaben schnell bei der Hand, Kröten und Fröschen (und besorgten Naturschützern) Ersatzlaichgewässer anzubieten, so daß die künftige Straße nicht überquert werden muß. Das nützt indessen wenig, da die wandernden Amphibien alljährlich zum traditionellen Fortpflanzungsort, an dem sie geboren sind, zurückkehren. Um dorthin zu kommen, durchschwimmen sie selbst andere, genauso gut geeignete Gewässer. Natürlich werden trotzdem neu angelegte Gewässer besiedelt, was jedoch auf die durch den Straßenverkehr bedrohten Populationen keinen Einfluß hat.

Am meisten können also Straßenbauer und deren Auftraggeber für Amphibien und Natur tun, wenn sie erst gar keine Straßen bauen. Dann werden weder Lebensräume direkt zerstört noch zerschnitten und Tiere nicht unmittelbar durch Autos bedroht. Denn Straßenbau darf nicht zum Selbstzweck für die Straßenbaubehörden werden.

Sollte dennoch der Neubau oder Ausbau einer Straße notwendig sein, ist im Bereich der geplanten Baumaßnahme eine detaillierte Erfassung der dort lebenden Tier- und Pflanzenarten durchzuführen. Dann weiß man genau, ob mit Amphibienwanderungen zu rechnen ist. Nur durch solche Darstellungen der natürlichen Gegebenheiten kann sachgerecht abgewogen werden, ob die Straßenbaumaßnahme ökologisch und landschaftlich verantwortet werden kann.

Bislang wurden Straßen in den meisten Fällen regelrecht „ins Blaue" geplant, obwohl durch entsprechende Erhebungen die negativen Folgen für Natur und Umwelt klar auf der Hand gelegen hätten.

Auch bei vorhandenen Straßen können Straßenbauer etwas für Amphibien tun. Dann nämlich, wenn Stellen überfahrener Kröten und Frösche bekannt werden.

Dasselbe gilt für Bereiche, wo Amphibien durch Bordsteine und Wasserabläufe an Straßen gefährdet sind.

Mitglieder der BUND-Kreisgruppe-Böblingen haben aus den Regenabläufen von Straßen in einem Jahr alleine 700 Frösche, Kröten, Gelbbauchunken und Feuersalamander befreit; für viele Tiere kam die Hilfe zu spät.

Durch das Anbringen engmaschiger Gitter an den Schächten kann diesem meistens unbeachteten Amphibientod abgeholfen werden. Außerdem ist es wichtig, in solchen Bereichen die Bordsteine zumindest stellenweise abzusenken, damit die Tiere das Hindernis überwinden können. Aus Asphalt können auch kleine „Rampen" als Aufgänge angebracht werden. Alle Straßenbauämter sollten in Zusammenarbeit mit dem Naturschutz auf allen Straßenstrecken nachprüfen, wo Amphibien durch den Straßenverkehr oder durch Schächte bedroht sind. Wo dies festgestellt wird, sind die Straßenbauämter dazu aufgerufen, ausreichende Schutzmaßnahmen zu ergreifen.

Was tun Unternehmer?

Die Natur kann nur gerettet werden, wenn eine große Mehrheit der Bevölkerung Naturbewahrung als ihre Aufgabe ansieht. Durch die sich verschärfende Umweltsituation werden auch Unternehmen immer mehr gefordert, sich nicht nur mit ihren eigenen Produkten und Produktionsbereichen ökologisch zu orientieren, sie sollten sich darüber hinaus auch für die Erhaltung der Natur einsetzen.

Verantwortungsvolle Unternehmer, so glauben wir, werden diese Herausforderung annehmen und handeln. Zunehmend bauen Umweltverbände und Wirtschaftsunternehmen Vorbehalte ab und treten – trotz manch unterschiedlicher Auffassungen – in einen Dialog ein. Gemeinsame Basis dafür sind oft konkrete Naturschutzprojekte. So engagiert sich die Hamburger Lever AG am Bodensee für ein breit angelegtes Umweltprojekt zum Gewässerschutz und zur landwirtschaftlichen Extensivierung. Koordiniert wird das Projekt, bei dem BUND-Gruppen, Organisationen des Naturschutzbundes Deutschland (DBV), die Stiftung Europäisches Naturerbe und andere Institutionen eng zusammenarbeiten, von der Deutschen Umwelthilfe e.V. Im Mittelpunkt dieser Initiative, die Ökologie und Ökonomie zusammenbringt, stehen Maßnahmen zur Förderung einer extensiven und damit naturschonenden Landwirtschaft, umweltfreundliche Verkehrskonzepte sowie der Schutz von Flachwasserzonen. Erste Erfolge zeichnen sich ab; so wurde z. B. erreicht, daß die Bundesbahn im Umfeld des Bodensees auf die Anwendung von Chemikalien bei der Gleisunterhaltung verzichtet.

*Kiesgrube Büsingen —
neuer Lebensraum für Amphibien.*

Am Bodensee engagieren sich Umweltverbände mit Unterstützung der Wirtschaft für die Erhaltung von Flachwasserzonen.

Die Deutsche Lufthansa unterstützt verschiedene Projekte zum Schutz des Kranichs – und damit ihres Wappenvogels – sowie dessen Brutgebiete in Niedersachsen, Mecklenburg und Brandenburg und fördert Maßnahmen zur Sicherung von Kranich-Überwinterungsgebieten in Spanien. Betreut werden die Projekte u. a. von der Stiftung Europäisches Naturerbe, die vom BUND gegründet wurde und ebenfalls vom DBV und der Deutschen Umwelthilfe getragen wird.

Mehrere Modellprojekte zum praktischen Feuchtgebietsschutz unterstützt auch Daimler-Benz. Dazu gehört die Umsetzung einer Konzeption am Mecklenburger Müritz-See.

Was tun Lehrer und Jugendliche?

Für den Lehrer Franz Merklinger war das auslösende Erlebnis für sein Engagement ein Amphibienzaun des BUND-Naturschutzzentrums in Radolfzell-Möggingen. Merklinger kam die Idee, die Errichtung und Betreuung des Zauns in seinen Unterricht am Gymnasium Stockach einzubauen. Er gründete eine Biologie-Arbeitsgemeinschaft, in der seit 1978 250 Schüler mitgearbeitet haben.

Thema der Arbeitsgemeinschaft ist die Patenschaft für ein stehendes Gewässer, das in einer früheren Kiesgrube zwischen Wahlwies und Orsingen gefunden wurde. An der nahen Straße wurden während der Laichwanderungen auf beiden Seiten von Jugendlichen Fangzäune errichtet, um die Amphibien vor dem Überfahren zu bewahren.

Um eine Vorstellung von dem gesamten Amphibienbestand des etwa 1.200 m² großen Teiches zu erhalten, bauten die Schüler in einem Jahr rings um den Teich einen Fangzaun. 1980 wurden auf diese Weise insgesamt 5.600

Amphibien gefangen. Die Masse der Wanderer stellt die Erdkröte, gefolgt von Bergmolch, Teichmolch und Grasfrosch. Außerdem kommen in dem Teich und weiteren kleinen Tümpeln Gelbbauchunke, Laubfrosch, Kammolch und Kreuzkröte vor.

Weil dieser Teich sehr viele Nährstoffe enthält, müssen die viel zu üppig wachsenden Rohrkolben jedes Jahr teilweise entfernt werden. Ohne diese Pflege hätten die meisten Amphibien das Gebiet als Laichplatz längst aufgegeben. An der Stockacher Schule wurde dazu ein Spezialgerät gebaut, eine Egge, die von einem Traktor getrieben durch das Gewässer gezogen wird. Die Schüler führen diese Arbeiten selber durch.

Ursprünglich sollte der Teich samt Kiesgrube aufgefüllt werden. In zähen Verhandlungen wurde das verhindert. Weil die meisten Jugendlichen der Arbeitsgemeinschaft von der Arbeit an ihrem Teich so begeistert sind, finden auch immer mehr Erwachsene Gefallen an der Sache. Durch diese Entwicklung war ein einstimmiger Beschluß des Ortschaftsrates von Orsingen voraussehbar: Die ehemalige Kiesgrube soll als flächenhaftes Naturdenkmal unter Schutz gestellt werden.

Was tun Gartenbesitzer und Gärtner?

„Die englischen Gärtner, vernünftiger als die unserigen, haben längst erkannt, welch großen Vorteil ihnen diese fleißigen, ja unermüdlichen Thiere durch Wegfangen von allerlei den Pflanzen schadendem Geziefer bringen und kaufen gegenwärtig Kröten dutzend- und schockweise, um sie in ihren Gärten arbeiten zu lassen. Ihre deutschen Berufsgenossen kommen vielleicht auch noch zu derselben Ansicht, und möglicherweise findet auch einer oder der andere Lehrer so viele Zeit, als erforderlich, um seinen Schülern die Nützlichkeit dieser Thiere begreiflich zu machen und wiederum ein Stück Aberglauben ausrotten zu helfen". So berichtete Dr. A. E. Brehm 1878 in seinem „Thierleben".

Zwar scheint es, daß der Aberglaube bezüglich der Kröten ausgerottet ist; mit ihm jedoch auch die Kröten in den Gärten. Amphibien haben heute in den meisten Gärten keine Chance mehr, denn von Bremerhaven bis Berchtesgaden sieht ein Garten aus wie der andere. Sie sind alle in der gleichen Weise künstlich, diese Gärten, die nach den Vorbildern in den Prospekten der Hersteller von Unkrautvernichtungsmitteln und den kunterbunten Plakaten von Gärtnereiverbänden angelegt wurden. Da ist der Rasen grüner als grün, die immergrüne Hecke stets gradlinig zugeschnitten, die Rosen sind so rot wie die Markierfarbe aus der Spraydose, und überall stehen allerlei exotische Ziergehölze, die rund ums Jahr mit Chemikalien am Leben erhalten werden. Diese Gärten sind so uniform, daß nicht einmal mehr die Jahreszeiten erkennbar sind. Nur noch schneereiche Winter vermögen diesen sterilen Flächen ein naturhaftes Aussehen zu geben.

Auf dem „getrimmten" Rasen findet man weder Schmetterling noch Heuschrecke und erst recht keine Erdkröte. Dabei könnten Gartenbesitzer sehr viel für die Natur in Dorf und Stadt tun.

Warum keine Wiese?

Statt eines sterilen, pflegeaufwendigen Rasens könnte mit relativ wenig Aufwand eine blumenreiche, arbeitssparende Dauerwiese angelegt werden. Das geht auch auf kleinsten Flächen. Samen für eine Blumenwiese ist in Gartenbedarfsläden, genossenschaftlichen Lagerhäusern usw. erhältlich. Nun setzen sich Wiesen in jeder Gegend aus anderen – für den jeweiligen Bereich typischen – Blumen, Kräutern und Gräsern zusammen. Serienmäßig abgepackte Wiesensamenmischungen berücksichtigen diese Unterschiede nicht, und so können im Garten schon Pflanzen auftauchen, die nicht gerade standortgerecht sind. Das ist nicht weiter schlimm; wenn die Wiese richtig „bewirtschaftet" wird, d. h. zwei- bis dreimal im Jahr gemäht wird, stellen sich bald die für den jeweiligen Boden typischen Arten ein. Mit der Wiese (die nicht gedüngt zu werden braucht) kommen auch die Schmetterlinge zurück. Der Garten erwacht zu neuem Leben.

Echte Hecken sind nicht tot

Die Feldgehölze in unserer unmittelbaren Umgebung zeigen uns, aus welchen Büschen, Sträuchern und Bäumen sich naturnahe Hecken zusammensetzen. Wie bei den Wiesen ist das in jedem Landstrich unterschiedlich. Warum holen sich viele Gartenbesitzer nicht einfach ein Stück Natur ans Haus? Eine solche Hecke – bestehend etwa aus Feldahorn, Holunder, Weißdorn, Hainbuche und Wildrose – benötigt keinen Pflegeaufwand und bietet für viele Vogelarten Nistplätze und Versteckmöglichkeiten für andere Tiere. Vielleicht auch für Grasfrosch und Erdkröte?

Wo Wasser ist, da ist auch Leben!

Wie ein Tümpel, Weiher oder Teich künstlich angelegt wird, beschreiben wir auf Seite 101. Auf dieselbe Art wie in der freien Landschaft kann auch im Garten eine Wasserstelle geschaffen werden. Schon nach kurzer Zeit stellen sich dort zahlreiche Lebewesen ein – von buntschillernden Libellen bis hin zu Rückenschwimmern und vielerlei Wasserkäfern. Denn wo Wasser ist, da ist auch Leben. Ob sich auch Amphibien – wie Frösche oder Molche – ansiedeln, hängt von der Umgebung und Lage des Gartens ab. Wenn es in den Randbereichen von Dörfern und Städten noch Amphibienvorkommen gibt, dann besteht am ehesten die Möglichkeit, daß sich das künstlich angelegte Gewässer zu einem kleinen Laichplatz entwickelt. Keinesfalls dürfen Amphibien künstlich angesiedelt werden; sie würden schnell wieder abwandern. Stellen sich von selbst Frösche, Molche oder Kröten ein, ist zu berücksichtigen, daß mit Ausnahme des Wasserfroschs alle Arten außerhalb der Laichzeit ein verborgenes Landleben führen. Daher muß der gesamte Gartenbereich naturnah beschaffen sein und entsprechende Versteckmöglichkeiten – wie moderndes Holz, Reisig- oder Steinhaufen und natürliche Gehölze – aufweisen.

Ein solcher Garten kann auch für den Anbau von Gemüse und Obst genutzt werden. Ein Naturgarten schließt das nicht aus, wenn der Anbau biologisch erfolgt.

Zum Thema „Ökologischer Garten" hat der Bund Naturschutz in Bayern (Landesverband des BUND) ein kleines Handbuch mit vielen praktischen Tips herausgegeben.[*]

An dieser Stelle richten wir unseren Apell auch an Baumschulen, Gärtner und Landschaftsarchitekten. Sie sind aufgerufen, durch fachgerechte Information darauf hinzuwirken, daß in den Gärten nicht noch mehr Koniferen und Ziergehölze auftauchen. Mehr als bislang sollten sie die Anlage von Naturgärten anregen.

Mit der Anlage eines naturnahen Tümpels können sich Gartenfreunde ein Stück Natur an's Haus holen. Eingepflanzte Seerosen vom Staudengärtner locken Libellen und andere Insekten. Keinesfalls dürfen Amphibien eingesetzt werden. Ist die Umgebung geeignet, stellen sie sich mitunter von selbst ein. Eine optische Augenweide sind solche Wasserstellen allemal.

Praktische Ratschläge
Lebensraum aus zweiter Hand

Für alle Amphibienarten, die auf stehende Gewässer angewiesen sind, lassen sich durch die Neuanlage oder Regeneration von Feuchtbiotopen entsprechende Laichmöglichkeiten schaffen oder erhalten.

Dabei ist stets wichtig, die Lebensraumansprüche der einzelnen im jeweiligen Gebiet vorkommenden oder zu erwartenden Arten zu berücksichtigen.

Nachfolgend beschreiben wir nun die Neuschaffung oder Wiederherstellung eines Teiches, der nur wenige Quadratmeter oder auch einige Ar groß sein kann.

Vorbild Natur

Für ein neu anzulegendes Gewässer gibt uns die Natur das Ziel selbst vor: eine möglichst große Vielfalt an kleinsten ökologischen Strukturen. Dies kann erreicht werden durch:

Schaffung einer möglichst langen, geschwungenen Uferlinie

flache **und** steile Ufer

flache, sich schnell erwärmende Wasserzonen

tiefere (ca. 0,50 m – 1,50 m) krautreiche Wasserbereiche

unbewachsene, mit Sand oder Kies bedeckte Uferbereiche

Anlage von kleinen „Buchten" und Inseln

Schaffung von Versteckmöglichkeiten in Ufernähe

Vor der Anlage oder Sanierung eines Laichgewässers muß man die Bodenbeschaffenheit und den Wasserhaushalt des Gebietes kennen. Der Naturschutzbeauftragte informiert Sie darüber gerne!

Folgende Arten von Teichen sind zu unterscheiden:

Grundwassergespeister Teich

entsteht durch Geländeeintiefung in Bereichen mit hohem Grundwasserspiegel

Teich ohne direkte Verbindung zum Grundwasser

entsteht in Geländeeintiefungen mit wasserundurchlässigen und dadurch stauenden Schichten, wie Lehm, Ton usw.

Teiche mit Wasserzufluß

oder Stauteiche, für die ein Bach, eine Quelle oder ein Wassergraben aufgestaut wird. Viele dieser Teiche sind in der Vergangenheit – hauptsächlich für die Fischzucht – angelegt worden. Wegen der ökologisch nachteiligen Folgen für Fließgewässer oder Quellen ist von der Anlage von Stauteichen abzuraten. Durch den Anstau ergeben sich nämlich neue Probleme für die Bachbewohner. So werden die regelmäßigen Wanderungen, die viele Tierarten – nicht nur Fische – regelmäßig durchführen, unterbrochen. Eine Wanderung bachaufwärts ist für die meisten Tierarten ausgeschlossen, so daß die Fauna verarmt. Nicht gefaßte Quellen gehören zu den am stärksten gefährdeten Lebensräumen und sollten daher ebenso wie Fließgewässer in Ruhe gelassen werden.

Von großer Bedeutung für die spätere Funktion eines künstlich gestalteten Laichgewässers ist die Ansiedlung von Wasser- und Sumpfpflanzen. Wenngleich nicht alle dargestellten Wasser- und Sumpfpflanzenzonen angelegt werden können, sollte angestrebt werden, durch eine möglichst naturnahe Gestaltung optimale Voraussetzung für die Ansiedlung von Pflanzen und Tieren zu erreichen.

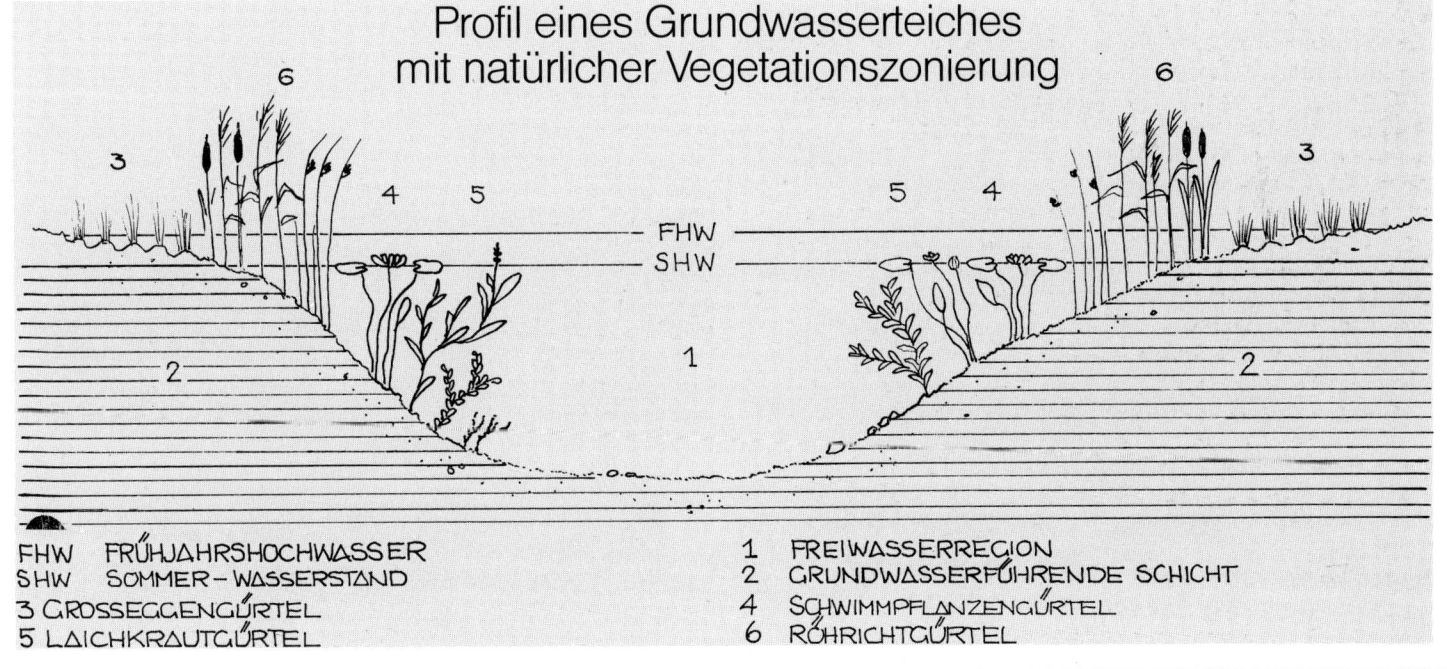

Profil eines Grundwasserteiches mit natürlicher Vegetationszonierung

FHW FRÜHJAHRSHOCHWASSER
SHW SOMMER-WASSERSTAND
3 GROSSEGGENGÜRTEL
5 LAICHKRAUTGÜRTEL

1 FREIWASSERREGION
2 GRUNDWASSERFÜHRENDE SCHICHT
4 SCHWIMMPFLANZENGÜRTEL
6 RÖHRICHTGÜRTEL

Naturschutz kostet Geld

Sofern nicht nur ein kleiner Flachwassertümpel – etwa als pfützengroßes Laichgewässer für die Gelbbauchunke – angelegt werden soll, ist sowohl für die Neuanlage als auch für die Sanierung von Gewässern die Technik, also ein Bagger oder (wenn noch kein Wasser ansteht) eine Planierraupe, notwendig. Die gewöhnlich eingesetzten Hydraulikbagger sind zwar recht beweglich, haben jedoch nur einen unmittelbaren Aktionsradius von 4 bis 5 m; weiter kann die Baggerschaufel nicht greifen. Für die Anlage und besonders die Entschlammung breiterer Gewässer haben sich sehr gut die Schürfkübelbagger bewährt. Mit einem Seilzug kann die Baggerschaufel bis 30 m weit geworfen werden.

Ist die Abfuhr von Schlamm, Kies- oder Erdmaterial erforderlich, werden auch Lastwagen benötigt. Eine solche Maßnahme kann wesentlich vereinfacht und dabei auch verbilligt werden, wenn das anfallende Aushubmaterial, ohne Eingriffe herbeizuführen, in der Umgebung eingebaut werden kann. Der wesentliche Kostenfaktor wird bei zahlreichen Aktionen von den Transportkosten bestimmt. Die finanziellen Aufwendungen für die Neuanlage oder die Sanierung eines Amphibienlaichgewässers sind je nach Standort des Biotops sehr unterschiedlich. Für einen Teich in der Größe von 10 x 30 m belaufen sich jedoch die Kosten schnell auf 10.000,– DM.

Entscheidend ist also, ob Aushub abgefahren wird oder nicht. Bleibt der Erdaushub vor Ort, kann man mit 4.000,– bis 6.000,– DM schon viel erreichen.

Wo Aushub nicht abgefahren werden kann, kann eine Sprengung durch das Technische Hilfswerk notwendig werden. Dann kann der Boden auf weite Flächen verteilt werden.

Sanierung durch Ausbaggerung

Jedes Gewässer – besonders stehende Kleingewässer – ist durch die natürliche Sukzession ständigen Veränderungen unterworfen. Es erfolgt dabei eine allmähliche Verlandung, ohne die es z. B. keine Moore geben würde. Diese Verlandung wird auch von der Nährstoffanreicherung durch Düngereintrag aus umgebenden, intensiv landwirtschaftlich genutzten Grundstücken noch beschleunigt. Das Verschwinden eines Laichgewässers durch Verlandung ging früher meist langsam voran und war für den Naturhaushalt zu verkraften, da immer wieder auch neue Gewässer (durch Überschwemmungen usw.) entstanden sind.

Angesichts des rapiden Rückgangs feuchtgebietsabhängiger Tier- und Pflanzenarten kann der weitere Verlust dieser Lebensräume nicht verantwortet werden.

Obwohl die Anlage neuer Laichgewässer notwendig ist und auch die Sanierung bestehender Laichplätze, kann nicht einfach drauflosgebaggert werden. Vor einer Gewässersanierung – die in der Regel durch Ausbaggerung und Entfernen des in Jahren angefallenen Schlammes erfolgt – ist eine Bestandsaufnahme der vorhandenen Tier- und Pflanzenarten unerläßlich. Unter Umständen hat sich durch die Sukzession ein Lebensraum entwickelt, der es verdient, erhalten zu werden. Letztlich bleibt es sorgfältig und sach-

kundig abzuwägen, ob die Gewässersanierung, die ja zumindest momentan einen Eingriff darstellt, sinnvoll ist und verantwortet werden kann.

Kommt eine Sanierung durch Ausbaggern in Frage, ist während der Arbeiten darauf zu achten, daß nicht etwa wasserdichte Schichten (Ton, Lehm usw.) zerstört werden. Bei Grundwasserteichen stellt sich dieses Problem nicht.

Laichgewässeranlage – aber wie?

Oft kann ein neues Laichgewässer nur angelegt werden, wenn der Untergrund abgedichtet wird. Dafür gibt es praktikable und erprobte Methoden:

Abdichtung mit Kunststoffolie

Man verlegt eine spezielle Teichfolie auf weichem, steinfreiem Untergrund (am besten 10 – 20 cm starkes Sandbett). Im Fachhandel sind entsprechende Teichfolien in verschiedenen Größen erhältlich und werden von Spezialfirmen auch nach Maß geliefert. Müssen Folienbahnen zusammengeschweißt werden, sollte man Spezialfirmen beauftragen. Die Kunststoffplane wird am Rand des Teiches mindestens 20 cm tief abgesenkt und mit Steinen und Erde beschwert. Die Folie ist so vor Sonnenlicht und mechanischer Beschädigung geschützt, und es kann ein naturnaher Teichrand entstehen. Soll vermieden werden, daß vom umgebenden Erdreich das Wasser dochtartig angesaugt wird, muß der Folienrand „Luftanschluß" haben, d. h., die Folie sollte einige cm aus dem Erdreich ragen. Sie kann mit Natursteinen abgedeckt werden.

Auf die Folie wird ein Substrat aus Sand und Lehm (möglichst frei von scharfkantigen Steinen), gebracht. Vor Nagetieren kann der Teichgrund mit einem unter dem Sandbett verlegten Drahtgitternetz (engmaschig) geschützt werden. (Nur für Hausgärten und Parkflächen).

Abdichtung mit Ton

Mit „Lettenschlag" wurden schon vor Jahrhunderten künstliche Teiche angelegt:

Auf dem Teichboden wird Ton oder Lehm in einer Stärke von ca. 30 cm aufgebracht. Nachdem diese Schicht mit etwas Wasser bedeckt ist, muß der Lehm barfuß oder mit Rohrstiefeln „eingestampft" werden, damit er dicht wird. Auf diese Teichbodendichtung kommt ein Substrat aus Sand und Erde, welches mit einer Kiesschicht abgedeckt wird. Das ist wichtig, damit die Tonschicht nicht durchstoßen werden kann (z. B. durch Paarhufer wie Rehe, Wildschweine usw.). Wenn alle Schichten eingebaut sind, muß umgehend eine „Bespannung" (so nennen das die Wasserbauer) mit Wasser erfolgen, da sich sonst bei Austrocknung Risse bilden und der Teichboden undicht werden kann.

Betonbecken

Der Boden kann auch mit Beton abgedichtet werden. Bei größeren Teichen hat das jedoch seine Schwierigkeiten, da wasserdichte Dehnungsfugen eingebaut werden müssen. Da eine Betonabdichtung auch aus Kostengründen wohl in den seltensten Fällen in Frage kommt, sei lediglich der Vollständigkeit halber erwähnt, daß die Abdichtung mit wasser-undurchlässigem Beton oder mit „normalem", wasserdurch-lässigem Beton, der mit einem Sperrputz (sog. Glattstrich) versehen wird, erfolgen kann.

Sofern dennoch die Erstellung eines Teiches aus Beton erwogen wird, empfehlen wir, sich von erfahrenen Baufirmen beraten zu lassen.

Bau eines Teiches mit Kunststoffolie

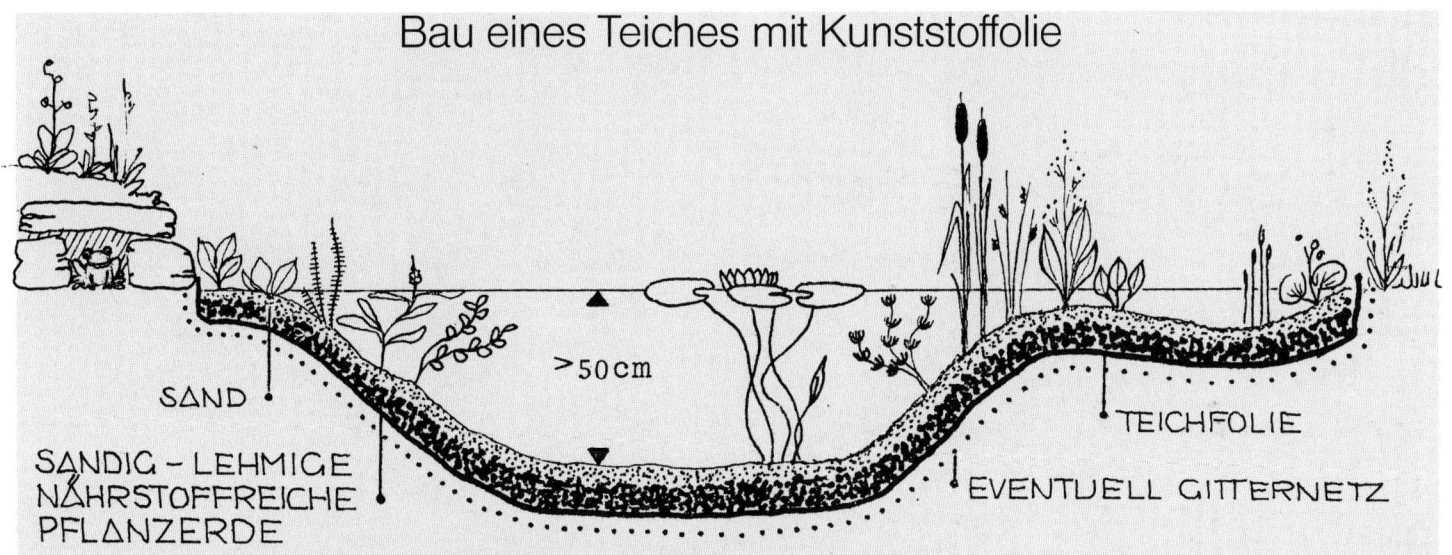

SAND

SANDIG – LEHMIGE NÄHRSTOFFREICHE PFLANZERDE

>50 cm

TEICHFOLIE

EVENTUELL GITTERNETZ

AMPHIBIEN + UFERZONE + TIEFENWASSERZONE + UFERZONE + SUMPFZONE + VERSTECK

Teich mit Tonabdichtung

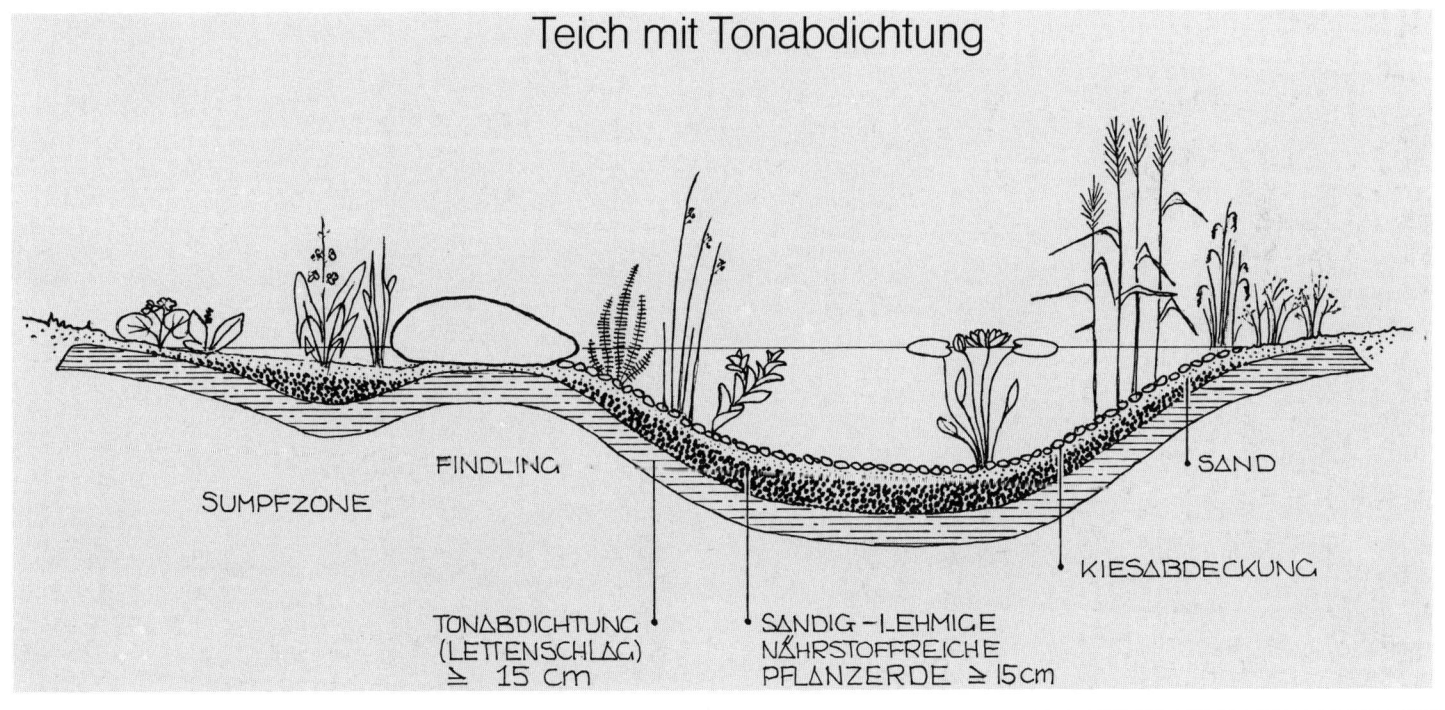

SUMPFZONE

FINDLING

SAND

KIESABDECKUNG

TONABDICHTUNG (LETTENSCHLAG) ≧ 15 cm

SANDIG – LEHMIGE NÄHRSTOFFREICHE PFLANZERDE ≧ 15 cm

103

Zur Gestaltung des Weihers

Folgende Punkte sollten sowohl bei der Neuanlage als auch bei der Sanierung eines Laichgewässers beachtet werden:

Die Wassertiefe sollte mind. 50 cm betragen, damit das Laichgewässer im Winter nicht bis auf den Grund durchfriert. Es ist besser, mehrere kleine Teiche anzulegen als einen großen. Gelangen in einen Teich z. B. Fische, können in den anderen Teichen dennoch Amphibien leben.

Um einem schnellen Verwachsen (hauptsächlich durch Schilf und Rohrkolben) vorzubeugen, sollte dort, wo später eine offene Wasserfläche gewünscht wird, eine Mindesttiefe von 1,50 m hergestellt werden.

Bei einer Bepflanzung mit Schutzgehölzen (nur einheimische standortgerechte Gehölze pflanzen!) ist darauf zu achten, daß eine ausreichende Besonnung des Gewässers erhalten bleibt.

Amphibien brauchen auch einen entsprechenden Landlebensraum. Die Anlage eines Laichgewässers ohne eine naturnahe Umgebung ist wenig sinnvoll. Zur richtigen Biotopplanung gehört daher auch die landschaftliche Gestaltung und Erhaltung zumindest der unmittelbaren Teichumgebung. Vor allem verschiedene Molcharten (Teich und Kammolch) leben außerhalb der Laichzeit in unmittelbarer Umgebung des Gewässers. Jeder Teich sollte daher einen möglichst breiten, naturnah gestalteten „Biotopgürtel" besitzen.

Auf eine Bepflanzung sollte möglichst verzichtet werden (Ausnahme: abschirmende Schutzpflanzung). Im übrigen stellen sich sehr schnell von selbst die geeigneten Wasser- und Sumpfpflanzen ein. Bereits nach zwei Vegetationsperioden ist dem Gewässer nicht mehr anzusehen, daß es sich um ein künstlich gestaltetes Biotop handelt. Dies gilt auch für die Besiedlung mit mikroskopisch kleinen Pflanzen und Tieren, als Grundlage für die Existenz von Insekten und Vögeln, die sich ebenfalls schnell einstellen.

War an der Stelle bereits ein Amphibienlaichplatz, werden sich in der folgenden Laichzeit auch verschiedene Amphibienarten einstellen. Bei neu angelegten Teichen kann es einige Zeit dauern, bis sich Amphibien ansiedeln. Eine künstliche Ansiedlung von Alttieren muß unterbleiben. Auch Larven auszusetzen, ist nicht sinnvoll, da die Prägung an den „Geburtsort" vermutlich schon in sehr frühem Stadium erfolgt. Allenfalls kann mit etwas Laich aus einem Biotop mit einer größeren, bestandssicheren Amphibienpopulation nachgeholfen werden.

Erfolgt ein Fischbesatz, kann sich der Weiher nicht zu einem optimalen Laichgewässer entwickeln. In natürlichen Kleingewässern kommen normalerweise keine Fische vor.

Die Durchführung

Um den Eingriff möglichst gering zu halten, muß die Laichgewässersanierung und auch die Neuanlage in der vegetationsarmen Zeit (Mitte November bis Mitte Februar) durchgeführt werden. Mit Ausnahme der am Gewässergrund überwinternden Grünfrösche (manchmal auch Grasfrösche und selten nicht metamorphorisierte Larven) befinden sich zu diesem Zeitpunkt in der Regel keine Amphibien mehr im Gewässer. Da Grasfrösche oft schon Mitte Februar ablaichen, sollte der Bagger zu dieser Zeit schon dagewesen sein.

Was sonst noch zu beachten ist:

Bevor die Planung zur Sanierung oder Neuanlage eines Amphibienlaichgewässers in Angriff genommen wird, müssen die Tier- und Pflanzenwelt und der Wasserhaushalt des Gebietes beobachtet werden.

Selbst der Wasserfrosch braucht einen vielfältigen Biotopgürtel um das Gewässer.

Auch eine Biotopgestaltungsmaßnahme ist mit gewissen Eingriffen verbunden. Daher müssen Aufwand und Ziel im Einklang stehen. Es gilt also sorgfältig abzuwägen!

Vor allen Aktivitäten wird der Eigentümer ermittelt. Er muß die **schriftliche** Genehmigung für jede Maßnahme geben. Bestandteil der Genehmigung ist eine erläuterte Planzeichnung; es sei denn, der Eigentümer wird in ein öffentlich-rechtliches Genehmigungsverfahren einbezogen.

Am besten erkundigt man sich bei der Kreisverwaltung, dem Landratsamt, Kanton oder Bezirkshauptmann, welche Genehmigungen notwendig sind und wie und wo der Antrag gestellt werden muß.

Sanierung und Neuanlage von Laichgewässern sind u. U. wasserrechtlich, naturschutzrechtlich und baurechtlich genehmigungspflichtig.

Handelt es sich um ein geschütztes Gebiet (Naturdenkmal, Naturschutzgebiet, Landschaftsschutzgebiet) ist eine Erlaubnis nach der jeweiligen Schutzverordnung erforderlich.

Schon im Stadium der Vorplanung müssen diese Fragen mit den zuständigen Behörden geklärt werden. Keine Angst vor zu großem Aufwand: Die genannten Genehmigungen werden i. d. Regel in einer Entscheidung zusammengefaßt und schnell erteilt.

Da die Anlage von Feuchtgebieten – wie der Naturschutz überhaupt – im öffentlichen Interesse liegt, werden für solche Maßnahmen u. U. auch staatliche Zuschüsse gewährt. Auskunft hierüber erteilen die Naturschutzbehörden.

Zu technischen Fragen können die Wasserwirtschaftsämter Auskünfte erteilen und hilfreich sein.

Eine frühzeitige Planung ersetzt noch nicht die sorgfältige Ausführung. Außerdem ergeben sich bei der Realisierung unerwartet andere Verhältnisse als angenommen (Untergrundbeschaffenheit usw.). Mit der Durchführung sollten daher nur erfahrene Fachfirmen beauftragt werden. Dabei müssen die einzelnen Schritte mit dem jeweiligen Bagger- oder Raupenführer genau abgesprochen werden. Viele Baufirmen sind jahrelang damit beschäftigt worden, Natur zu zerstören. Es liegt eine große Verantwortung beim Naturschutz, zu zeigen, daß auch mit Landschaftspflegemaßnahmen Arbeitsplätze geschaffen und gesichert werden können. Wir haben immer wieder festgestellt: Je mehr sich Firmen und deren Personal mit einer Schutzmaßnahme identifizieren und dafür auch einmal gewürdigt werden – um so größer ist die Motivation, den geplanten Weiher möglichst naturnah zu gestalten.

Im Anschluß an die Wiederherstellung oder die Neuanlage eines Laichgewässers sollte die Ansiedelung von Tieren und Pflanzen sorgfältig beobachtet und die Ergebnisse aufgezeichnet werden, um den Erfolg festzuhalten und Erfahrungen weiterzugeben.

Die Baumaßnahmen sollten unbedingt von einem Fachmann des Naturschutzes überwacht werden, weil normalerweise von den Baggerführern „saubere Arbeit" verlangt wird. Naturschutzteiche sollten aber möglichst wild gestaltet werden.

Was bringt die Anlage von Teichen?

Im Naturschutzgebiet Mindelsee im Landkreis Konstanz wurden zwei künstlich angelegte Fischteiche bis zum Jahr 1952 befischt. Sie lagen danach etwa 20 Jahre weitgehend trocken. Nur ein Graben inmitten der Teiche führte regelmäßig Wasser. Zu Beginn des Jahres 1973 wurde mit Genehmigung der zuständigen Naturschutzbehörde in den ehemaligen Fischteichen ein Labyrinth von breiten Gräben ausgehoben. Der Aushub wurde neben den Gräben jeweils auf einer Seite abgelagert. Da es sich um Torfboden handelte, sackte dieser sehr stark zusammen, so daß schon kurze Zeit danach fast nichts mehr davon zu sehen war.

Nach dem Wiederaufstau der beiden Teiche, die vom Grundwasser gespeist werden, haben sie eine Größe von rund 4.500 und 1.100 m². Das Ausbaggern hat 1.200 Mark gekostet, die von der Zoologischen Gesellschaft von 1858, Frankfurt a. M., zur Verfügung gestellt wurden.

Zu Beginn der Laichwanderung wurde 1979 und 1982 jeweils an derselben Stelle ein Fangzaun gebaut, um den Nutzen der Maßnahmen zu ermitteln. Das Ergebnis:

	1979	1982
Kammolch	12	2
Teichmolch	819	525
Bergmolch	394	1.146
Erdkröte	1.346	3.612
Springfrosch	287	342
Summe	2.858	5.633

Nicht dazugezählt wurden die jugendlichen Wanderer sowie Laubfrösche, Wasserfrösche und Grasfrösche. Diese drei Arten werden nur zum Teil an den Fangzäunen erfaßt. 1982 wurde ein weiterer auf der anderen Seite der Teiche Fangzaun gebaut, an dem 536 Amphibien gefangen wurden. Somit kamen 1982 weit über 6.000 Amphibien an den Teichen vor mit allen hier zu erwartenden Arten – ein schöner Erfolg für den Naturschutz. Natürlich ist die Schaffung dieser Kleingewässer nicht nur für Amphibien von Bedeutung, sondern für das gesamte Leben in diesem Biotop.

Am Mindelsee bei Radolfzell wurden im Schilfgürtel Kleingewässer angelegt, denen man schon nach kurzer Zeit die Entstehung aus Menschenhand nicht mehr ansah.

▶

Praktische Hilfen für Laichwanderer

Der beste Schutz der Amphibien vor dem Auto ist natürlich der intakte Lebensraum. Deshalb ist es sehr wichtig, ihre Biotope zu kennen. Durch Beobachtung, Erfassung und Kartierung von Amphibien und deren Lebensweise – besonders durch das Feststellen der Wanderstrecken zu und von den Laichgewässern – werden wertvolle Daten gewonnen, mit deren Hilfe naturfeindliche Straßenplanungen verhindert oder zumindest beeinflußt werden können.

Wo aber Amphibien durch vorhandene Straßen gefährdet sind, gibt es Möglichkeiten zur praktischen Hilfe. Hier einige erprobte und anwendbare Methoden für den Schutz wandernder Amphibien:

Wann ziehen Amphibien?

Für rechtzeitige Schutzmaßnahmen muß man den ungefähren Zeitpunkt der Amphibienwanderung wissen. Sofern es sich um plötzlich auftretende Wanderungen handelt, deren Ursachen nicht im Drang zum Laichgewässer liegen, können hierüber keine Angaben gemacht werden. Für Laichwanderer gibt es jedoch gewisse Richtwerte.

So richtet sich die Laichwanderung nicht nur nach der Jahreszeit, sondern auch nach der Witterung. Warmes und zugleich feuchtes Wetter löst vor allem bei Grasfrosch und Erdkröte größere Wanderungen aus. Die Zugzeit ist regional und lokal unterschiedlich; aufgrund verschiedener Untersuchungen gibt es jedoch Richtwerte. Am meisten ist über die Laichplatzwanderung von Grasfrosch und Erdkröte – den typischen Laichplatzwanderern – bekannt:

Art	Zugzeit	mittlere Zugnacht (durchschnittlich größtes Amphibienaufkommen)	Temperatur (bei Regen)
Grasfrosch	Mitte Feb. – Mitte Apr.	13. März	4,5° – 11,5°
Erdkröte	Anf. März – Ende Apr.	27. März	5,5° – 11,5°

Bei trockenem Wetter sind für größere Wanderungen höhere Temperaturen erforderlich (etwa 10° – 18°). Es wurden auch schon Amphibienwanderungen in kleinen Gruppen bei einer Temperatur von nur 1° C beobachtet. Die Tiere wandern meist bei Nacht zwischen 19.00 Uhr und 23.00 Uhr.

Neben dem eigentlichen Zug der Amphibien zum Laichgewässer sind noch folgende Wanderungen zu beachten:

Rückzug der Alttiere vom Laichgewässer in die Sommerlebensräume: Dieser Rückzug kann bis in den Herbst dauern und setzt bei einigen Arten (Grasfrosch, Erdkröte) kurz nach dem Ablaichen ein (lokal sehr unterschiedlich).

Zug frisch entwickelter Jungtiere in den Landlebensraum: Hierüber ist noch sehr wenig bekannt. Junge, gerade metamorphosierte Froschlurche können hauptsächlich im Juni/Juli in größerer Anzahl beobachtet werden. Massenauftreten von jungen Schwanzlurchen wurden noch nicht beobachtet.

Herbstzug der Alttiere vom Sommer- zum Winterquartier: Oft suchen die Tiere bereits im Sommer/Spätsommer Winterquartiere nahe den Laichgewässern auf.

Vorfahrt für Frösche

Mit der Sperrung eines Straßenabschnittes während der Laichwanderung kann den Tieren mit geringem Aufwand am wirkungsvollsten geholfen werden.

So hat im Frühjahr 1982 die Ortsgruppe Alsfeld des BUND-Landesverbandes Hessen dafür gesorgt, daß Fröschen und Kröten „Vorfahrt" eingeräumt wurde. Südlich der oberhessischen Stadt Alsfeld befindet sich der auf drei Seiten von Wald umgebene „Merschröder Teich". In den vergangenen Jahren waren auf der über einen Staudamm führenden Forststraße zahlreiche Amphibien während ihrer Laichzüge überfahren worden. Die BUND Ortsgruppe Alsfeld wollte hier nicht mehr länger tatenlos zusehen und erwirkte bei der Verkehrsbehörde des Vogelsbergkreises eine nächtliche Straßensperrung. Zusätzlich zu den amtlichen Sperrtafeln wurde durch Zusatztafeln auf den Grund des Fahrverbots hingewiesen. Außerdem halfen Presseartikel in der Lokalzeitung, die Bevölkerung für den Amphibienschutz zu motivieren. Eine wirkungsvolle Maßnahme!

Völlig sinnlos sind dagegen Warntafeln, die auf Laichwanderungen hinweisen, wenn nicht gleichzeitig eine Straßensperrung erfolgt.

Lage von Amphibienschutzzäunen an Jahresbehausungen einer Erdkrötenpopulation

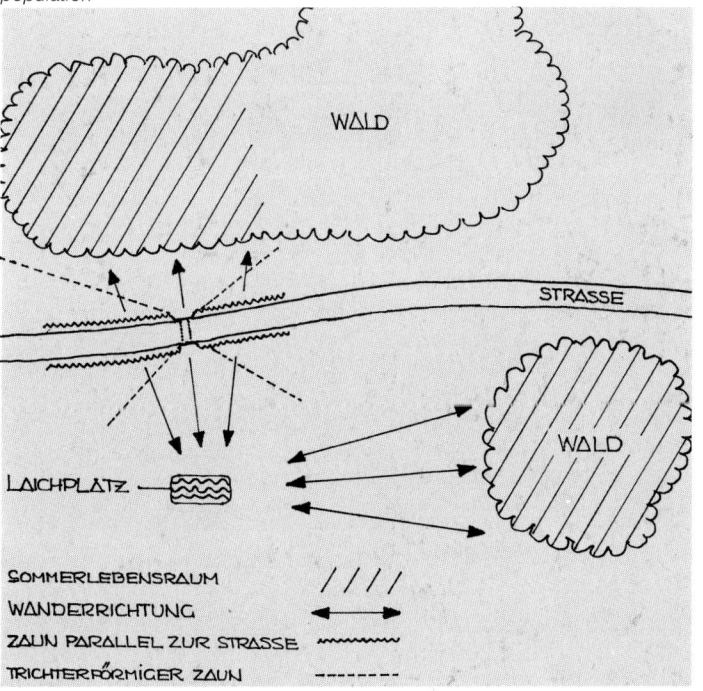

Mit der Aufstellung von Schutzzäunen können Amphibienmassaker verhindert werden. Wichtig ist die ständige Betreuung. Neben periodischen Amphibienschutzzäunen aus Kunststoffolien sind dauerhafte Systeme als Bausätze aus Holz, Kunststoff oder Betonfertigelementen im Fachhandel erhältlich. Auskunft über die am jeweiligen Standort geeigneten Systeme geben die Naturschutzverbände [wie der Bund für Umwelt und Naturschutz (BUND), der Naturschutzbund Deutschland (DBV), die Österreichische Naturschutzjugend oder der WWF Schweiz].

Mit den Fangeimern kann man nicht nur Amphibien vor dem Verkehrstod retten, sondern auch die im jeweiligen Gebiet vorkommenden Arten erfassen.

Schnelle Hilfe durch Fangzäune

Wenn bislang noch nicht bekannte Amphibienwanderungen entdeckt werden und rasche Hilfe geboten ist, oder wenn die in einem Gebiet vorkommenden Arten erfaßt werden sollen, eignen sich besonders sog. periodische Zäune. Für den Zaun verwendet man Kunststoffolien (einfach oder mit Nylon verstärkt), wie man sie im Baustoffhandel erhalten kann. Sie sollten mindestens 40 cm hoch sein und werden an Holzpflöcken, die untereinander mit einem Draht verbunden sind, befestigt.

Anstelle von Holzpflöcken können auch umgeknickte Moniereisen verwendet werden, zwischen die eine Kunststoffolie eingeklemmt wird. Wichtig ist, daß oben die Plastikfolie zur Wanderrichtung umgeknickt wird (gegen Überklettern). Die Folie muß senkrecht nach oben stehen. Die oben umgeschlagene Plastikfolie sollte mit Klebeband befestigt werden; zusätzlich mit Heftklammern.

Bei der Verwendung von Moniereisen kann man allerdings die Folien nicht optimal spannen.

Auch auf der anderen Seite der Straße muß ein Fangzaun mit Eimern zum Fang für die Rückwanderer errichtet werden. Die Rückwanderer laufen sonst vom Zaun wieder

zurück über die Straße. Die Amphibien wandern entlang der Fangzäune und fallen dann in die eingegrabenen Eimer. Damit kein Wasser einläuft – werden die Eimer an leicht erhöhten Stellen eingegraben und sollten nicht weiter als 30 m voneinander entfernt sein, da die Tiere sonst hin und her wandern und nach einiger Zeit wieder in die Sommerlebensräume zurückkehren. Sehr wichtig ist, das Zaunmaterial gut in den Boden einzugraben, damit die Amphibien nicht durchkriechen können. Die eingegrabenen Fanggefäße müssen an jedem Morgen und zur Hauptzugzeit bei warmem regnerischem Wetter noch einmal am späteren Abend kontrolliert werden. Nachdem die gefangenen Tiere nach Art und möglichst auch nach dem Geschlecht bestimmt sind, werden die Daten in einen Kontrollbogen eingetragen.

Im Fanggefäß werden die Tiere auf die andere Straßenseite getragen und an einer Stelle freigelassen, wo sich Versteckmöglichkeiten befinden.

Bei Amphibienmassakern kann die Verlustquote mit einem periodischen Fangzaun rasch auf Null gesenkt werden.

Amphibien sollten jedoch langfristig vor dem Straßenverkehrstod bewahrt werden. Deshalb müssen dauerhafte Lösungen gefunden werden, die mit wenig Aufwand für lange Zeit ihren Zweck erfüllen.

Dauereinrichtungen

Als Dauerlösungen für den Amphibienschutz an Straßen kommen in Frage:

fest installierte Fangzäune
Fangzäune zum einfachen Auswechseln
Fangeinrichtungen aus Beton
Einbau von Unterführungen kombiniert mit Dauerzaun

Die Montage eines fest installierten Fangzaunes erfolgt wie bei einem periodischen Zaun nur unter Verwendung von dauerhafteren Materialien wie verzinktem Maschendraht (Lochweite nicht größer als 4 mm, wenn auch mit wandernden Molchen zu rechnen ist) oder gelochten Zinkblechplatten. Engmaschiger Draht oder Zinkblech lassen sich auch als dauerhafte Lösung am unteren Ende von Wildschutzzäunen, wie sie an vielen Straßenabschnitten stehen, befestigen.

Wo das Gelände nicht allzu uneben ist, können Doppel-T-Eisen eingegraben werden. Jeweils zwischen zwei Pfosten werden die Zaunelemente geschoben. Holzbohlen (Douglasie verzieht sich nicht), kunststoffummantelte Pressholzbretter (teuer), Eternitplatten (leicht zerbrechlich), mit Maschendraht bespannte Holzrahmen. Damit die Tiere nicht durchschlüpfen, müssen die Elemente gut in den Boden eingegraben werden. Beide Lösungen sind zwar dauerhafter als Plastikzäune, jedoch nach wie vor mit dem Aufwand der täglichen Kontrolle zur Zugzeit verbunden.

Bei Straßen, die auf Dämmen oder in Einschnitten geführt werden, bieten sich Betonelemente in L- oder U-Form als Fangeinrichtung an. Damit diese Fangeinrichtungen nicht zu Fallen für Amphibien und andere Tiere werden, müssen sie auf jeden Fall mit einer Unterführung verbunden sein. Der Einbau von Betonelementen ist zwar die dauerhafteste Lösung, bringt aber einen hohen Kostenaufwand und landschaftsoptische Probleme mit sich.

Wo möglich, sollten Unterführungen – sog. Krötentunnel – gebaut werden: Die Amphibien werden mit den Fangzäunen auf Straßenunterführungen gelenkt. Manchmal gibt es bereits Unterführungen. Sie dürfen allerdings nicht unter Wasser stehen. Sonst baut man die Betonröhren als Tun-

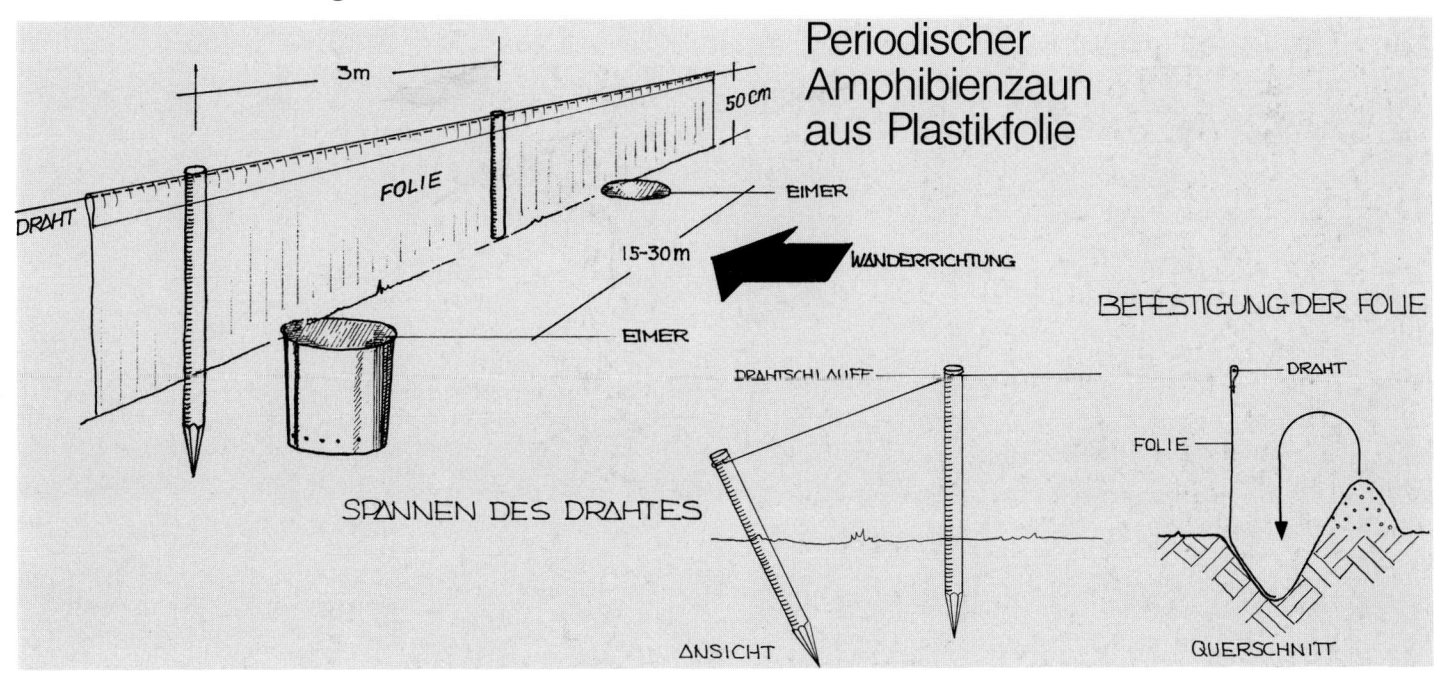

Periodischer Amphibienzaun aus Plastikfolie

3m
50 cm
DRAHT
FOLIE
EIMER
15-30 m
WANDERRICHTUNG
EIMER
BEFESTIGUNG DER FOLIE
DRAHTSCHLAUFE
DRAHT
FOLIE
SPANNEN DES DRAHTES
ANSICHT
QUERSCHNITT

nel ein. Die Röhren sollten einen Mindestdurchmesser von 100 cm haben und, damit einlaufendes Wasser abfließen kann, mind. 1 % Gefälle. Sehr wichtig ist der Lichteinfall; denn die Tiere müssen den Ausgang sehen, damit sie den Tunnel annehmen.

Neben den herkömmlichen Rundrohren gibt es auch Betonrohre mit einem sog. Maulquerschnitt oder in rechteckiger Ausführung. Beide sind aufgrund der breiten Bodenfläche besonders gut als Amphibientunnel geeignet.

Gut bewährt haben sich Einwegröhren. Die Hin- und Rückwanderung erfolgt durch zwei getrennte Röhren.

Damit die Amphibien nicht an den Eingängen vorbeiwandern, installiert man an jedem Röhreneingang – einmal vom Landlebensraum her und einmal aus der Richtung des Laichgewässers sog. Einfallschächte. Diese werden am besten aus Betonringen mit einem Durchmesser von mind. 40 cm installiert. Der Boden des Einfallschachtes wird nicht

befestigt, sondern mit einer Kiesschicht als Dränage versehen. So wird sichergestellt, daß die Tiere nicht im angestauten Wasser ertrinken. Eine Sichtblende verhindert zu großen Lichteinfall. Die Amphibien werden so nicht irritiert und streben dem Röhrenausgang zu.

Können Röhren mit Einfallschächten wegen der Topografie oder aus Kostengründen nicht eingebaut werden, empfiehlt es sich, die Tiere durch trichterartig erstellte Fangzäune auf eine in beide Zugrichtungen verwendbare Röhre zu lenken. Treffen Grasfrosch, Springfrosch oder Erdkröte senkrecht auf einen Zaun, dann lassen sie sich nur etwa 50 – 100 m seitwärts lenken. Beim Zaunbau ist daher auf die Zugrichtung zu achten. Kommen die Tiere etwa in einem Winkel unter 60 Grad auf den Zaun, wandern sie bis 200 m seitlich. Durch einen entsprechend zickzackförmig gebauten Zaun können diese spitzen Winkel realisiert und damit eine Lenkung zu den Röhren erreicht werden.

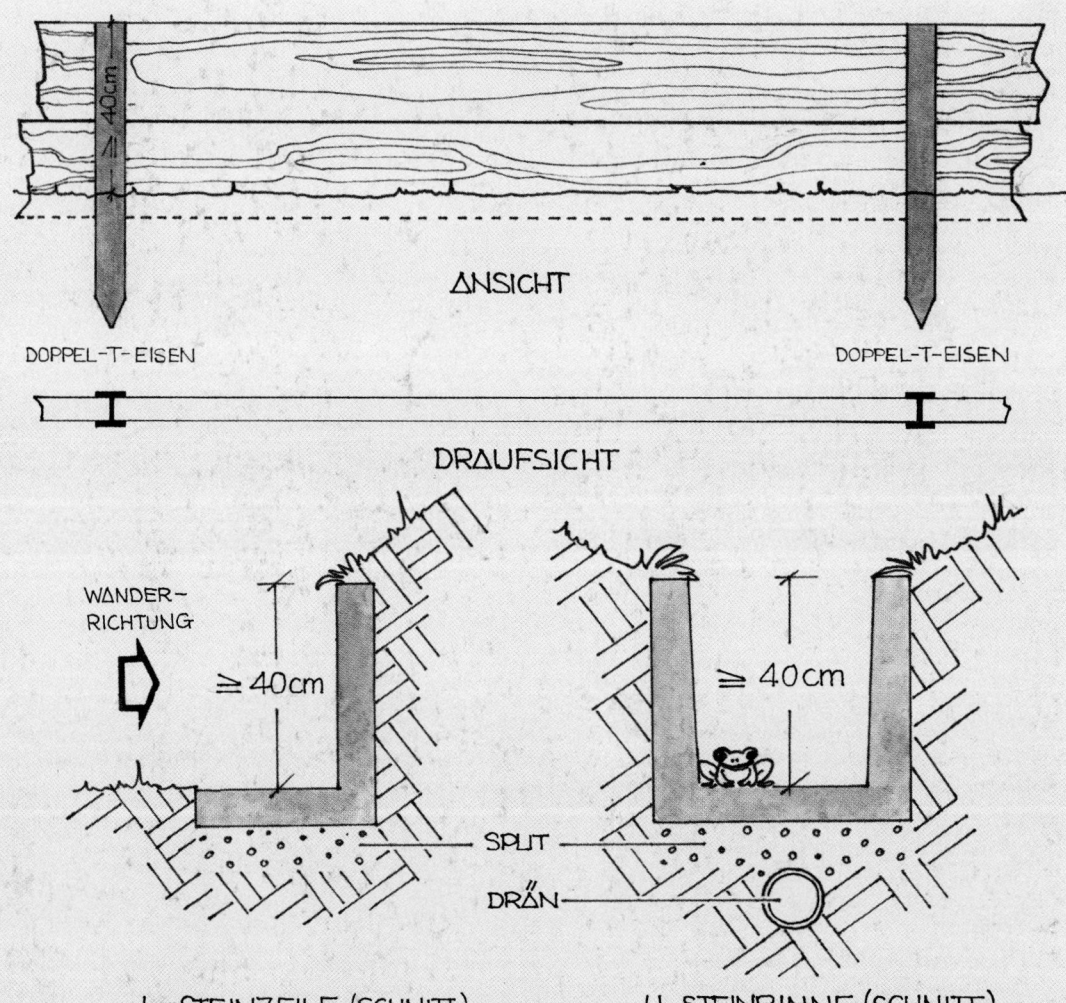

Dauerzaun aus Bretterbohlen und Doppel-T-Eisen

40 cm

ANSICHT

DOPPEL-T-EISEN

DOPPEL-T-EISEN

DRAUFSICHT

Dauereinrichtungen aus Betonfertigteilen

WANDER-RICHTUNG

≧ 40cm

≧ 40cm

SPLIT

DRÄN

L-STEINZEILE (SCHNITT)

BEI STRASSEN AUF DÄMMEN

U-STEINRINNE (SCHNITT)

BEI STRASSEN IM EINSCHNITT

Einwegröhren

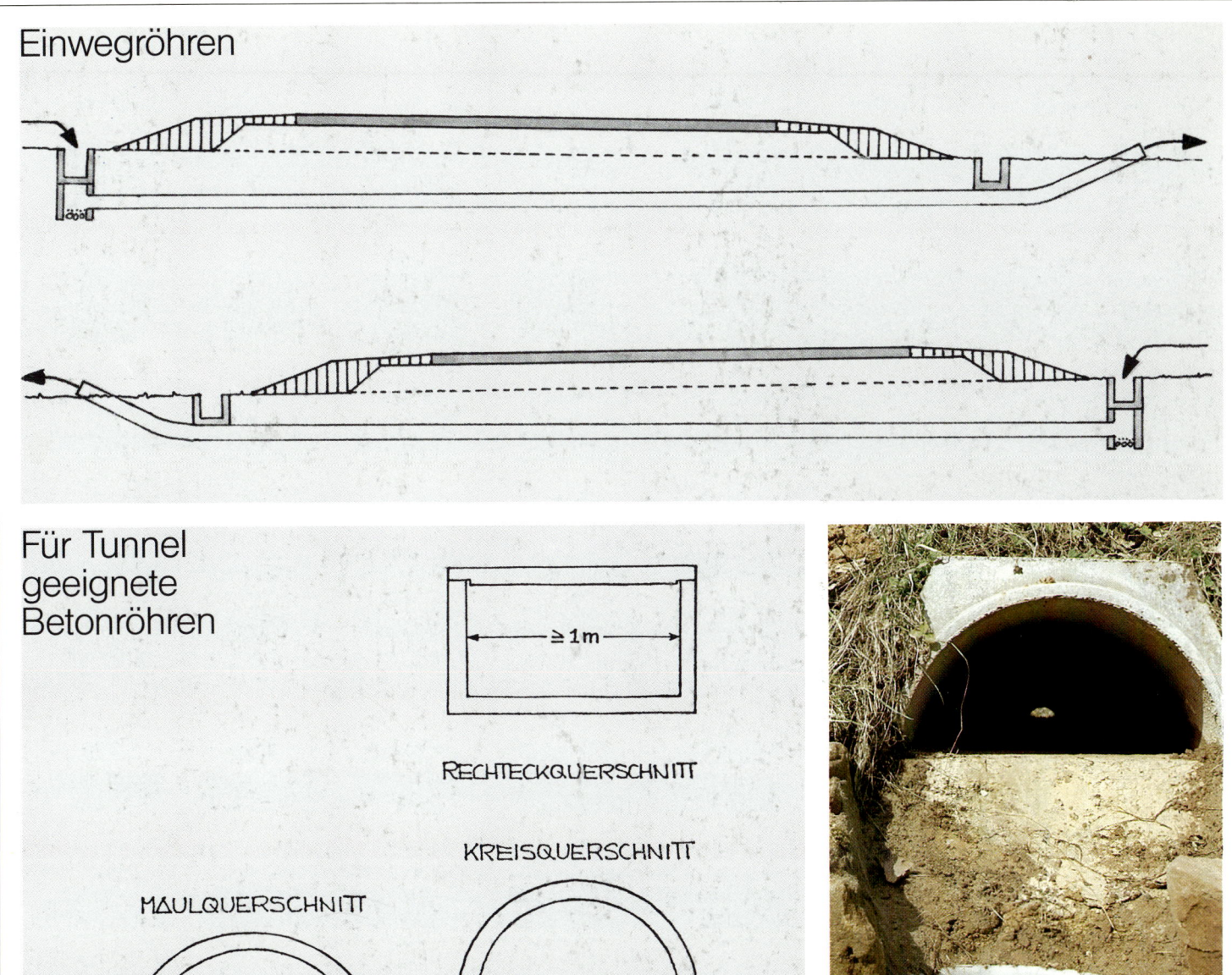

Für Tunnel geeignete Betonröhren

RECHTECKQUERSCHNITT

KREISQUERSCHNITT

MAULQUERSCHNITT

Wartung ist wichtig

Eine gewisse Wartung der Röhren läßt sich nicht umgehen. So ist es schon vorgekommen, daß sich an Fugen aufgrund von angeschwemmtem Laub und Erdmaterial ein kleiner Erdwall gebildet hatte: Alle Laichwanderer kehrten dort um. Die Röhren sollten daher einmal im Jahr durchgespült werden (am besten vor Beginn der Laichwanderung).

Dauerzäune und Jungtiere – ein Problem

Wie sich Dauerzäune langfristig bewähren, kann noch nicht vorausgesagt werden, da hierüber noch zu wenig Erfahrungen vorliegen. So ist zu befürchten, daß die jungen Amphibien nach dem Verlassen der Laichgewässer nicht am Zaun entlangwandern, sondern dort allmählich vertrocknen oder gefressen werden. Deshalb ist es besonders wichtig, gerade über den Jungtierzug entsprechendes Datenmaterial zu sammeln und auszuwerten.

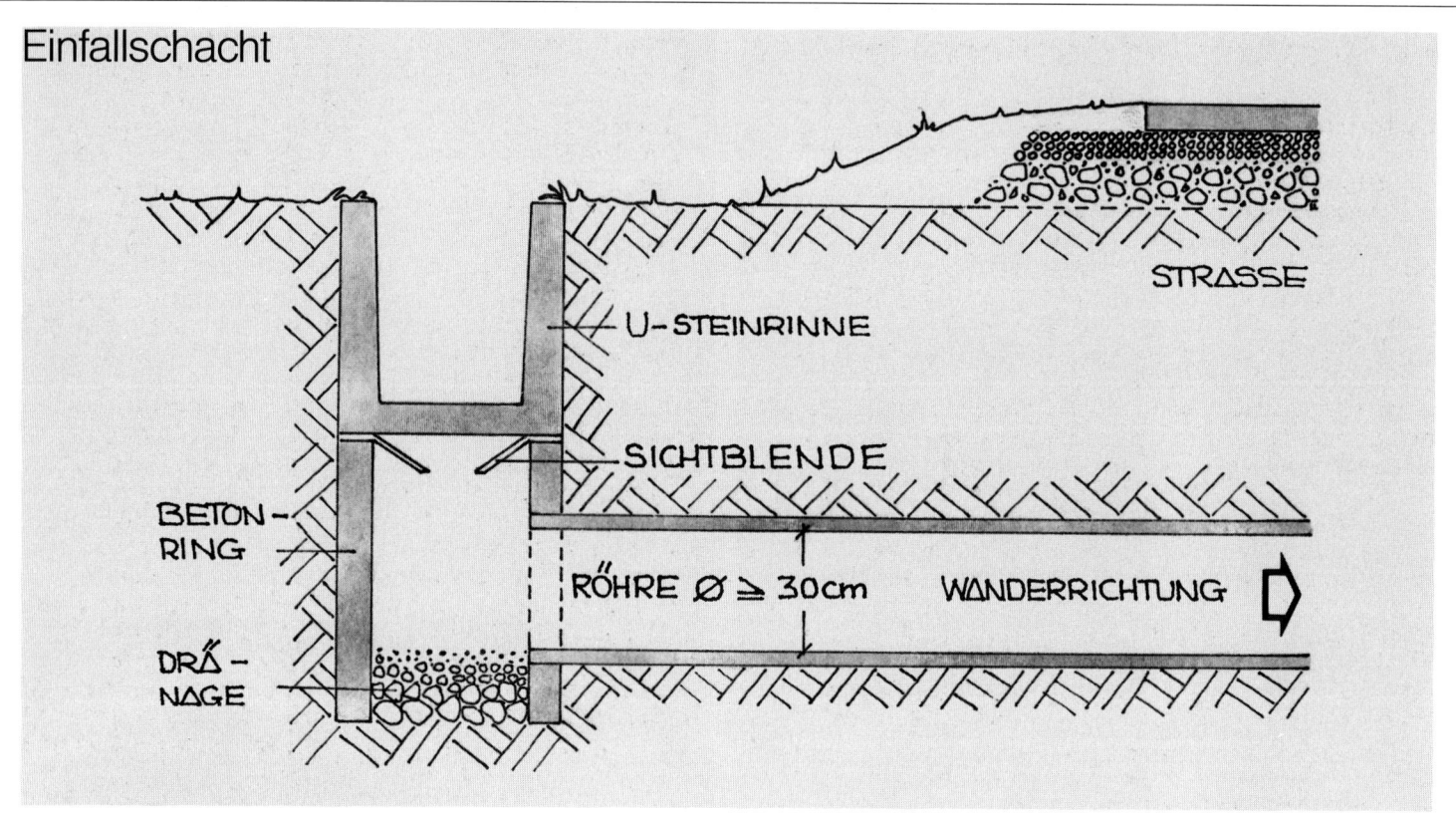

Einfallschacht

Labels in figure: STRASSE, U-STEINRINNE, SICHTBLENDE, BETON-RING, RÖHRE Ø ≥ 30cm, WANDERRICHTUNG, DRÄ-NAGE

Amphibienschutz an Straßen – was ist sonst noch zu beachten?

Die Besitzer der Grundstücke, an denen Schutzmaßnahmen durchgeführt werden, müssen nach ihrem Einverständnis gefragt werden und eine schriftliche Zustimmung geben.

Die Betonröhren dürfen nicht aus schnell abbindendem Zement hergestellt sein und müssen vor dem Einbau längere Zeit im Wasser gelagert werden, da sie sonst nicht angenommen werden.

Beim Bau von Amphibienzäunen oder -tunnels, ist auf die Wanderrichtung zu achten, damit die Tiere ihre Ziele nicht verfehlen. Vor der Installation dauerhafter Einrichtungen sollte die Wanderrichtung durch Beobachtungen an einem provisorischen Zaun festgestellt werden.

Die Schutzmaßnahmen sollten mit dem zuständigen Straßenbauamt und dem Straßenbaulastträger abgestimmt oder – noch besser – zusammen mit ihnen oder von ihnen durchgeführt werden. Diese Institutionen können auch fachtechnisch beraten.

Über das Vorhaben sollten rechtzeitig auch die zuständigen Naturschutzbehörden informiert werden.

Befindet sich die Straße, an der Amphibienschutzmaßnahmen ergriffen werden, im Wald, ist auch das zuständige Forstamt zu informieren. Holzfällerarbeiten gefährden oft die Zäune. Die Forstverwaltungen stellen oft Baumaterial wie Holzpflöcke kostenlos zur Verfügung.

Die Schutzeinrichtungen – besonders Amphibientunnel – sind oft sehr teuer. Vor der Realisierung muß daher ein Finanzierungsplan erstellt und möglichst auch ein Finanzierungsträger gefunden werden. In Frage kommen die Gemeinden, die Naturschutzverwaltungen, die Forstverwaltung und die Straßenbaubehörden bzw. der Straßenbaulastträger. Bevor mit einem möglichen Finanzierungsträger verhandelt wird, sollte die Problemstellung mit den bekannten Fakten kurz schriftlich dargestellt werden.

Beim Bau von Schutzvorrichtungen muß bereits festgelegt sein, wer sie später betreut. Besonders bei periodischen Maßnahmen ist während der Laich- und Rückwanderung eine tägliche Überwachung notwendig. Es empfiehlt sich, einen Einsatzplan aufzustellen. Eine Betreuung mit zuverlässigen ortsansässigen Helfern ist Grundvoraussetzung. Wenn Schutzmaßnahmen sinnvoll sein sollen, müssen sie langfristig und nicht nur für ein Jahr durchgeführt werden.

Alle im Rahmen der Schutzaktionen gewonnenen Daten, wie Art und Anzahl der geretteten Tiere, Geschlechterverhältnis, Wanderrichtung, Zugzeit, metereologische Daten sollten erfaßt und nach Möglichkeit einer Dokumentationsstelle zugeleitet werden. In den einzelnen Ländern gibt es schon verschiedene Arbeitsgemeinschaften auf privater oder amtlicher Basis. Die Adressen können bei dem für Naturschutz zuständigen Ministerium erfragt werden.

Die Presse sollte die Öffentlichkeit über die getroffenen Maßnahmen informieren.

Mit Rücksicht auf die Amphibien ...

Hunderttausende von Amphibien finden den Tod in Gullys, Schächten und sterilen Wasserableitungen. Wir meinen, daß diese ungewollte, aber erhebliche Vernichtung von Amphibien vermieden werden kann.

Voraussetzung dafür ist, daß bei künftigen Flurbereinigungen und allen wasserbaulichen Maßnahmen im Außenbereich auf genormte Bauweisen – wie U-Steine aus Beton, Sohlschalen usw. – verzichtet wird. Neben der weiteren „Verinselung" der Landschaft durch die Trennfunktion von sterilen Wasserableitungen spielen dabei auch landschafts-optische Gründe eine Rolle.

An vielen Straßenabschnitten wären Bordsteine gar nicht nötig. Jedes Neu-, Ausbau- und Ausbesserungsvorhaben sollte auch nach diesem Gesichtspunkt überprüft werden.

Wasserabläufe aus Beton?

Wasserabläufe und -rinnen aus Betonelementen abbauen zu wollen ist utopisch, da allein schon der finanzielle Aufwand viel zu groß wäre. Erforderlich und realistisch ist jedoch, entsprechende Einrichtungen zu schaffen, die den Tod von Kröten, Salamandern, Fröschen und Molchen vermeiden helfen. An solchen Wasserabläufen bringen wir Vorrichtungen an, die es verhindern, daß die in Rinnen gefallenen Tiere abgeschwemmt werden, und die gleichzeitig ermöglichen, daß die lebensfeindlichen Bauwerke verlassen werden können.

Eine einfache Konstruktion: Der Abweiser

Angepaßt an den Querschnitt der jeweiligen Betonelemente bringen wir aus Holz oder Metall ein Gestell mit engmaschigem Draht an. Wir nennen dieses Gestell „Abweiser". Er läßt sich denkbar einfach herstellen und verhindert wirkungsvoll, daß Amphibien auf der Suche nach einem Ausweg aus dem „Betonkanal" zu dem nächsten Sammelschacht wandern oder beim nächsten Regen abgeschwemmt werden. Wenn wir den Abweiser niedriger halten als die Wasserrinne, kann er seinen Zweck erfüllen, ohne den Wasserabfluß zu behindern. Manche Techniker werden schnell ins Feld führen, daß sich an der Konstruktion Laub und Erde ansammelt. Das ist jedoch kein Argument dafür, den tausendfachen Amphibientod achselzuckend hinzunehmen. Der Aufwand zur Entfernung des angeschwemmten Materials – zweimal im Jahr genügt meistens – ist verhältnismäßig gering und sollte in Kauf genommen werden.

Ausstieghilfe

Der Abweiser hat jedoch nur einen Sinn, wenn er mit einer Ausstieghilfe gekoppelt ist: Aus der ursprünglichen Betonelementkonstruktion entfernen wir alle 20 m jeweils 2 Elemente. An diesen Stellen legen wir nun seitliche Böschungen mit Natursteinen an (Neigung 1 : 1, besser 1 : 2). Die rauhe Oberfläche der Natursteinböschungen trägt dazu bei, daß die Amphibien oder andere Kleintiere die „Schuß-rinne" seitlich verlassen können.

Wenn wir den Abweiser in der Mitte der Ausstieghilfe anbringen, erleichtern wir sowohl den in Richtung „Berg" als auch in Richtung „Tal" wandernden Tieren das Verlassen der Wasserabflußrinne. Damit der „Abweiser" an seiner Unterseite auch dicht abschließt, bringen wir in der Mitte der Ausstieghilfe eine Betonschiene an, der der Abweiser dann angeglichen wird. Wie erwähnt sollten die Ausstieghilfen nicht weiter als 20 m voneinander entfernt liegen, damit die Tiere die zumeist trockenen Wasserableitungen möglichst schnell verlassen können. Größere Entfernungen sind für die Tiere Gefahrenmomente, da sie ohne Versteckmöglichkeiten schutzlos ihren Feinden und der Sonne ausgeliefert sind.

Besonders in rebflurbereinigten Gebieten sind solche Wasserableitungen oft stufenförmig angelegt. Beobachtungen an Feuersalamandern haben gezeigt, daß bereits 8 cm hohe Stufen kaum noch überwunden werden. Ausstieghilfen sind daher auch oberhalb und unterhalb jeder höheren Stufe sinnvoll.

Da zahlreiche sog. Wasserstaffeln Stufen von mehr als 8 cm aufweisen, ist in Gebieten mit zahlreichem Amphibienvorkommen eine Kombination von Ausstieghilfen mit einem Schutzzaun empfehlenswert. Diese Kombination wird beiderseits entlang der Betonrinne angebracht, mit deren Hilfe können ann die Tiere dann die Wasserstaffeln überqueren können. Sie erfüllt damit eine ähnliche Funktion wie ein Amphibientunnel bei Straßen.

Was ist sonst noch zu beachten?

Dabei ist weiter erforderlich: Daten sammeln über Amphibiengefährdung durch Wasserableitungen und Schächte

Beim Bürgermeisteramt erfragen, wer die Wasserableitung erstellt hat

Mit den Verantwortlichen Kontakt aufnehmen und sie über die Situation aufklären

Mögliche Konstruktionen mit Eigentümern/Verursachern erörtern

Finanzierung abklären

Nach der Erstellung von Ausstieghilfen den Erfolg kontrollieren

Aufklärung der Bevölkerung, damit die „seltsamen" Einbauten nicht entfernt werden.

Beim Hausbau zu beachten

Hausfundamente, die mit Wellbahnen isoliert sind, sollten oben schließen oder zumindest 40 cm über das Geländeniveau herausragen. Bei Gitter- und Drahtabdeckungen von Fensterschächten wählen wir eine möglichst geringe Maschenweite oder ein engmaschiges Drahtgeflecht. Schlitze an der Mauerseite werden geschlossen.

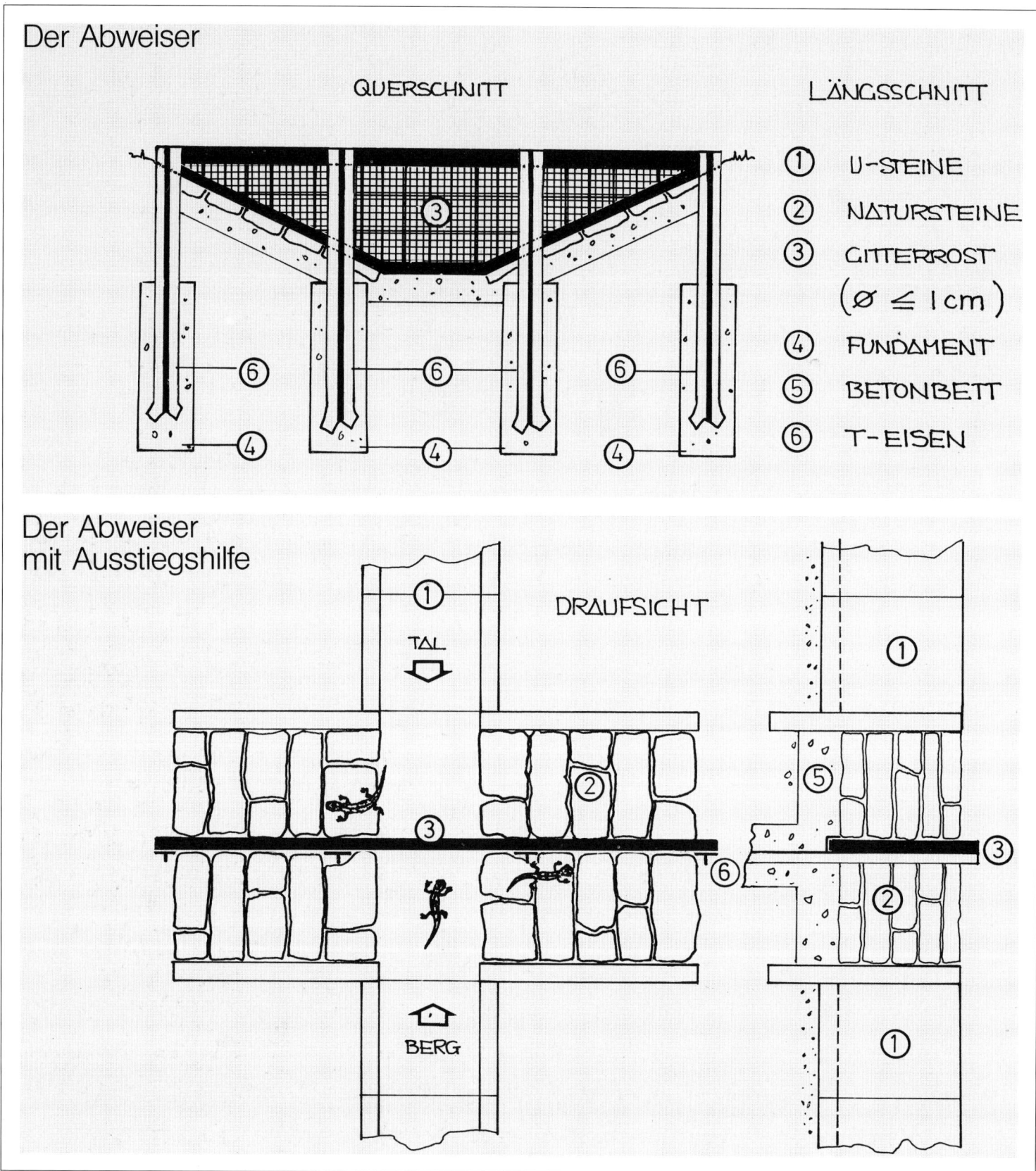

Der Abweiser

QUERSCHNITT

LÄNGSSCHNITT

① U-STEINE
② NATURSTEINE
③ GITTERROST
($\varnothing \leq 1$cm)
④ FUNDAMENT
⑤ BETONBETT
⑥ T-EISEN

Der Abweiser mit Ausstiegshilfe

DRAUFSICHT

TAL

BERG

Bilanz einer Idee

Eine Zukunft für Wasserfrosch, Libelle und Weißstorch

Langsam stakt der Storch durch das flachgründige Wasser der Sumpfwiese. Immer wieder bleibt er scheinbar regungslos stehen, um dann blitzschnell mit dem dolchförmigen roten Schnabel auf den Bodengrund herabzustoßen. Auch wenn es jetzt Anfang Juni nur so von Fröschen, Kaulquappen und anderen Kleintieren im Feuchtgebiet wimmelt, erwischt der große Schreitvogel nicht jedesmal eine Beute.

Noch vor wenigen Jahren hätten Störche in der Aueniederung bei Rheinstetten im Landkreis Karlsruhe kaum eine Chance gehabt, Nahrung zu finden. Wo jetzt ein Netz von Feuchtwiesen, Weihern, Wassergräben und Tümpeln eine mannigfaltige Tier- und Pflanzenwelt beherbergt, dehnten sich noch zu Beginn der 80er Jahre weitflächige, monotone Maisäcker aus.

Rheinstetten ist heute Paradebeispiel für eine Gemeinde, die ökologische Verantwortung zeigt und Themen des Natur- und Umweltschutzes nicht zu Fensterreden verkommen läßt. Zu verdanken ist der wiedererstandene Feuchtgebietsverbund in erster Linie dem Leiter des städtischen Hoch- und Tiefbauamtes, Peter Zortea. Er machte das Motto „Rettet die Frösche" mit zur Leitlinie seiner ansonsten eher technokratisch geprägten Tätigkeit und zeigte in beachtenswerter Weise, wie durch intelligenten Einsatz von Maschinen, viel Idealismus und noch mehr Ausdauer wieder Natur in die zuvor ausgeräumte Flur zurückgeholt werden kann. Innerhalb von 6 Jahren wurden 3 Hektar Flachwasserzonen, Teiche und Tümpel neu angelegt; gleichzeitig

entstanden 6 weitere Hektar Röhrichtfläche. Zusätzlich wurden 30 Hektar zuvor intensiv genutzte Ackerflächen einer extensiven, der Natur- und Landschaft angepaßten Nutzung zugeführt.

Naturschutz darf nie nur Aufgabe der Naturschützer bleiben, sondern muß als wesentliche Grundlage der Zukunftssicherung in allen gesellschaftlichen Schichten etabliert werden. Nur im Zusammenwirken aller Bereiche können wir unsere Lebensgrundlagen erhalten. Hier arbeiten Techniker, Kommunalverwaltungen, Naturschützer und Planer Hand in Hand beim Aufbau eines Biotopverbundsystems.

Außerdem werden jetzt 20 Hektar Wiesen, die zuvor als intensive „Grasäcker" bewirtschaftet waren, wieder naturgerecht genutzt. Hinzu kommen viele andere praktische Naturschutzmaßnahmen in Rheinstetten. Das Ergebnis kann sich sehen lassen: Bekassine, Braunkehlchen und andere bedrohte Tierarten haben jetzt wieder einen Lebensraum. Ab und zu werden in den Feuchtgebieten Rheinstettens auch wieder Störche beobachtet.

Das Beispiel von Peter Zortea und der Gemeinde Rheinstetten zeigt, daß auch einzelne dazu beitragen können, unsere natürlichen Lebensgrundlagen zu sichern oder wiederherzustellen. Mut gehört ebenso dazu wie die Risikobereitschaft, neue und oft auch unbequeme Wege zu gehen.

Einige tausend neue Feuchtbiotope

Eine genaue Bilanz der 1983 mit der Herausgabe von „Rettet die Frösche" gestarteten Naturschutzaktion ist uns nicht möglich; eines jedoch steht fest: im Rahmen der Initiative wurden in Deutschland, Österreich und der Schweiz einige tausend neue Feuchtbiotope angelegt, zahlreiche gefährdete Lebensräume renaturiert und als Schutzgebiete ausgewiesen sowie wissenschaftliche Artenhilfsprogramme umgesetzt. Dies zeigen die vielen Rückmeldungen engagierter Gruppen des BUND, DBV, der österreichischen Naturschutzjugend im ÖNB und anderer Organisationen.

Nach Aufdeckung des Vogelmassensterbens am Bodensee wurde die Anwendung des verursachenden Giftes Endrin durch ein Bundesgesetz verboten. Dies ist der spektakulärste Erfolg des BUND.

Rettet die Frösche – über Grenzen hinweg

Die Idee von „Rettet die Frösche" als eine Aktion, welche auf die Integration möglichst vieler gesellschaftlicher Schichten setzt, wurde auch weit über den deutschsprachigen Raum hinaus verwirklicht. So hat die seit Jahren im Feuchtgebietsschutz engagierte Gemeinde Sersheim im Landkreis Ludwigsburg (vgl. S. 90) europäische Umweltverständigung praktiziert und zusammen mit ihrer Partnergemeinde Canale im italienischen Piemont ein Feuchtgebiet renaturiert und zusätzlich einen Taleinschnitt als Naturreservat gesichert.

Viele Gemeinden sind diesem zuvor außergewöhnlichen Beispiel gefolgt und arbeiten jetzt über Ländergrenzen hinweg im Naturschutz zusammen. Die Stadt Albstadt z. B. wird in den nächsten Jahren Zug um Zug gemeinsam mit ihrer Partnerstadt Chambéry in der französischen Region Rhône-Alpes ein Feuchtgebiet renaturieren, und Radolfzell am Bodensee wird mit der spanischen Stadt Palcencia in einen regen Umweltaustausch eintreten.

Natur vor der eigenen Haustür

„Rettet die Frösche" hat auch bei vielen Menschen Bewußtsein für die eigene Umgebung geschaffen und deutlich werden lassen, daß sich in sterilen Einheitsgärten mit kurzgeschorenem Rasen und chemiebehandelten Ziergehölzen keine natürliche Vielfalt entwickeln kann. Ja, es entwickelte sich sogar ein – vorher nicht absehbarer – „Tümpel-Boom", der zur Anlage Hunderttausender Kleinstgewässer in den Hausgärten führte.

Nun dürfen diese Gartentümpel hinsichtlich ihrer ökologischen Wirkung nicht überbewertet werden, denn sie können die Vielfalt der Lebensräume außerhalb der Dörfer und Städte natürlich nicht ersetzen. Es darf jedoch auf der anderen Seite nicht vergessen werden, daß für viele Menschen die Begegnung mit der Natur vielfach im Garten stattfindet und für viele Kinder somit die Umweltbildung hier beginnen kann. Wer am eigenen Gartenteich Libellen beobachtet hat, wird auch für die Zusammenhänge in der freien Natur sensibler sein.

Die Bedeutung der Umweltbewahrung bereits im Hausgarten wird zunehmend auch von der öffentlichen Hand erkannt; so hat jetzt das Land Baden-Württemberg die Anwendung von Pestiziden in Hausgärten generell verboten.

Eine Lobby für die Natur

Natur hat keine Lobby; deshalb bedarf es engagierter Menschen, die sich in Natur- und Umweltorganisationen für die Naturbewahrung und Umweltvorsorge stark machen und damit diesen Themen in Verwaltung und Politik zu Mehrheiten verhelfen. Auch wenn heute über 80 Prozent der Befragten bei repräsentativen Meinungsumfragen den Umweltschutz als wichtigstes gesellschaftspolitisches Ziel angeben, klafft doch noch eine große Lücke zwischen dem Umweltbewußtsein einerseits und der Bereitschaft zum persönlichen und finanziellen Umweltengagement andererseits.

Auch wenn Gartentümpel den notwendigen Biotopverbund in der freien Landschaft nicht ersetzen können, tragen sie zur ökologischen Bewußtseinsbildung bei. Keinesfalls dürfen Sumpf- und Wasserpflanzen – wie etwa Sumpfdotterblumen – in der Natur ausgegraben und zur Bereicherung des eigenen Gartens mitgenommen werden. Staudengärtnereien bieten heute eine Fülle geeigneter Pflanzenarten für den Gartentümpel an.

Viele Umweltmaßnahmen wurden erst ergriffen, nachdem Politiker einen gewissen Druck aus der Bevölkerung erkennen mußten. Weil Politik eben eine Frage von Mehrheiten ist, wird sich daran auch künftig nur dann etwas ändern, wenn Natur eine starke Lobby bekommt.

Was will der BUND?

Der Bund für Umwelt und Naturschutz Deutschland e.V. wurde 1975 von einigen bereits bestehenden Landesverbänden gegründet und zählte 1990 über 200.000 Mitglieder.

Der BUND gliedert sich in Landesverbände, Regionalverbände und rund 2.000 Orts- und Kreisgruppen. Schwerpunkte der BUND-Arbeit sind Naturschutz, Landwirtschaft, Energie, Chemie und Wirtschaft im nationalen und auch im internationalen Bereich. Im Rahmen überregionaler Kampagnen wie Rettet die Frösche, Naturschutz in der Gemeinde, Mehr Natur in Dorf und Stadt, Garten ohne Gift, Natur ohne Grenzen u. a. soll eine möglichst breite Öffentlichkeit für den Umweltschutz gewonnen werden. Darin liegt wohl auch der größte Erfolg des BUND: die zunehmende Berichterstattung der Medien über Natur- und Umweltschutz wirkt sich positiv auch auf politische Entscheidungen aus. Immer mehr Behörden kooperieren mit dem Bund für Umwelt und Naturschutz und übernehmen dessen Forderungen. Mehrere Planfeststellungsbeschlüsse für umweltunverträgliche Straßen wurden von Gerichten aufgehoben, wobei Stellungnahmen des BUND eine gewichtige Rolle spielten. Ein Beispiel für die konkrete Umweltarbeit ist das Verbot der Anwendung des hochgefährlichen Pestizids Endrin. Erst eine BUND-Kampagne führte zum Verbot des Pestizids, durch das zahlreiche Vögel elendiglich verendeten.

Doch trotz vieler Erfolge werden die Umweltprobleme eher größer; der jahrzehntelange unverantwortliche Umgang mit unseren Mitlebewesen und unseren Ressourcen führt zu immer größeren Problemen, wie etwa den drohenden Klimaveränderungen. Ziel des BUND ist es deshalb unter anderem, eine umweltverträgliche Wirtschafts-, Finanz- und Landwirtschaftspolitik durchzusetzen.

So wurden vom BUND-Kreisverband Lüchow-Dannenberg in der Dumme-Niederung mehrere Hektar Feuchtwiesen durch gezielte Pflegemaßnahmen als Lebensraum von Graureiher und Kranich gerettet. Und die Universität Paderborn-Höxter konnte mit Hilfe einer Sendereihe des RTL-Frühstücksfernsehens zur Aktion „Rettet die Frösche" Nahrungsbiotope des Schwarzstorchs schützen. Im Rhein-Neckar-Kreis bewirkte die BUND-Gruppe von Hemsbach/Laudenbach zusammen mit der Naturschutzverwaltung bei den Straßenbaubehörden den Einbau von Amphibientunnels und Leiteinrichtungen für über 120.000 Kröten und Frösche.

Frosch und Mensch – Begegnung zweier Welten. Bis zum Start der Aktion „Rettet die Frösche" wurde den Amphibien nur von wenig Beachtung geschenkt.

Unzählige lokal und regional arbeitende Naturschutzorganisationen, Jugendgruppen, Schülerarbeitskreise, Parteien und wissenschaftliche Arbeitsgruppen leisteten allein oder im Zusammenwirken mit amtlichen Naturschutzstellen, Städten und Gemeinden praktische Beiträge zur Aktion „Rettet die Frösche". Fernsehanstalten, Rundfunksender, Tageszeitungen und Zeitschriften griffen die Aktion „Rettet die Frösche" und die dahinterstehende Philosophie auf. Dabei gelang es, den Naturschutzgedanken gesellschaftlich stärker zu etablieren.

Raus aus dem eigenen Sumpf

Vielen engagierten Naturschutzleuten gab diese überregionale Initiative die Möglichkeit, mehr Gehör für ökologische Themen zu finden. Was nützt es letztlich, wenn Naturschutz eine Sache der Naturschützer bleibt? Natur- und Umweltschutz ist immer auch eine Frage der Akzeptanz und damit eine Frage von Mehrheiten. Vieles kochte und kocht im Umweltbereich noch zu sehr im eigenen Sud. Dies liegt vielleicht auch am stellenweisen Fehlen konsensfähig aufbereiteter Themen sowie mangelnder Professionalität im privaten Umweltschutz. Heute geht es jedoch mehr denn je darum, in allen Bevölkerungsschichten Mitstreiter für die ökologische Zukunftssicherung zu finden. So verstand sich die Aktion „Rettet die Frösche" nie als reiner Amphibienschutz. Vielmehr sind die Frösche ebenso wie die anderen Amphibienarten Sinnbild für die Notwendigkeit für den Schutz und die Sicherung der verschiedensten Lebensräume. Der Schutz eines Laichtümpels ermöglicht vielen Menschen eher den Zugang und damit den „Einstieg" zum Naturschutz als die oft sehr abstrakt dargestellten „großen Umweltprobleme". Jeder, der sich aber einmal aktiv für Natur und Umwelt eingesetzt hat, wird nicht die Augen vor den eigentlichen ökologischen Herausforderungen verschließen können. So wird etwa bei Jugendlichen, die sich für ein Amphibiengewässer in der eigenen Gemeinde einsetzen, auch Sensibilität für die Gefahren durch die Pestizidanwendung, die Lebensraumzerschneidung und andere Umweltthemen geschaffen. Umwelt kann ja letztlich nur schützen, wer Natur kennt.

Deshalb zielte die Aktion „Rettet die Frösche" auf eine breite gesellschaftliche Etablierung des Umweltgedankens. Viele heute anerkannte Standards im Naturschutz gehen auf diese Initiative zurück.

Mit diesem Buch und der gleichnamigen von Jürgen Resch koordinierten Aktion, an der sich Tausende von Einzelinitiativen beteiligten, konnte also ein Stückweit der moderne, auf Management und Kooperation setzende Naturschutz eingeleitet werden.

Technik muß nicht immer nur Natur zerstören, sondern kann – wie hier – neue Lebensräume schaffen.

Ein Blick über die Grenzen

Amphibienschutz in der Schweiz

Die folgenden Aktivitäten können als Vorläufer von Amphibienschutzmaßnahmen in der Schweiz bezeichnet werden: Das Fundortverzeichnis von Amphibien und Reptilien aus dem Kanton Neuenburg von V. Aellen und J.-L. Perret 1953 stellt ein ganz frühes kantonales Inventar dar. An der Universität Zürich sind in den 50er und 60er Jahren mehrere Dissertationen zur Biologie einheimischer Amphibienarten entstanden, unter denen die große Untersuchung zur Lebensweise der Erdkröte von H. Heusser herausragt. Heusser machte auch bereits 1960 auf das Problem überfahrener Amphibien anhand eines Beispiels aus dem Churer Rheintal aufmerksam.

1967 trat die Verordnung zum Bundesgesetz über Natur- und Heimatschutz in Kraft, die alle Amphibien- und Reptilienarten der Schweiz unter Schutz stellte.

Rückblickend hatte dies mehrere positive Auswirkungen: der zuvor rege Fang, Tausch und Handel mit einheimischen Arten war nun illegal und kam weitgehend (aber auch heute noch nicht vollständig) zum Erliegen. Das vom Naturhistorischen Museum Basel produzierte Bestimmungsbüchlein zu den Amphibien und das bekannte Plakat „Sollen diese Tiere aussterben?" des Schweizerischen Bundes für Naturschutz hatten Pioniercharakter und leiteten einen Stimmungsumschwung in der Bevölkerung ein. Parallel mit der Zunahme des Verkehrs mehrten sich die Massen totgefahrener Amphibien auf den Straßen. Erste Helfer- und Forschergruppen bildeten sich zwischen 1968 und 1972 in den Kantonen Zürich, Basel, Waadt und Bern. Maßnahmen wie Verkehrsumleitungen, das Aufstellen von Signalen und das Einsammeln der Tiere ohne Fangzäune erwiesen sich als wenig wirksam. Auch heute noch werden an vielen Dutzend Stellen provisorische Rettungsaktionen in Form von temporären Abschrankungen mit Fangeimern durchgeführt. Auf diese Weise kamen von mehreren Orten Daten über die Artenzusammensetzung, die Zahl der wandernden Tiere und den zeitlichen Verlauf der Wanderung über einen Zeitraum von 15–20 Jahren zusammen. Die Fangzahlen häufiger Arten wie Grasfrosch und Erdkröte stabilisierten sich oft auf einem etwas tieferen Niveau gegenüber dem Beginn, während seltenere Arten wie etwa Kammolch und Geburtshelferkröte verschwanden. Diese Zahlen sagen allerdings wenig über den Erfolg oder Mißer-folg der Rettungsaktion aus; die häufig beobachteten starken Fluktuationen sind eher Ausdruck eines jährlich stark variierenden Fortpflanzungserfolges am Gewässer.

Erste Krötentunnel

Seit 1969 wurden in der Schweiz etwa 30 Straßen-Unterführungen für Amphibien gebaut, die Mehrheit davon als Einwegsystem, d. h. mit getrennten Röhren für Hin- und Rückwanderung. Die bekannteste Anlage ist diejenige am Etang de Sépey bei Cossonay, die seit über 10 Jahren zufriedenstellend funktioniert und als Pilotanlage für viele andere diente. Die Erfahrungen mit anderen Anlagen befriedigen nur teilweise oder gar nicht. Nicht selten wurden Röhren mit zu geringem Durchmesser verwendet. Geringe Modifikationen im Eingangsbereich verbesserten in einigen Fällen den Wirkungsgrad der Anlage deutlich. In neuester Zeit gelangten Entwässerungsröhren mit Lichtschlitzen zur Anwendung, die vor allem in topografisch schwierigem Gelände, wie es in der Schweiz die Regel ist, mit geringen Problemen eingebaut werden können. Erfahrungen hiermit liegen noch kaum vor. Leider fehlen oft Erfolgskontrollen an den installierten Anlagen.

Amphibienkartierung in einem Teilgebiet der Schweiz – Beispiel für ökologische Grundlagenforschung.

Amphibien werden populär

Die Amphibien erfuhren durch die Schutzmaßnahmen an Straßen, die auch regelmäßig in den Medien zur Sprache kommen, eine markante Popularisierung. Schon bald wurde aber klar, daß trotz all dieser Aktivitäten der Rückgang der Herpetofauna nicht aufgehalten werden kann, wenn es nicht gelingt, Lebensräume zu erhalten. Der Kanton Zürich leistete mit seinem Inventar der Amphibienlaichplätze Pionierarbeit, auch auf europäischer Ebene; etwas später folgten die Kantone Waadt und Bern mit ähnlichen Projekten. Alle anderen Kantone wurden im Zeitraum 1978 bis 1985 nach einheitlichem Muster bearbeitet. Die Synthese all dieser Projekte erschien 1988 in Form des „Verbreitungsatlas der Amphibien der Schweiz". Insgesamt wurden rund 7.500 Fortpflanzungsgewässer für Amphibien inventarisiert, allerdings in den 23 Kantonen unterschiedlich präzise. Immerhin gibt es bezüglich Kenntnis der Laichgewässer keine unbekannten Regionen mehr in der Schweiz. Zweck solcher Inventare ist neben der Erweiterung unserer Kenntnis der verschiedenen Arten die Grundlagenbeschaffung für den Artenschutz. Als häufigste Art erwies sich der Grasfrosch *Rana temporaria* mit über 5.500 Laichplätzen, als seltenste Art der Italienische Frosch *Rana latastei* mit lediglich 4 Laichplätzen, alle im grenznächsten Gebiet zu Italien. Drei Arten sind in der Schweiz verschwunden: Knoblauchkröte, *Pelobates fuscus*, Wechselkröte, *Bufo viridis*, und Moorfrosch, *Rana arvalis;* alle drei kamen allerdings schon immer nur im grenznahen Gebiet vor und sind keine typischen Arten für das Gebiet der Schweiz. Einen beängstigenden Rückgang müssen wir bei Kammolch, *Triturus cristatus*, und Laubfrosch, *Hyla arborea*, beobachten; bisher ist auch nicht klar, wie diese Entwicklung wenigstens gestoppt werden könnte. Als charakteristisch für die Schweiz könnte man etwa die Arten Alpensalamander, *Salamandra atra*, Fadenmolch, *Triturus helveticus*, Gelbbauchunke, *Bombina variegata*, Geburtshelferkröte, *Alytes obstetricans,* und Grasfrosch, *Rana temporaria*, bezeichnen, die in gewissen Regionen ausgesprochen große Populationen bilden. Da diese Arten in Teilen Europas deutlich zurückgehen, ist der Naturschutz in der Schweiz aufgerufen, speziell für den Schutz und die Erhaltung dieser offenbar optimalen Habitate besorgt zu sein. Ein erster Schritt in diese Richtung war die am 1.2.1988 in Kraft getretene Revision des Natur- und Heimatschutzgesetzes, in welchem der Biotopschutz ausdrücklich verankert ist. Die Eidgenossenschaft hat für den Schutz der Biotope von nationaler Bedeutung zu sorgen. Eine der ersten Ausführungen dieses Gesetzes war die Auswahl und Bewertung einer Liste von rund 900 Amphibienfortpflanzungsgebieten von nationaler Bedeutung im Jahre 1989. Bei der Bewertung wurden Zahl und Seltenheit der Arten sowie die Populationsgröße berücksichtigt. 1990 wurden alle diese Gebiete neu erfaßt und Schutz- und Pflegevorschläge ausgearbeitet. Noch muß diese Liste von Bund und Kantonen offiziell anerkannt werden. Nur so ist es möglich, ein erstes, grobes Netz besonders wertvoller Fortpflanzungsstätten für Amphibien langfristig zu sichern.

Als weiterer Meilenstein in den Schutzbemühungen darf die Gründung der KARCH (Koordinationsstelle für Amphibien- und Reptilienschutz in der Schweiz) mit Sitz am Naturhistorischen Museum der Bürgergemeinde Bern auf Anfang 1979 angesehen werden. Die Stelle wurde 1985 und 1989 personell und finanziell erweitert; sie wird von der Eidgenossenschaft, zahlreichen Kantonen und den großen Naturschutzorganisationen getragen. In erster Linie ist die KARCH Beratungsstelle für jedermann bezüglich Problemen aller Art mit einheimischen Amphibien- und Reptilienarten. Dank der von der KARCH kontinuierlich organisierten Arbeitstagungen, Kolloquien, Kurse und Exkursionen ist der Kontakt zwischen den an Amphibien und Reptilien Interessierten in der Schweiz gut. Darüber hinaus gibt die KARCH Informationsblätter über Amphibien- und Reptilienarten (die Liste wächst weiter), zu herpetologischer Literatur und zu bestimmten Problemen heraus (Amphibien und Verkehr, Amphibien in Kläranlagen, Anlage und Probleme mit Gartenweihern). Zu ihren Hauptaufgaben gehört die Initiierung von Inventaren sowie Stellungnahmen zu gefährdeten Objekten.

Eine Zukunft für Amphibien?

Unzweifelhaft haben Verständnis und Interesse für Amphibien und Reptilien massiv zugenommen. Wie aber steht es um die Amphibienpopulationen in unserem Lande heute? Die Antwort kann nur lauten: mit Sicherheit nicht besser als 1967. Auch wenn der konservierende und kreative Naturschutz einiges erreicht hat, worüber man sich freuen darf, so sind doch ungleich mehr Habitate zerstört oder beeinträchtigt worden. Einerseits sind hier ganz handfeste Interessen kapitalkräftiger Kreise im Spiel – etwa bei den heißumkämpften, für den Naturschutz aber unverzichtbaren Pionierhabitaten in Kiesgruben. Ohne Änderungen auf der politischen Ebene, etwa bezüglich Bodenrecht, werden hier kaum Fortschritte zu erzielen sein. Ebenso bedenklich sind die schleichenden Landschaftsveränderungen hin zu einer monotonen, hart strukturierten Zivilisationseinöde. Entscheidende Faktoren sind hier etwa die kaum rückgängig zu machende Überdüngung des gesamten Mittellandes durch die Intensivlandwirtschaft oder die unnatürlichen Gewässerregulierungen, welche die letzten Auenwaldlandschaften gewaltig entwerten und bezüglich Amphibien verarmen lassen. Auch die immer stärkere Zerschneidung des Mittellandes durch Verkehrswege und Siedlungen führt zu einer Isolierung und damit Verarmung der verbliebenen Naturlebensräume. Bezüglich dieser Probleme sind erste Ansätze eines Umdenkens erkennbar. Zwar besitzt die Schweiz immer noch einigermaßen intakte Lebensräume im Alpenraum. Diese sind jedoch aus klimatischen Gründen relativ arm an Amphibienarten und zudem immer mehr einem starken Touristendruck ausgesetzt. Also auch hier kommen wir nicht darum herum, der Ausdehnung der menschlichen Zivilisation klare Grenzen zu ziehen. Die Schaffung von Großreservaten im Alpenraum gehört zu den wichtigsten Aufgaben des Naturschutzes in der Schweiz.

Kurt Grossenbacher

Amphibienschutz in Österreich

Rechtliche Grundlagen

Der Schutz der Amphibien ist in den Naturschutzgesetzen der einzelnen Bundesländer geregelt, da Naturschutz in Österreich in Gesetzgebung und Vollziehung in der rechtlichen Kompetenz der Länder liegt.

Die historische Entwicklung der Naturschutzgesetzgebung beginnt etwa mit der zweiten Hälfte des 19. Jahrhunderts und war zuerst ausschließlich von Nützlichkeitserwägungen bestimmt. Diese Jagd- und Fischereigesetzgebung diente zwar in erster Linie dem Zweck, das ursprüngliche Recht auf freie Zueignung wildlebender Tiere zugunsten des Landesherrn oder des Adels einzuschränken, enthielt jedoch auch eine Reihe von Vorschriften zur Erhaltung nützlicher Arten. Diese Gesetze wurden nach 1918 durch eine umfassende Naturschutzgesetzgebung der Länder ersetzt. Der Schutz einzelner Arten beschränkte sich namentlich auf den Maulwurf, das Wiesel, die Weinbergschnecke und speziell in Tirol die Frösche, wobei die Unterbindung des Handels mit diesen Tieren im Vordergrund stand.

Heute sind verschiedene Pflanzen sowie nicht jagdbare und nicht den Fischereigesetzen unterliegende Tiere geschützt, wobei dies seit einigen Jahren mit geringen Modifikationen auch für alle heimischen Amphibien zutrifft.

Geschützte und gefährdete Tiere und Pflanzen in Österreich

● = Vollschutz

i = vollkommen geschützt, doch wird ausdrücklich gestattet, einzelne, doch ausschließlich erwachsene Tiere für die eigene Haltung zu fangen und zu befördern

	Bgld.	Ktn.	NÖ.	OÖ.	Sbg.	Stmk.	Tirol	Vbg.	Wien
Salamandra (alle Arten)	●	●	●	●	●	●	i	●	●
Triturus (alle Arten)	●	●	●	●	●	●	i	●	●
Bombina (alle Arten)	●	●	●	●	●	●	i	●	●
Pelobates fuscus	●	●	●	●	●	●	i	●	●
Bufo (alle Arten)	●	●	●	●	●	●	i	●	●
Hyla arborea	●	●	●	●	●	●	i	●	●
Rana (alle Arten)		●	●	●	●	●	i	●	●
mit Ausnahme R. esculenta	●								

Bgld. = Burgenland, Ktn. = Kärnten, NÖ. = Niederösterreich, OÖ. = Oberösterreich, Sbg. = Salzburg, Stmk. = Steiermark, Vbg. = Vorarlberg

Probleme ergeben sich aber durch die Grenzen des Artenschutzes: In zunehmendem Ausmaß werden in den Naturschutzgesetzen Zielvorstellungen formuliert, die den Überlegungen Rechnung tragen, daß der Schutz einer Art bei gleichzeitiger Vernichtung ihres Lebensraumes als sinnlos erscheint. So ist in verschiedenen gesetzlichen Bestimmungen der Bundesländer nicht nur die in ihrer Lebensweise stark an Wasser gebundene Amphibienart, sondern auch der Laichplatz (als Feuchtbiotop) geschützt. Dennoch ist im Regelfall juristischer Praxis die Zerstörung eines Kleingewässers, z. B. bei Verhandlungen über Flurbereinigung, auch rechtlich nicht zu verhindern, da wirtschaftlichen Überlegungen Rechnung getragen werden muß. Selbst rechtswirksame Naturdenkmäler sind dabei nicht ausgeschlossen.

Obgleich die abstrakte Rechtssituation des Naturschutzes in Österreich einen durchaus erfreulichen Entwicklungsstand erreicht hat, ist die Gesetzgebung eher am Reagieren statt am Agieren.

Gefährdungsgrad

Besondere Aufmerksamkeit hinsichtlich der Gefährdung erfordert die Kreuzkröte, *Bufo calamita: Dieser Froschlurch* wurde erst 1980 nach über 140 Jahren in Österreich nördlich von Gmünd (Waldviertel) wiederentdeckt.

Die Kreuzkröte bevorzugt flache Sand- und Kiesgrubengewässer und findet daher nur einen auf wenige einzelne Materialentnahmestellen beschränkten Lebensraum in diesem grenznahen Gebiet vor. Da diese Sandgruben zum Teil wirtschaftlich nicht mehr genutzt werden, bestand die Gefahr der Zuschüttung. Die Niederösterreichische Berg- und Naturwacht hat dieses wertvolle Feuchtbiotop durch Ankauf in ihre Betreuung genommen und versucht nun in

Auch im Österreichischen Verbreitungsgebiet wird die Knoblauchkröte durch zunehmende Lebensraumzerstörung immer seltener.

Zusammenarbeit mit der Naturschutzabteilung der Niederösterreichischen Landesregierung, den unveränderten Erhalt dieser Flächen rechtlich abzusichern.

Wie auch in der „Roten Liste" der in Österreich gefährdeten Kriechtiere und Lurche angesprochen, sind in Österreich von den 20 einheimischen Amphibienarten- bzw. -unterarten 18 zumindest regional gefährdet.

Der kontinuierliche Verlust geeigneter Lebensräume stellte die Gesetzgeber vor die Notwendigkeit, alle heimischen Formen zumindest rechtlich unter Schutz zu stellen.

Nur in Tirol ist es Einzelpersonen erlaubt, heimische Amphibien in Gefangenschaft zu halten. Gerade bei Amphibien lassen sich die verschiedensten Lebensabläufe in Gefangenschaft sehr gut beobachten, und die Terrarienhaltung dieser Tiere kann bei Kindern Verständnis für die Bedürfnisse unserer Lurchfauna hervorbringen. Im Konzept einer neuen Verordnung zum Tierartenschutz im Burgenland steht gegenwärtig ebenfalls eine derartige Ausnahmeregelung zur Diskussion.

Im Gegensatz zu Arten, denen es auch möglich ist, die großflächigen höhergelegenen, wirtschaftlich extensiv genutzten Lagen Westösterreichs zu bewohnen, konzentriert sich der Lebensraum pannonischer Faunenelemente (z. B. Donaukammolch, Balkan-Moorfrosch und Rotbauch-Unke) im Osten Österreichs auf naturnahe Landschaftsteile wie Auwälder entlang der Donau und March sowie auf das Gebiet des Neusiedlersees und des Seewinkels. Es handelt sich dabei um jeweils größere zusammenhängende Gebiete in einem Großraum landwirtschaftlicher und touristischer „Intensivnutzung", deren Erhaltung die zentrale Überlegung der Nationalparkplanungen in Ostösterreich darstellt.

Aktuelle Grundlagenforschung

In den Jahren 1981 bis 1987 wurde im Auftrag der Stadt Wien eine „Erfassung schutzwürdiger und entwicklungsfähiger Landschaftsteile und -elemente in Wien", kurz „Biotopkartierung", in Auftrag gegeben. Im Rahmen dieses interdisziplinären Großprojektes wurden neben vegetationskundlichen und limnologischen Untersuchungen auch eine Bestandsaufnahme der Säugetiere, Vögel, Reptilien und Amphibien durchgeführt. Die erhobenen biologischen und ökologischen Daten wurden in die EDV-Anlage der Stadt Wien eingespeist und sollen vom theoretischen Ansatz her Entscheidungshilfen für die Naturschutzbehörde sein.

Als eines der ersten veröffentlichten Ergebnisse wurde ein Buch mit dem Titel „Die Lurche und Kriechtiere Wiens" herausgegeben.

1983 wurde das Buch „Lurche und Kriechtiere Österreichs" veröffentlicht. Es handelt sich dabei um einen Feldführer, der sich mit der Gefährdung der heimischen Herpetofauna auseinandersetzt. 1985 erschien der „Atlas der Amphibien und Reptilien" Österreichs. In dieser Arbeit wurden die ersten Ergebnisse einer österreichweiten herpetologischen Bestandserhebung kartographisch dargestellt. Auf

dieses Projekt ist die Existenz einer an die 20.000 Fundplätze umfassenden „Herpetodatenbank" an der Herpetologischen Sammlung des Naturhistorischen Museums zurückzuführen. Eine Datenbank, die von den Mitarbeitern dieser Sammlung fortlaufend ergänzt und betreut wird.

1990 erschien eine umfangreichere Arbeit von Mildner und Hafner über die Amphibien Kärntens mit zahlreichen Angaben zur landesweiten Verbreitung dieser Tierarten.

Mit zunehmendem Umweltbewußtsein erhöht sich auch die Sensibilität der Bevölkerung für auf praktisch naturschützerische Aktionen. Einige Beispiele sollen dies verdeutlichen: In Niederösterreich stellt die Straßenverwaltung sowohl in Eigenregie als auch in Kooperation mit Naturschützern Krötenschutzzäune auf. Im Auftrag der Salzburger Landesregierung und dem Bundesministerium für wirtschaftliche Angelegenheiten wird vom Institut für Ökologie in Salzburg eine Studie „Amphibienschutz an Straßen in Österreich" durchgeführt. Im Bundesland Salzburg wurden in den letzten Jahren bereits Fallstudien an der Stubachtalstraße bei Fellern und im Pinzgau durchgeführt.

Eine Fragebogenaktion „Amphibien und Autoverkehr" wurde von World Wildlife Fund Österreich gestartet, um ein Inventar jener Straßenabschnitte zu erstellen, auf denen Amphibien im Frühjahr in großer Zahl überfahren werden.

Die erst 1983 gegründete österreichische Gesellschaft für Herpetologie (öGH) versucht durch die Publikation der Zeitschrift „Herpetozoa" auch auf dem Gebiet des Amphibienschutzes eine größere Öffentlichkeit anzusprechen. Eines der erklärten Ziele dieser wissenschaftlichen Gesellschaft mit Sitz an der Herpetologischen Sammlung des Naturhistorischen Museums Wien ist auch die praktische Naturschutzarbeit. So wurden 1990 Amphibienschutzzäune im Wiener Prater errichtet und betreut.

Seit dem Erscheinen der Erstauflage von „Rettet die Frösche" im Jahr 1983 sind die damals laufenden Bestandsaufnahmen der Amphibien nicht nur abgeschlossen worden; auch viele neue Kartierungs- und Schutzobjekte wurden in den einzelnen Bundesländern in Angriff genommen. Kontrollen und Schutz von Laichgewässern werden in zunehmendem Maße auch von der öffentlichen Hand unterstützt. Grundlagenforschung über die Biologie der Amphibien in Form von Diplomarbeiten an den Universitäten werden immer wieder von den Naturschutzbehörden der verschiedenen Landesregierungen gefördert. Insgesamt kann man für die Anliegen des Amphibienschutzes im privaten wie im öffentlichen Bereich eine deutlich verstärkte Akzeptanz verspüren. Eine Bereitschaft, die bisher allerdings keineswegs die Zerstörung der Lebensräume für Amphibien durch Zersiedelung der Landschaft, Flurbereinigung, Gewässerregulierungen oder Vernichtung der Nahrungsgrundlagen nachhaltig beeinflussen konnte.

Trotz vielfacher Bemühungen durch Naturschützer und Wissenschafter ist noch immer ein kontinuierlicher Rückgang der heimischen Amphibienbestände zu verzeichnen.

Franz Tiedemann/Michael Häupl

Kleines Amphibien-ABC

Amphibien:
Wirbeltierklasse, die von den Fischen zu den Landtieren überleitet (Eier, kiementragende Larven, erwachsene Tiere mit Lunge, im Wasser und auf dem Land) fehlen nur in den Polargebieten; älteste Art schon im Devon.

amphibisch:
Im Wasser wie auf dem Land lebend, bzw. sich bewegend.

Artenschutz:
Schutz seltener oder in ihrem Bestand gefährdeter Pflanzen- oder Tierarten, durch den Schutz der Lebensräume (Biotopschutz) und die Unterschutzstellung der Arten.

Biochemie:
Forschungsrichtung der Biologie, die sich zur Aufklärung der den Lebensäußerungen zugrundeliegenden chemischen Vorgänge durch chemische und physikalische Methoden versucht. Biochemie ist eine Grenzwissenschaft zwischen Biologie, Chemie und Medizin.

Bioindikatoren:
Pflanzen- oder Tierarten, welche bestimmte Umweltverhältnisse anzeigen.

Biologie:
Wissenschaft vom Leben. Eine Naturwissenschaft, die mit verschiedenen Hilfsmitteln und Methoden aus Chemie, Physik und Mathematik, die Lebenserscheinungen in allen ihren Formen und deren Gesetzmäßigkeiten erforscht.

Biotop:
Lebensräume von Pflanzen und Tieren mit den entsprechenden chemischen und physikalischen Umweltbedingungen.

Biotopverbund:
Strategie, um der Biotopverinselung durch Schutz und Neuschaffung sowie der Vernetzung von Lebensräumen entgegenzuwirken.

Biozide:
(lt. Lebenstöter) Substanzen, die Leben abtöten.

Eutrophie:
Starke Anreicherung von Nährstoffen in einem Gewässer.

Hybriden:
Bastard (aus Kreuzungen zweier Arten hervorgegangenes tierisches Individuum).

Kaulquappe:
Bezeichnung für die Froschlurchlarven

Kiemen:
Atmungsorgane der meisten Wassertiere. Blutgefäßreiche Hautausstülpung.

Kloake:
gemeinsame Ausmündungsöffnung für den Darm, die Harn- und Geschlechtsorgane.

Larve:
Jugendform von Tieren; durch den Besitz „Larvaler" Organe von den ausgewachsenen Tieren unterschieden. Die Larven erreichen die Körpergestalt der Alttiere erst durch eine Umwandlung (Metamorphose) z. B. Kaulquappe – Frosch).

Metamorphose:
In der Zoologie Bezeichnung für eine Entwicklung, bei der die Jungtiere ein Larvenstadium durchlaufen, das in Körperform und Verhalten oft völlig vom Erwachsenenstadium verschiedene Züge aufweist. So ist z. B. die Entwicklung des Frosches vom Ei über die Kaulquappe eine Metamorphose.

Mikroorganismen:
Mikroskopisch kleine Lebewesen, insbesondere Bakterien, sowie einzellige Algen, Algen, Pilze und Urtierchen.

Naturhaushalt:
Komplexes Wirkungsgefüge aller Naturfaktoren wie Mineralien, Gesteine, Boden, Wasser, Luft, Klima, Pflanzen- und Tierwelt.

Naturschutzmanagement:
Zielgerichtete Strategie, durch wissenschaftliche Grundlagenerhebung, rechtliche und praktische Maßnahmen sowie einer breiten Öffentlichkeitsarbeit unter Einbeziehung aller gesellschaftlichen Gruppen Lebensgrundlagen zu sichern oder wiederherzustellen.

Neotenie:
Eintritt der Geschlechtsreife im Larvenstadium.

Ökologie:
Lehre vom Naturhaushalt und den Wechselbeziehungen zwischen den Lebewesen untereinander und zu ihrer Umwelt.

Plankton:
Gesamtheit der kleinen, schwebend im Wasser lebenden, Tiere und Pflanzen.

Scheibenzüngler:
Familie der Froschlurche mit scheibenförmiger Zunge u. a. Geburtshelferkröte.

Sekundärbiotop:
Nicht natürlich entstandener, sondern von Menschenhand geschaffener Lebensraum (z. B. Kiesgrube)

Sukzession:
Zeitliche Aufeinanderfolge von bestimmten Tier- und Pflanzengesellschaften bei Änderung der Umweltbedingungen.

Anstatt eines Nachworts

Es geht uns mit diesem Buch nicht nur um die Rettung der Amphibien. „Rettet die Frösche" soll mehr sein als die Aufforderung zum Schutz der Frösche, Kröten, Molche, Salamander und Unken.

„Rettet die Frösche" heißt letztlich, die ganze Natur und damit unser aller Lebensgrundlagen retten und bewahren.

Mit diesem Buch und der gleichnamigen Kampagne wollen wir nicht nur auf eine höchst interessante und stark bedrohte Tiergruppe aufmerksam machen, sondern zum aktiven Handeln für die Erhaltung von Natur und Umwelt auffordern.

Allen, die zum Gelingen des Buches beigetragen haben, sagen wir an dieser Stelle herzlichen Dank. Ganz besonders danken wir Herrn Minister Gerhard Weiser, dem Vorsitzenden der Stiftung Naturschutzfonds Baden-Württemberg, Herrn Umweltminister Dr. Erwin Vetter, dem Geschäftsführer der Stiftung, Herrn Ministerialrat Dr. Eberhard Heiderich, Herrn Ministerialrat i. R. Josef Schillinger und den Mitgliedern des Stiftungsrats für die Förderung dieses Buches. Ganz besonderen Dank schulden wir auch dem Illustrator Berthold Faust für dessen engagierte Mitarbeit. Herrn Gunter Ehni und Herrn Roman Hocke für das weit über die Verlagsbetreuung hinausgehende Engagement, Prof. Dr. Rainer Flindt (Ludwigsburg) für die wissenschaftliche Beratung und die kritische Durchsicht einzelner Kapitel, Dr. Konrad Klemmer (Senckenbergmuseum Frankfurt) für die Beratung und Unterstützung, insbes. hinsichtlich der Darstellung von Amphibienlarven, sowie den Bildautoren. Für vielfältige Unterstützung danken wir auch Jürgen Resch, Conrad Fink, Karin Blessing, Helmut Ballmann, Thomas Beißwenger, Ingrid G. Hutter, Ute Dank, Gabriela Horlacher und Sabine Jaenicke.

Die Autoren

Bildnachweis

Bauer 51
Bellmann 22, 39 u., 43 m., 43 r. u., 44 o.
Bink 41 r. o.
Faust 31, 35 r. u., 39 o., 51 u., 53 o. l., 87, 98, 104
Friedrich 37 r., 81, 106
Geoplana 96/97 (Luftbild)
Herrn 37 l., 43 l., 44 r., 49 r., 50 r., 91, 93, 96/97, 100
Hutter 115 r., 116, 117 l., Rückseite
Jedicke 30, 40 r. u., 45, 46, 52 u., 108 u., 111
Kahl 15 o., 33, 34
Klugkist 23, 41 o. l., u. l., 50 l.
Koch 13
Köhler 48
König 120
Landvogt 9, 11, 19, 21, 35 m., 36 u., 38 o. l., 40 o., 40 l. u., 78
Lindenberger (Bellmann) 27
Mauritius (Rheinhard) 54
Müller 26
Natur 86
Onkelgerhard 86 r.
Resch 53 o. r., 115 l., 99
Schade 49 l.
Schubert 1, 2, 3, 4, 5, 35 r. o.
Seitz 115 o.
Siebenrock 35 l. u., 36 m.
Thielcke 7, 10, 14, 16 r., 42, 79, 80, 83, 84
Walz 90
Weinzierl 82
Wilkens 36 o., 79
Wolf 52 o., 92, 117
Wüstenberg 15 u., 16 l., 38 r., 53 u. l., 98, 108 o.

Literaturverzeichnis

Aellen, V.; Perret, J.-L.. „Sur la répartition actuelle des reptiles et batraciens dans le canton de Neuchâtel". *Bull. Soc. Neuch. sci nat. 76* (1953), S. 99–109

Arnold, E. N.; Burton, J. A.: *Pareys Reptilien- und Amphibienführer Europas.* Hamburg, Berlin 1979

Bauer, Sepp: *Verbreitung und Situation der Amphibien und Reptilien in Baden-Württemberg.* Stuttgart 1987

Bauer, Sepp; Thielcke, G.: *Gefährdete Brutvogelarten in der BRD und im Land Berlin.* Radolfzell 1982

Bertoud, G.; Müller, S.: „Amphibien-Schutzanlagen: Wirksamkeit und Nebeneffekte. Abschlußbericht über die Untersuchungen an der Anlage am étang de sépey (Kanton Waadt, Schweiz)". *Beih. Veröff. Naturschutz Landschaftspflege Bad.-Württ. 41* (1987), S. 197–222

Blab, J.: *Biologie, Ökologie und Schutz von Amphibien.* Greven 1986

Blab, J.: *Untersuchungen zur Ökologie, Raum-Zeit-Einbindung und Funktion von Amphibienpopulationen.* Bonn-Bad Godesberg 1978

Blab, J.; Nowak, E.; Trautmann, W.; Sukopp, H.: *Rote Liste der gefährdeten Tiere und Pflanzen in der Bundesrepublik Deutschland.* Greven 1984

Blab, J.; Vogel, Hannelore: *Amphibien und Reptilien. Kennzeichen, Biologie, Gefährdung.* München 1989

Brodmann, P. u. a.: *Die Amphibien der Schweiz.* Basel 1971

Bund Naturschutz in Bayern (Hrsg.): *Ökologischer Garten – Ein Handbuch.* Frankfurt 1981

Bundesministerium für Gesundheit und Umweltschutz: *Pflanzen, Gradmesser der Umwelt.* Wien 1978

Burschel, P.: „Der Wald als Gesellschaft von Bäumen". In: *Rettet den Wald.* München 1979

Cabela, A.; Tiedemann, F.: *Atlas der Amphibien und Reptilien Österreichs; Neue Denkschr. Nat. Hist. Mus. Wien, Bd. 4,* Wien 1985

Deutsche Bischofskonferenz (Hrsg. Sekretariat): *Zukunft der Schöpfung – Zukunft der Menschheit.* Bonn 1980

Dierking-Westphal, U.: *Zur Situation der Amphibien und Reptilien in Schleswig-Holstein.* Kiel 1981

Drachenfels, O. v.; Mey, H.; Miotk, P.: *Naturschutzatlas Niedersachsen.* Hannover 1984

Ellenberg, H.: *Vegetation Mitteleuropas mit den Alpen.* Stuttgart 1978

Engelmann, Wolf E.; Fritzsche, Jürgen; Günther, Rainer; Obst, Fritz: *Lurche und Kriechtiere Europas.* München 1986

Escher, K. u. a.: „Die Amphibien des Kantons Zürich". *Vierteljahress. Naturf. Ges. Zürich 117* (1972), S. 335–380

Fachbach, G; Kolosso, I.; Ortner, A.: *Zur Ernährungsbiologie und Salamandra s. salamandra und Salamandra atra.* Frankfurt 1975

Faust, B.; Hutter, C.-P.: *Wunderland am Wegesrand.* Stuttgart 1988, 1991

Feldmann, R. (Hrsg.): *Die Amphibien und Reptilien Westfalens.* München 1981

Flindt, R.; Hemmer, H.: *Nachweis natürlicher Bastardierung von Bufo calamita und Bufo viridis.* Leipzig 1967

Fontane, Theodor: „Das Oderbruch". In: *Von Rheinsberg bis zum Müggelsee.* Berlin und Weimar 1863

Freytag, G. E.: *Der Teichmolch.* Wittenberg 1954

Frommhold, E.: *Wir bestimmen Lurche und Kriechtiere Mitteleuropas.* Radebeul 1959

Gerken, B.: *Auen – verborgene Lebensader der Natur.* Freiburg 1988

Gerken, B.: *Moore und Sümpfe.* Freiburg 1983

Glandt, D.: *Amphibienschutz aus der Sicht der Ökologie.* 1981

Glandt, D.: *Liebe auf vier Beinen.* Dinslaken 1976

Gollmann, G.; Tiedemann, F.: „Über das Vorkommen der Kreuzkröte (Bufo calamita) in Österreich: Wiederentdeckung nach 147 Jahren". In: *Salamandra, 16* (1985), S. 261–265

Grilitsch, B.; Grillitsch, H.; Häupl, M.; Tiedemann, F.: *Lurche und Kriechtiere Niederösterreichs.* Wien 1988

Grossenbacher, K.: *Amphibien und Verkehr.* Bern 1981

Grossenbacher, K.: „Verbreitungsatlas der Amphibien der Schweiz". *Documenta Faunistica Helvetiae 7* (1988)

Gruschwitz, M.: „Verbreitung und Bestandssituation der Amphibien und Reptilien in Rheinland-Pfalz". In: *Naturschutz und Ornithologie in Rheinland-Pfalz.* Landau 1981

Grzimek, B. (Hrsg.): *Grzimeks Tierleben.* München 1970

Günther, R.; Senglaub, K.: *Das Geheimnis der grünen Frösche.* Berlin 1978

Hammann, K.: *Verbreitung und Schutz der Amphibien und Reptilien in Hamburg.* Hamburg 1982

Heusser, H.: „Die Lebensweise der Erdkröte. Größenfrequenzen und Populationsdynamik". *Mitt. Naturf. Ges. Schaffhausen 29* (1972) S. 33–61

Heydemann, B.: „Ein Naturschutzprogramm für Deutschland". In: *Zeitschriften für Förderer und Freunde des World Wildlife Fund.* Heft 4, 3–6 1982

Hofer, Rudolf: *Frösche und andere Amphibien.* München 1988

Honegger, René E.: *Handbuch der Reptilien und Amphibien Europas.* 5 Bände. Wiesbaden o. J.

Hotz, H.; Broggi, M. F.: *Rote Liste der gefährdeten und seltenen Amphibien und Reptilien in der Schweiz.* Basel 1982

Hölzinger, J.: *Amphibien und Reptilien Baden-Württembergs.* Karlsruhe 1987

Hutter, C.-P.; Rimpp, K.: „Amphibien und Kleingewässer". In: *Die Feuchtgebiete der Region Mittlerer Neckar.* Karlsruhe 1982

Hutter, C.-P.; Thielcke, G.: *Natur ohne Grenzen.* Stuttgart 1990

Hutter, C.-P.; Thielcke, G.; Herrn, C.-P., Faust, B.: *Naturschutz in der Gemeinde.* Stuttgart 1988

Lemmel, G.: *Die Lurche und Kriechtiere Niedersachsens.* Hannover 1977

Malkmus, R.: *Die Verbreitung der Larve des Feuersalamanders (Salamandra Salamandra salamandra und terrestris) im Spessart.* Würzburg 1970

Mildner, P.; Hafner, F.: „Die Amphibien Kärntens". In: *Carinthia II, 100* (1990), S. 55–121

Müller, Paul: *Arealveränderungen von Amphibien und Reptilien in der BRD.* Bonn-Bad Godesberg 1976

Rat von Sachverständigen für Umweltfragen: *Umweltprobleme des Rheins.* Stuttgart und Mainz 1976

Schillinger, J.; Künkele, S.: *Naturschutzrecht für Baden-Württemberg.* Stuttgart, Berlin, Köln, Mainz 1980

Steinbachs Naturführer: *Lurche und Kriechtiere.* München o. J.

Sukopp, H.; Trautmann, W.; Korneck, D.: *Auswertung der Roten Liste gefährdeter Farn- und Blütenpflanzen in der Bundesrepublik Deutschland für den Arten- und Biotopschutz.* Bonn-Bad Godesberg 1978

Thielcke, G.: *Der Staat als Täter.* Freiburg 1982

Tiedemann, F. (Hrsg.): *Lurche und Kriechtiere Wiens.* Wien 1990

Tiedemann, F.; Häupl, M.: „Rote Liste der in Österreich gefährdeten Kriechtiere (Reptilia) und Lurche (Amphibia). In: *Rote Liste gefährdeter Tiere Österreichs.* 2. Fassung. Bundesministerium für Gesundheit und Umweltschutz, Wien 1991

Veröffentlichung Naturschutz und Landschaftspflege Baden-Württemberg, Band 41: *Die Amphibien und Reptilien Baden-Württembergs.* Karlsruhe 1987

Vogellehner, D.: *Paläontologie.* Freiburg, Basel, Wien 1982

Völksen, G.: *Niedersachsen – Aspekte der Landschaftsentwicklung.* Hannover, Göttingen 1979

Walter, H.: „Amphibien unserer Heimat". In: *Neujahrsblatt der Naturforschenden Gesellschaft.* Schaffhausen, 1977

Wildermuth, H.: *Die Bedeutung anthropogener Kleingewässer für eine Erhaltung der aquatischen Fauna.* Basel 1982

Wildermuth, H.: *Lebensraum Kiesgrube.* Basel 1981

Wildermuth, H.: *Natur als Aufgabe.* Basel 1978

Wilkens, H.: *Die Amphibien des mittleren Elbetals; Verbreitung und Ökologie der Rotbauchunke.* Stuttgart 1979

Ziswiler, V.: *Spezielle Zoologie, Wirbeltiere.* Stuttgart 1976